지방공무원
지침서

지방자치시대를 이끌어 갈 지방공무원들이
필수적으로 알아야 하는 실무지식

지방공무원 지침서

김상영 지음

입문기에 있는 새내기부터
정리기에 있는 선배 지방공무원까지

지방자치단체를 둘러싸고 있는 많은 단체와 기관들, 지역주민들이 바라는
지방행정, 시기별로 알고 있으면 업무에 도움이 되는 내용 등
지방자치단체에서 근무하는 지방공무원이라면 꼭 숙지하고
있어야 하는 내용들을 담았습니다.

좋은땅

지침서를 내면서

『능력 있고 유능한 지방공무원으로 성장하기』라는 책을 출간하게 된 동기는 퇴직을 앞둔 시점에 후배들이 지방공무원들에게 업무적으로 도움이 되는 내용들을 알려 달라는 요청이 있어서 시간이 날 때마다 틈틈이 정리한 내용들을 알려 주었는데 후배들이 그 내용들을 책으로 출간하여 지방공무원들이 볼 수 있게 하였으면 좋겠다는 의견을 제시하여 아주 부족한 내용이지만 후배들의 성화에 못 이겨서 책으로 출간하였습니다.

후배들의 요청으로 책을 출간하였기 때문에 일정한 수량을 이를 필요로 하는 사랑하는 후배들에게 무료로 나누어 주었습니다. 책을 출간한 이후에 책에 대한 홍보를 별도로 하지 않았음에도 불구하고 입소문을 통하여 전국 지방자치단체에서 근무하는 지방공무원들이 책을 많이 주문하였고 지금도 계속 주문하고 있습니다. 어려운 여건에서도 묵묵히 전국 각지에서 지방자치단체 발전을 위하여 노력하는 지방공무원들에게 감사하다는 말씀을 드리겠습니다.

필자에게 아주 큰 감동을 준 사례가 있어서 이를 간단히 소개하고 자 합니다. 생전에 일면식도 없는 어느 광역지방자치단체에서 근무하고 있는 지방공무원의 딸 2명이 역시 지방공무원으로 근무하고 있는데 필자가 쓴 책을 딸 2명에게 선물로 나누어 주었다고 연락을 주셨습니다. 지방공무원으로 근무하는 딸들에게 평소에 자신이 이야기하고 싶은 내용들을 책으로 출간하여 고맙다는 격려의 전화를 하셨습니다. 그리고 기회가 되면 지방자치단체에서 묵묵히 근무하는 지방공무원들에게 더 많이 도움이 되는 내용들을 책으로 출간하면 더욱 좋겠다는 말씀도 함께 하셨습니다. 그리고 『능력 있고 유능한 지방공무원으로 성장하기』라는 책을 읽은 지방공무원들도 더 좋은 내용으로 개정판을 출간하면 더욱 좋겠다는 전화와 함께 간곡한 요청들이 많이 있어서 능력이 아주 부족하지만 기존 내용을 보완하여 책을 내기로 하였습니다. 한편 부끄럽기도 하고 또 다른 한편으로는 내용들이 형편없지만 도움이 되는 분들도 있다고 생각하니 오히려 감사한 마음이 들어서 지침서를 출간하기로 마음을 먹은 것이 사실입니다.

지침서에는 지방공무원으로 공직생활 하는 이들에게 도움을 주고자 총 4장으로 구분하여 기술하였습니다.

제1장은 지방자치단체에서 근무하는 지방공무원이라면 꼭 숙지하고 있어야 하는 내용들을 담았습니다. 그 내용으로는 중앙정부와 지방정부, 의회와 지방정부와 관계, 언론과 지방행정, 정치와 지방행정, 시민

단체와 지방행정에 관하여 정리하였습니다. 본 장을 정확하게 이해하여야만 지방공무원으로 근무하는 동안에 어려움이 없을 뿐만 아니라 지방행정을 이해하는 데 좋은 길라잡이 역할을 할 것입니다.

제2장은 지방공무원들은 불철주야 지역사회의 어려운 여건을 슬기롭게 극복하면서 지역의 발전을 위하여 많이 노력하고 있을 것입니다. 지방자치가 시작하고 많은 시간이 흘러서 지금은 어느 정도 지방자치 제도가 정착되어 가는 시점이라는 생각이 듭니다. 이러한 시기에 지방공무원이라면 꼭 알고 있어야 하는 내용으로 '주민이 원하는 지방행정은 어떤 것인지' 명확하게 이해하고 있다면 지방공무원으로 맡은 업무를 수행하는 데 큰 도움이 될 것입니다. 그리고 '어떻게 하면 지방행정의 사용자인 주민들을 만족시킬 수가 있을까?' '주민이 바라는 지방행정은 과연 어떤 모습일까?'를 늘 고민한다면 아마도 지방행정이 나아갈 방향을 바르게 설정할 수 있을 것입니다.

지방행정의 공급자로서 '어떻게 업무를 수행하는 것이 지역주민들이 바라는 지방행정일까?'라는 내용들을 정리해 보았습니다. 그 내용으로는 현장과 밀착한 행정, 노약자 눈높이에 맞는 행정, 지역의 실정을 고려한 지방행정, 지방행정에 관한 정보들을 알기 쉽게 제공하는 홍보, 수요자와 공급자 사이에 쌍방향 교감행정, 상호공존하는 지방행정, 일관성 있는 지방행정을 추진하여 지방자치단체의 신뢰도를 높이는 방법들을 정리해 보았습니다.

본 장의 내용을 올바르게 이해하고 지방행정을 수행한다면 아마도 지역주민들의 요구수준도 충족시키고 지방자치단체의 신뢰도를 높이는 멋진 지방공무원으로 성장할 것입니다.

제3장은 지방공무원으로 근무하면서 시기별로 꼭 알고 있으면 좋은 내용들을 정리해 보았습니다. 제1절은 입문기(봄-春)로서 지방공무원으로 공직에 입문한 새내기 지방공무원들이 필수적으로 알아야 할 내용을 기술하였는데 주요 내용으로는 지방공무원이 근무하는 지방자치단체의 조직과 이를 운영하는데 필요한 공문서를 바르게 이해하고 새내기 지방공무원으로서 꼭 알고 있어야 하는 업무 요령, 법령의 준수, 계획서 작성, 성장의 경로, 인간관계 등을 기술하고 있습니다. 제2절은 주무관(여름-夏)들의 자세와 업무들을 추진하는 과정에서 알고 있으면 많은 도움이 되는 내용으로 보고요령, 업무에 보람 찾기, 재원의 확보, 업무의 개선, 사무감사에 대비, 보도자료의 작성, 부서의 이동, 신상의 관리 등을 정리하였습니다. 제3절은 관리자(가을-秋)의 위치에 있게 될 여러분들이 직원들의 업무수행 능력을 최대한으로 발휘할 수 있도록 직원들을 관리하는 방법과 공정한 평가, 의사의 결정, 다수인 민원, 위기상황, 조례의 제정, 의원과의 관계 등 지방자치단체를 더 살기 좋은 곳으로 발전시키는데 필요한 내용들을 알아보고, 제4절 정리기(겨울-冬)에는 공직을 마감하는 황혼기에 도달한 지방공무원들이 알고 있으면 도움이 되는 다양한 노하우들의 전수, 멘토의 역할, 능력 개발, 단

체와 관계, 이력서 쓰기, 노후의 준비, 여정의 기록 등 아름다운 퇴장을 준비할 때 필요한 내용들을 정리하였습니다.

제4장은『능력 있고 유능한 지방공무원으로 성장하기』라는 책을 읽었던 분들이 가장 많이 요청한 사항이지만 책의 분량이 너무 많아져서 재테크에 관해서는 아주 간략하게 언급만 하였습니다. 지방공무원들도 공무원인 동시에 직장인으로서 하루라도 빨리 원하는 종잣돈을 마련하고 가정의 평화와 함께 심리적인 안정감을 찾을 수 있는 포근한 보금자리를 마련하고 여유자금이 생긴다면 돈이 일하게 하는 시스템을 구축할 수 있는 재테크에 관해서 간략하게 이야기하였습니다.

다시 지침서를 낼 수 있도록 많은 격려와 성원을 보내 주신 전국 각지 지방자치단체에서 근무하는 지방공무원들에게 감사하다는 말씀을 드리겠습니다. 첫째로 지방공무원들은 지방자치단체를 둘러싸고 있는 많은 단체와 기관들과 관계들을 정확하게 이해한다면 지방공무원으로서의 자세와 역할을 설정하는 데 많은 도움이 되면 좋겠습니다. 이를 통하여 지방자치가 한층 더 성숙하고 발전된 모습으로 변화할 수 있었으면 더욱 좋겠습니다.

둘째 지역에 거주하고 있는 주민들이 지방공무원들에게 무엇을 원하고 있는지 정확하게 이해한 다음 이에 맞는 지방행정을 추진한다면 주민들이 만족하는 지방행정이 될 것입니다. 이러한 지방행정을 잘 수행한다면 지역사회는 비약적으로 발전하고 주민들이 만족하고 이들이 진정으로 바라는 방향으로 지방행정이 추진될 수 있기를 기대해 봅니다.

셋째 어려운 여건에서도 지역주민들의 눈높이에 맞는 지방행정을 수행하기 위해서 노력하고 계시는 지방공무원들이 시기별로 알고 있으면 업무에 도움이 되는 내용들을 사계절(봄, 여름, 가을, 겨울)에 비유하여 이야기해 보았는데 이를 업무에 참고하여 지방공무원으로 근무하는 동안에 많은 도움이 되었으면 아주 좋겠습니다. 공직생활을 처음 시작한 새내기 지방공무원에서부터 퇴직을 앞둔 황혼기의 지방공무원들까지 필요한 내용들을 정리해 보았는데 지방공무원들이 시기별로 알고 있어야 하는 내용들이 더 많이 있겠지만 최소한으로 이 정도는 알고 업무를 수행한다면 지방공무원으로 근무하는 데 큰 어려움이 없도록 중요한 내용 위주로 기술하였습니다. 지방공무원이라면 이 책에서 기술한 내용들을 이미 알고 있는 분들도 계시지만 지방공무원들이 잘 알고 있는 내용이라도 가끔 잊어버릴 수 있으므로 지방공무원으로 근무하는 동안에 책장에 꽂아 놓고 시간이 날 때마다 틈틈이 자투리 시간을 활용하여 참고할 내용이 있다면 업무에 많이 활용하기를 희망합니다.

넷째로『능력 있고 유능한 지방공무원으로 성장하기』라는 책을 읽은 분들이 가장 많이 요청하였던 사항이고 자본주의 사회에 살아가고 있는 사람이라면 꼭 알고 있어야 하는 경제에 관해서 간략하게 서술하였습니다. 지방공무원들도 사회의 구성원으로서도 당당하게 살아갈 수 있기를 간절히 바라는 마음에서 앞으로 기회가 된다면 지방공무원의 관점에서 경제에 관한 책을 별도로 출간할 수 있기를 기대해 봅니다.

어려운 여건에서 성실하게 근무하고 계시는 지방공무원들이 뜨거운 격려와 성원을 보내 주시고 아주 부족하고 모자라는 내용이지만 넓은 아량으로 책을 읽어 주시는 전국 각지 지방자치단체에서 근무하고 계시는 지방공무원들에게 진심으로 감사한 마음을 전합니다. 이 책을 읽은 지방공무원들이 모두 승승장구하고 가정에 행복만 가득하시고 지역발전에 초석이 되시기를 간절히 기도드립니다.

감사합니다!

목차

제3장
시기별 업무

제4장
경제에 관심 갖기

제1장

지방행정 이해

제1절
중앙정부와 지방정부

지방자치단체에서 근무하는 지방공무원은 지방정부와 중앙정부의 행정에 관한 차이점을 정확하게 이해하고 있어야 지방행정을 원만하게 수행할 수 있고 이를 통하여 자신이 근무하는 지방자치단체에 도움이 되는 지방행정을 추진할 수 있을 것입니다. 지금도 완전한 지방자치를 실시하기 위해서 많은 업무들을 개선하고 있겠지만 가능하다면 완전한 지방자치를 시행하는 데 필요한 재정적인 부분 등 여러 분야를 빠르게 개선하여 지방공무원들이 간절하게 바라는 완전한 지방자치 시대가 빨리 도래하기를 기대하여 봅니다. 중앙정부는 대체로 전국을 상대로 행정들을 추진하고 있으며 간혹 일정한 지역에서 특별한 재난이 발생하여 이를 극복하기 위해 그 지역을 특별재난지역으로 지정하고 그 지역만을 위한 특별행정을 추진할 수는 있겠지만 대체로 전국을 상대로 행정업무를 추진하고 있다고 이해하면 좋겠습니다.

중앙정부와 지방정부 행정을 비교해 보면 우선 관할하고 있는 면적에도 상당한 차이를 나타내고 있으며 행정을 추진하고 있는 대상에서도 많은 차이가 있다는 것을 누구나 쉽게 알 수 있습니다. 지방자치단체도 광역지방자치단체와 기초지방자치단체로 구분되며 그중에서도 광역지방자치단체는 중앙부처와 유사하게 관할하는 행정구역에 소재하는 기초지방자치단체 전체에 영향을 미치는 업무들을 주로 수행하고 있습니다. 따라서 광역지방자치단체는 관할하는 구역에 있는 기초지방자치단체 전체에 미치는 영향들을 고려하여 행정을 추진하므로 정책적인 판단이 중요한 경우가 많이 있습니다. 중앙정부와 지방정부 행정은 면적과 대상에서도 차이가 있겠지만 사무도 명확히 구분되어 있습니다. 지방자치단체에서도 광역지방자치단체와 기초지방자치단체와 사무에 구분이 있고 단체장도 다릅니다. 일부 지방자치단체에서는 구의 형태로 구분하여 지방행정을 추진하는 곳도 있는데 이는 지방자치단체가 아닌 경우가 있으니 주의하시기 바랍니다.

중앙정부는 전국을 상대로 업무를 추진하므로 지역사회에서 발생할 수 있는 여러 가지 변수들을 고려하여 종합행정을 추진해야 하므로 행정업무를 추진 시 정책적으로 고려할 사항들이 많이 있을 것입니다. 중앙정부에서 추진하는 행정에는 다양한 이해관계인들이 존재하므로 이들과 많은 조율과정이 필요하고 또한 이것이 중요하다고 할 수 있습니다. 전국에 있는 다양한 의견들을 수렴하는 과정에서는 정치적인 입김이 행정업무에 영향을 많이 미칠 수 있으므로 때로는 정치적인 입김이 강하게 작용하여 이에 맞게 결정되는 경향도 있습니다. 중앙정부에서 행정을 추진하는데 업무와 관련하는 이해관계인과 조율이 어려운 경우 이를 위해서 몇 년을 허비한다거나 극단적인 경우는 행정이 추진되지 못하고 무산하는 경우들도 많이 있습니다. 일부는 정치적인 영향으로 정책들이 결정되어 사후에 이를 추진하는 과정에서 심각한 갈등이 발생하고 이를 봉합하는데 많은 행정적인 비용이 발생하기도 합니다.

　중앙정부의 행정은 정책적인 판단과 더불어 정치적인 이해관계인과 조율하는 과정이 주요한 변수라는 것을 알 수가 있을 것입니다. 그런데 지방행정을 추진하는 과정에서 정치적인 판단이나 다양한 이해관계인과 조율하는 과정이 전혀 필요 없다는 말은 아니므로 절대로 오해하지 않았으면 좋겠습니다. 지방자치단체는 관할하는 면적도 중앙정부에 비하여 적고 지방행정을 추진하는 과정에서 나타나는 현상들이 다소 적을 수는 있겠지만 지방행정이라고 중앙정부의 행정에서 언급한 일들이 발생할 여지가 낮다는 이야기는 절대로 아닙니다. 어떤 경우에는 중앙정부의 행정보다 좁은 지역에 소재한 지방자치단체에서 서로에 대하여 너무도 잘 알고 있으므로 이해관계인들 사이에 극렬한 감정대립으로 지방행정이 더 어려운 경우들도 많이 있다는 사실을 꼭 기억하여 주시기 바랍니다.

중앙정부와 지방정부와 사무에도 구분이 정해져 있으므로 각자의 사무를 추진하는 과정에서 나타나는 갈등의 문제 등 업무를 추진하는 과정에서의 어려움을 일률적으로 판단하기는 쉽지 않습니다. 지방자치단체에서도 업무를 추진하는 과정에서 이해관계인이나 지역 정치인들과 심한 갈등으로 사업추진이 지연되거나 극단적 경우에는 무산되는 사례가 있습니다. 중앙정부와 지방정부는 사무의 구분이 되어 있으므로 지방자치단체에서 중앙정부의 위임사무를 추진하는 경우 중앙정부로부터 보조금 등을 받아서 위임사무를 추진하고 있습니다. 이렇게 지원받은 보조금은 그 사업을 추진하는 경우에만 사용하여야 하므로 중앙정부의 업무지침을 준수하여 보조금을 목적에 맞게 아주 제한적으로 사용하여야 합니다. 그럼에도 불구하고 중앙정부에서 지원하는 일부 재원에는 지방자치단체에서 자율로 사용할 수 있는 보조금도 있으므로 중앙정부와 지방정부는 재정적으로 아주 밀접한 연관관계를 갖는다고 말할 수가 있겠습니다.

지방자치단체에서 근무하는 지방공무원들은 중앙정부에서 지방자치단체에 지원하는 재원 중에서 자치단체가 자율적으로 집행이 가능한 재원을 얼마나 많이 확보하느냐 여부에 따라서 지방자치단체에서 필요한 행정을 적기에 추진하느냐 아니면 지연하여 추진하느냐가 결정되는 경우들이 많이 있습니다. 일부 지방자치단체는 재정이 풍부하여 중앙정부로부터 재정적인 보조를 받지 않는 지방자치단체도 있기는 하지만 대부분 지방자치단체는 중앙정부로부터 재정적인 보조를 받는 실정입니다. 따라서 중앙정부로부터 지원받는 재원이 지방행정을 추진하는데 큰 비중을 차지하고 있다는 사실을 알 수가 있습니다.

중앙정부에서는 국토를 균형적으로 발전시키고 지방자치단체의 불균형을 해소하기 위한 정책들을 많이 추진하고 이에 따른 재정적인 지원도 함께하고 있습니다. 중앙정부에서는 이러한 과제들을 원만하게 수행하기 위해서는 재정적인 지원과 더불어 다양한 행정적인 지원도 동시에 시행하고 있습니다. 국토의 균형발전이라는 과제를 원만하게 수행하기 위해서는 지방자치단체의 협력이 아주 필요한 경우가 있을 것입니다. 지방자치단체에서도 다른 지역과 균형적인 발전을 도모하기 위하여 가능하다면 중앙정부로부터 많은 재원을 확보하려고 노력하고 있습니다. 따라서 지방자치단체에서 근무하고 있는 지방공무원들은 중앙정부에서 지방자치단체 발전을 위하여 사업들을 추진해 주기만 바라지 말고 지방공무원들이 스스로 근무하고 있는 지역의 여건 등을 고려하여 다른 지역과 차별화할 수 있는 특화된 사업들을 능동적으로 발굴할 필요가 있겠습니다. 이렇게 발굴된 특화사업을 신속하게 추진하기 위한 재원 등을 중앙정부에서 지원받거나 아니면 중앙정부에 그 사업을 적극적으로 설명하고 건의하여 중앙정부 차원에서 지역의 균형발전이라는 명목하에 특화된 사업이 추진될 수 있도록 설득하는 노력이 아주 필요합니다.

중앙정부와 지방정부는 현재 유행하고 있는 전염병 사태와 같은 국가적인 위기가 발생하면 정치적 이해관계를 떠나서 동원이 가능한 행정력을 집중하여 이러한 국가적인 위기를 신속하게 극복하기 위해서 상호협력하는 모습을 보여야만 하겠습니다. 국가적인 위기가 발생하면 중앙정부나 지방정부는 각자의 맡은 역할을 능동적으로 찾아서 이러한 위기들을 조기에 수습할 수 있도록 상호 긴밀한 협력을 추진하여야 하겠습니다. 지방자치단체에서도 이러한 위기를 슬기롭게 극복하기 위하여 국가 전체에 도움이 되는 지방행정을 어떻게 추진하면 되는지 고민하고 국가의 정책에 적극적으로 협력하는 자세가 요구된다고 하겠습니다.

중앙정부와 지방정부는 업무적으로나 재정적으로 아주 밀접한 상호관계를 유지하고 있으므로 지방자치단체에서 근무하고 있는 지방공무원들은 항상 지역사회 발전을 위해서 어떻게 하면 중앙정부와 유기적인 관계를 맺을 수 있는지 많이 고민해야 할 것입니다. 그리고 어떻게 하면 중앙정부의 협조를 얻어서 지역발전을 더 발전시킬 수 있는지 다양한 방법들을 연구하고 좋은 방안이 있다면 이를 중앙정부에 효율적으로 전달할 수 있는 방법을 찾아야 할 것입니다. 그러므로 지방자치단체에서 근무하고 있는 지방공무원들은 중앙정부와의 관계를 정확하게 이해한 다음 이에 대한 대비를 철저하게 준비하여 필요하다면 중앙정부로부터 적절한 시기에 도움을 받고 중앙정부에 협조할 사항이 있다면 원만한 관계를 잘 유지할 수 있도록 협력하는 자세가 필요합니다.

의회와 지방정부

　지방의회에는 지역주민들이 선거에 의하여 선출한 의원들이 있는데 의원들은 무소속인 경우를 제외하고는 정당에 소속되어 정치적 성향을 띠고 있으며 의회를 구성하는 구성원들입니다. 의회마다 구성된 위원회의 수는 다르겠지만 의원들은 위원회를 선택하고 그 위원회에서 위원으로 활동을 하게 되며 위원회에서는 분야별로 집행부에서 제출된 조례안과 예산 등을 심사하거나 집행부에서 제출한 안건들을 심사·의결하는 기능을 담당하고 있습니다. 지방자치단체에도 지역주민들이 선출한 단체장이 있는데 단체장은 집행부의 수장으로서 지역의 발전과 주민들의 복리증진을 위한 다양한 정책들을 입안하고 이를 집행하는 업무를 총괄하는 역할들을 수행하게 됩니다. 아울러 단체장은 지방자치단체에 소속된 지방공무원들을 관리하고 각종 사업들을 추진하기 위한 예산을 편성하고 이를 집행하며 지역에서 문제가 되는 현안들을 해결하기 위하여 도시계획을 입안하는 등 다양한 정책들을 수립하고 이를 집행하는 역할을 담당하고 있습니다.

　지방자치단체에는 의회와 집행부라는 두 개의 기관이 지역사회 발전과 주민들의 복리증진을 위하여 함께 노력하고 있겠지만 양 기관은 기능과 역할에서 많이 차이가 있습니다. 의회는 집행부를 견제하고 감시하는 역할을 주로 담당하고 있지만 궁극적 목적은 주민들의 복리를 증진하고 지역사회를 발전시키는 것입니다. 의회와 집행부는 수레의 양 바퀴처럼 상호 견제와 균형을 이루는 것이 필요하다고 하겠습니다. 양 기관은 지역에서 발생하는 문제들을 효율적으로 해결하기 위해서 상호 대립 관계에서 벗어나 부족한 부분을 서로 채워 가면서 맡은 역할들을 각자가 충실하게 수행한다면 그 지역은 비약적으로 발전할 것입니다. 의회에는 무소속을 제외하고는 정당에 소속된 의원들로 구성되어 있으며 지역에서 현안이 되는 문제에 관하여 정당 사이에 의견이 충돌하는 사례들도 있습니다. 의원들은 개인적 소신과 경험으로 의정활동을 수행하고 있겠지만 특정한 사안에 대해서는 같은 정당에 소속된 의원들이 하나의 목소리로 정당의 의사를 표현하기도 합니다. 예를 들면 집행부에서 제출된 조례안을 심사하는 과정에서 개인적 소신을 떠나서 정당의 정책과 상이하여 조례안을 의결하는 과정에서 정당 사이에 심각한 대립으로 큰 갈등이 발생하는 경우들이 가끔 있습니다.

　집행부에서는 조례안 등을 의회에 제출하고 의원들은 이를 심사하고 의결하는데 위원회에 소속된 위원들은 소속된 정당의 정책에 따라 조례안 등을 심사하는 과정에서 다양한 의견을 나타내고 있습니다. 단체장도 무소속을 제외하고 정당에 소속된 경우가 대부분으로 단체장도 정치인의 한 사람으로 특정한 안건에 대해서는 정치적으로 이를 해결하려고 하는 경우가 있습니다. 이러한 경우에 의회와 집행부가 심각한 대립하는 관계를 형성하고 의회와 집행부가 충돌하게 됩니다.

이러한 문제 발생을 방지하기 위해서는 집행부에서는 지역발전을 위한 사업들을 추진하는 과정에서 조례를 제정하거나 예산을 편성하는 경우 그 사업과 관련이 있는 지역구 의원들과 사전에 충분한 의견교환을 하고 조율된 내용들을 충분히 반영하여 조례안을 작성하거나 예산 편성 시 이를 반영한다면 의회와 집행부 사이에서 발생하는 충돌을 예방할 수가 있을 것입니다.

집행부 지방공무원 중에는 현안이 되는 사업들을 추진하는 과정에 지역구 의원들에게 사전에 그 사업에 관하여 충분한 설명을 하지 않는다거나 지역구 의원들과 의견이 상충하는 경우 조율하려는 노력을 기울이지 않는 경우를 가끔 볼 수가 있습니다. 의원들은 추진하는 사업에 관하여 집행부와 의견이 다른 경우에 그 사업을 추진하고 있는 담당자들에게 사업의 경과를 질문하거나 의원의 고유권한인 자료의 제출을 요구하여 그 사업의 추진과정 등을 정확하게 파악한 다음 의회에서 각종 안건들을 심사할 때 이를 반영하려고 노력할 것이 분명합니다. 그러므로 집행부의 지방공무원들은 각종 사업들을 추진하는 경우 지역구 의원들과 충분한 조율을 통하여 사업들을 원활하게 추진할 수 있도록 노력한다면 더욱 좋겠습니다.

　의회와 집행부는 지역사회 발전이라는 공동의 목적을 달성하기 위하여 전진하는 수레의 양 바퀴처럼 아주 밀접한 관계를 맺고 있으므로 의회는 집행부를 견제하고 감시하는 기능을 적절하게 수행하고 집행부에서도 정책을 수립하고 집행하는 과정에서 의원들에게 사전에 충분히 설명하거나 의원들과 의견이 상충하는 문제들이 있다면 사전에 충분히 조율의 과정을 거친 다음에 이를 결정하고 집행한다면 아마도 의회와 집행부 사이의 관계는 아주 원만하게 잘 유지될 수가 있을 것입니다.

　그러므로 지방공무원들이 의회와의 관계를 멀게만 인식하지 말고 의회도 지역의 발전을 위하여 일하는 기관으로 정확하게 인식하고 이에 적절하게 대처하는 것이 좋겠습니다. 의회와 집행부는 지역발전을 위한 수레의 양 바퀴와 같이 서로 협조하고 협력하는 관계라는 사실을 정확하게 알고 지방행정을 수행하면 더욱 좋겠습니다.

제3절
언론과 지방행정

지방자치단체 단체장은 주민들이 선거에 의해서 선출한 선출직으로 지방자치단체에서 근무하고 있는 지방공무원과 입직하는 과정이 아주 다르다는 사실을 누구나 알고 있을 것입니다. 지방자치단체에 근무하는 단체장은 무소속을 제외하고는 정당에 소속되어 있는 정당인이면서 동시에 정무직공무원으로서 지방공무원과 신분상 너무도 많은 차이가 있습니다. 이러한 신분상의 차이로 인하여 같은 사물을 보더라도 지방공무원들과는 인식하는 태도나 관점에서 아주 다릅니다. 지방공무원들은 업무를 추진하는 과정에서 법규를 꼭 준수하고 업무를 추진해야 하며 업무를 추진하는 과정에서 규정을 잘못 적용하고 업무를 추진하게 된다면 이에 관한 법적인 책임이 따를 것입니다. 아울러 선거에 의해서 선출된 단체장도 규정을 준수하지 않는다면 법적인 책임도 있겠지만 동시에 정치적인 책임이 동반하게 되므로 각종 업무들을 추진하는 동안에 업무를 추진하는 관점에서 지방자치단체에서 근무하는 지방공무원과는 많은 괴리가 있습니다.

단체장과 지방공무원들은 언론관에 대해서도 상당히 다른 견해들을 가지고 있습니다. 지방자치단체의 업무에 관하여 언론에 보도되면 지방공무원들에게 어떤 법적인 책임들이 있는지 먼저 살펴본 다음에 그 업무에 관한 문제점들이 있다면 이에 대한 적절한 해결방안들을 찾는 것이 일반적인 현상입니다. 그런데 선거에 의해서 선출된 단체장들은 자신에게 주어지는 법적인 책임과 함께 어떤 정치적인 책임이 있는지 함께 검토해 보고 이에 관하여 아주 민감한 반응을 나타내기도 합니다. 지역 언론사도 지방자치단체와 같은 지역에 소재지를 두는 경우가 많고 거기에 종사하는 기자들도 지역주민들인 경우가 대부분일 것입니다. 지방공무원이 추진하는 업무는 대부분 생활밀착형 업무들로서 주민들의 실생활에 직접적으로 영향을 미치고 있으므로 지역의 기자들도 당연히 많은 관심을 가지고 이를 지켜보고 있을 것입니다. 지역 신문 기자들은 지역에서 추진하는 신규 사업은 물론 기존에 추진하던 사업에 대해서도 상당한 관심을 가지고 늘 주시하고 있습니다.

특히 지방자치단체에서 발생하는 각종 사건과 사고는 지역에 거주하는 주민들의 실생활과 아주 밀접하게 연관이 되어 있습니다. 지역 언론들은 지방행정에 감시자로서 역할을 담당하기 때문에 지방자치단체에서 발생하는 각종 사건과 사고에 대해서 아주 민감하게 반응하고 이에 관한 발생 원인과 대응 방안에 특히 많은 관심을 가지고 이를 집중적으로 보도하고 있습니다.

　지방자치단체에서 사건·사고가 발생하면 지역 언론들은 그 원인과 대응 방안에 관하여 신속하게 보도하여 주민들이 이에 대하여 정확하게 알 수 있도록 전파하는 역할을 담당하고 있습니다. 지역에서 발생한 사건·사고의 내용이 신속하고 정확하게 보도되지 않으면 악성 유언비어들이 난무하게 될 것입니다. 이러한 일들이 발생하면 사건·사고를 수습하는 과정에서 지역주민들과 심각한 갈등이 발생하여 이를 해결하는 데 상당한 어려움을 겪게 될 수도 있습니다. 지방자치단체에서 사건·사고가 발생하면 지방공무원들은 이에 대한 수습 방안들을 조기에 수립하여야 합니다. 그럼에도 불구하고 지방공무원들이 신속하게 수습 방안들을 마련하는 데 시간을 보내기보다는 사건·사고에 관한 법적인 책임소재를 규명하는 데 더 많은 시간을 허비하는 경우를 자주 목격하고 있습니다. 지역의 언론들은 이러한 지방공무원들의 태도에 대하여 아주 부정적인 시각으로 보도하는 경우가 대부분으로 사건·사고가 발생하면 지방공무원들은 사건·사고의 발생 경위와 사건·사고를 어떻게 수습할 것인지 적절한 수습 방안에 관하여 지역 언론관계자들을 초청하여 신속하게 기자회견을 하는 것이 좋은 방안이 될 수도 있을 것입니다.

　지역의 언론들은 주민들이 반드시 알아야 할 사항이라든지 지역주민들의 실생활과 밀접한 연관이 있는 사업에 대해서는 특별한 관심을 가지고 보도하는 경향이 있으므로 지방공무원들은 지역 언론의 역할과 기능을 정확하게 인식하고 지역에서 발생하는 중요한 문제들을 이들과 함께 해결해 가겠다는 의식을 가져야 하겠습니다. 그러므로 지방공무원들이 추진하는 사업에 관한 관심과 동향을 빠르게 알고 싶다면 이들에게 도움을 요청하면 쉽게 파악할 수가 있으므로 이러한 과정을 적절하게 활용하여 사업을 추진한다면 아마도 사업도 원활하게 진행되고 주민들과 큰 마찰도 발생하지 않을 것입니다. 어떤 현안에 관하여 주민들을 설득하고 이들의 이해를 구할 필요가 있는 사업들을 지역 언론과 함께할 수만 있다면 큰 어려움이 없이 그 문제들을 해결할 수가 있을 것입니다.

지방행정에 관한 내용들을 중앙 일간지에 홍보하기 위해서는 상당한 노력과 인내가 필요합니다. 지역에서 특화사업을 기획하고 이를 멋지게 성공시켰더라도 중앙 일간지에 이를 제대로 홍보하는 데에는 일정한 한계가 있으므로 특화사업에 관한 종합적인 기사를 작성하고 적당한 시간에 보도할 자료들을 제공하여야 합니다. 중앙 일간지에서는 지역에서 추진하는 사업이 아주 특별하지 않으면 이에 관해서 관심들이 전혀 없으므로 지역의 특화사업을 제대로 홍보하는 것은 상당히 어렵습니다. 그럼에도 불구하고 중앙언론사에 근무하고 있는 주민이 있다면 그는 누구보다도 특화사업의 내용들을 정확하게 알고 있으므로 지방자치단체에서 추진하는 특화사업을 중앙 일간지에 널리 알리는 데 많은 도움을 받을 수 있습니다.

지금은 통신 매체의 급속한 발달로 인하여 다양한 의사소통 방법이 있으므로 지역에서 발생하는 각종 사건·사고는 실시간으로 중계되고 전파되므로 지방공무원들은 홍보 매체에 대한 특별한 관심을 가져야 하겠습니다. 그리고 지방공무원들이 추진하는 업무들을 적절한 홍보 매체를 활용하여 어떻게 홍보할 것인지 많이 고민하고 이에 관한 연구를 할 필요가 있을 것 같습니다. 지방공무원들이 지방행정을 적극적으로 추진하려는 노력도 필요하겠지만 동시에 지역의 언론관계자들과 지방행정에 관하여 긴밀하게 협조하는 관계를 유지한다면 단점보다는 장점이 훨씬 많을 것이라는 생각이 듭니다. 지역 언론을 통하여 주민들의 동향을 올바르게 파악하고 이들의 의견을 신속하게 지방행정 업무에 반영함으로써 지역주민들이 원하는 지방행정을 추진할 수도 있고 이를 통하여 지방행정 업무는 더욱 원활하게 추진되고 지역을 발전시키는 데 큰 역할을 담당하게 될 것입니다.

제4절

정치와 지방행정

지방공무원은 직업공무원으로서 정치와 상당한 거리가 있고 정치는 단순히 정치인들의 영역이라고 아주 단순하게 생각하는 경향이 있습니다. 이 책에서는 정치와 행정에 관한 본질을 논하기보다는 지방공무원들에게 정치가 어떠한 영향을 미치고 있는지 알아보고 어떻게 잘 적응하여야 하는지 이야기해 보고자 합니다. 정치와 행정을 학문적인 개념으로 논하는 것이 아니라 지방공무원으로 근무하면서 피부로 느낀 점을 이야기하고 이에 슬기롭게 대처하는 방안들을 알아보고자 합니다. 학문적으로는 정치와 행정에 관한 개념들을 정확하게 정의할 수는 있겠지만 지방공무원으로 행정과 정치의 상관관계에 관해서 진지하게 생각하지 않고 근무하는 경향들이 가끔 있는 것이 사실이므로 이번 장에서는 지방공무원들이 지방행정과 정치의 관계에 대하여 다시 한번 생각을 해 보는 계기가 되었으면 좋겠습니다.

지방자치단체 단체장은 선거에 출마할 당시 지역의 발전을 위하여 주민들에게 공약사항을 발표하고 주민들은 이를 검토해 보고 자신들의 기대에 부응할 수 있는 인물을 선출하게 될 것입니다. 단체장은 주민들이 선거를 통하여 선출한 공무원으로 정당에 소속되어 있고 일부는 무소속인 경우도 있습니다. 그러므로 지방공무원들은 사업을 추진하기 위해서 사업에 대한 계획을 수립할 때 추진하고자 하는 사업이 선거법에 저촉하지는 않는지 검토하고 이에 관하여 의문이 있는 사항이 있다면 선거관리위원회에 문의하여 선거법에 저촉이 되지 않는 범위 내에서 사업을 추진하게 될 것입니다. 그러므로 지방공무원들은 담당 업무를 추진하는 과정에서 선거법에 저촉 여부를 검토한 다음 적합하다고 판명된 이후에 사업을 추진하는 것은 너무도 당연한 사실이므로 지방공무원들의 업무는 정치와 아주 관련이 많다는 사실을 쉽게 느낄 수가 있을 것입니다.

지역주민들은 단체장의 선거공약들이 자신들에게 합당하다고 생각하면 이들에게 표를 몰아주고 당선시키므로 선거에 의해서 선출된 단체장은 주민들과의 약속인 공약사항의 이행을 위해서 최대한으로 노력할 것입니다. 지방자치단체에 근무하는 지방공무원들도 단체장의 공약사항 이행을 위해서 가능한 모든 행정력을 투입하고 단체장도 공약사항의 이행상황을 주기적으로 점검하고 관리할 것입니다. 지방공무원들이 단체장의 공약사항을 적극적으로 이행하는 과정에 단체장과 정당을 달리하는 주민들이나 의원들과 갈등이 생기기도 하는데 이는 단체장이 소속된 정당 정책의 방향에 따라 공약을 개발하고 있으므로 단체장과 정치적인 성향이 다른 주민들이 이에 반발하는 경우를 자주 목격하게 됩니다. 그리고 지역에서 시급하게 추진되어야 하는 사업들의 우선순위를 결정할 때 단체장은 자신의 공약사업을 우선 사업으로 선정하고 이를 먼저 추진하려고 시도한다면 단체장과 정치적 성향이 다른 주민들이 단체장의 사업 순위 결정에 반발하기도 합니다. 지방자치단체의 사업의 우선순위 결정에도 지방행정과 정치는 아주 관련이 많다는 사실을 쉽게 알 수가 있을 것입니다.

지방공무원들은 정당에 가입할 수 없으므로 정치와 전혀 상관이 없다고들 생각하겠지만 단체장의 공약사업이 정치적인 색깔을 띠고 있으므로 이를 추진하는 지방공무원들이 정치와 전혀 무관하다고 이야기할 수는 없을 것입니다. 왜냐하면 공약사업을 추진하는 동안에 발생하는 민원을 해결하고 사업과 관련된 이해관계인을 설득하는 과정을 밟게 되므로 지방행정과 정치는 아주 밀접한 관련이 있다고 말을 할 수가 있겠습니다. 지방자치단체에는 선거에 의해서 선출된 의원들도 단체장과 마찬가지로 무소속을 제외하고 정당에 소속된 정당인이므로 정치적인 시각으로 지방자치단체를 견제하거나 감시하고 있습니다. 의원들은 지방자치단체에서 발의하는 조례안을 심사하고 예산안을 심의 의결하며 단체장이 제출하는 각종 안건에 대하여 심사하고 의결하는 역할을 담당하고 있습니다. 아울러 예산을 집행한 결과에 대하여 검사하고 지방자치단체에서 시행한 행정업무 전반에 대하여 행정사무 감사를 하는 등 아주 중요한 역할을 담당하고 있습니다. 단체장과 의원들은 무소속을 제외하고는 정당에 가입한 정당인인 동시에 정치인이기 때문에 이들의 정치적 성향에 따라 지방자치단체의 행정들이 영향을 많이 받고 있다는 것을 쉽게 알 수 있습니다.

지방자치단체에서 추진하려는 사업이 법령 등에 적합 여부와 선거법에 저촉 여부를 먼저 검토하고 이에 적합하면 사업들을 추진하게 되는데 의원들은 집행부에서 추진하는 사업에 관해서도 정치적인 관점으로 평가하고 정치적 논리에 합당하지 않으면 의원들 사이에 격렬한 논쟁이 일어나고 여러 위원회에서 안건들을 심사하는 과정에 각자 찬성과 반대의 의사를 표시하며 자신의 정치적인 의사를 나타내게 될 것입니다. 의원들도 무소속인 경우를 제외하고 정치적인 관점에서 지방행정을 판단하고 있으므로 지방행정과 정치는 밀접하게 연관이 있다고 할 수 있겠습니다.

지방공무원이 추진하고 있는 사업들은 주민들에게 영향을 주는 사업이 대부분으로 많은 이해관계인이 존재하고 이들을 설득하고 협조를 구하는 것이 아주 필요합니다. 단체장이나 의원들도 지역의 이해관계인들과 밀접하게 연관되어 있고 이들은 단체장이나 의원의 유권자들이므로 여러 가지 사안들을 검토할 때 먼저 정치적인 영향들을 고려한 다음 이에 합당하면 사업들의 추진 여부를 결정하게 되므로 이들은 유권들을 의식하여 정치적인 영향을 우선으로 검토하고 있다는 사실을 명확하게 인지할 수 있습니다. 그러나 지방공무원들이 지방행정을 추진하는 과정에서 정치적인 영향을 받겠지만 지방공무원들은 사업들을 추진 시 먼저 그 사업이 법령에 적합한지 정확하게 검토한 이후에 이에 적합하다고 판단되면 다음에 정치적인 요인들도 함께 고려하게 될 것입니다. 지방행정을 추진하는 데 정치적인 논리만 고려하게 된다면 아마도 지방행정의 기본질서와 원칙은 아주 무시되고 변칙적으로 행정업무가 추진되므로 불가피하게 다양한 민원이 발생하게 될 것입니다. 이러한 사례의 발생을 예방하기 위해서는 지방공무원이 사업을 추진하는 동안에 정치적 이해관계가 있는 업무들은 먼저 법규들을 정확하게 준수하여 사업을 추진하도록 주의하고 사업이 법령에 적합하다고 판단하면 이후에 정치적인 요인도 함께 고려하면 좋겠습니다.

지방자치단체의 업무가 정치와 밀접한 연관성이 있다고 하더라도 지방공무원들은 업무를 추진하는 동안에 법령들을 철저하게 준수하고 업무가 법령에 적합하다면 정치적인 부분도 함께 고려하여 업무를 추진하려는 자세를 가져야 하므로 지방행정과 정치는 깊은 관계가 있음을 꼭 기억하시고 지방행정을 추진하시기 바랍니다.

제5절
시민단체와 지방행정

　지방자치단체는 지역에 소재한 시민단체와 업무적으로 아주 밀접하게 관련이 있으므로 지방공무원들도 시민단체들과 다양한 업무를 공동으로 추진하거나 이들에게 업무를 위탁하여 시행하는 경우가 있습니다. 지방자치단체에서 근무하는 지방공무원들은 시민단체와 관련한 업무들은 정확하게 설명할 필요가 있고 지방자치단체에서 실시하는 각종 행사를 성공적으로 개최하기 위해서도 시민단체의 업무협조와 이들의 적극적인 참여가 절대적으로 필요할 것입니다. 시민단체에서도 자체적으로 지역의 발전과 주민들의 복지향상을 위하여 많은 활동을 수행하고 있으나 시민단체마다 고유한 설립목적을 가지고 있으므로 시민단체별로 설립한 목적에 맞는 다양한 사업을 독자적으로 추진하고 있습니다. 아울러 시민단체들은 주민들 사이에 공동의 관심사이거나 주민들이 함께 모여서 실시하는 각종 행사에 자발적으로 참여하여 지역의 화합을 위해 헌신적으로 활동하고 있습니다.

지방자치단체에서는 지역발전을 위해서 고생하는 시민단체를 건전하게 육성하기 위하여 보조금을 지급하거나 필요한 경우 사무실을 제공하는 등 행정적으로나 재정적으로 다양한 형태의 지원을 하고 있습니다. 시민단체는 단체만의 고유한 업무의 영역들이 있으므로 단체별로 설립목적에 따라 지역발전을 위하여 다양한 공익사업들을 자발적으로 추진하고 있는 동시에 지방자치단체와 시민단체가 공동으로 추진하는 사업에 관해서는 상호 업무협의를 통하여 사업 방향을 결정한 이후에 사업들을 추진하게 될 것입니다. 이러한 과정을 통하여 지방공무원들과 시민단체 회원들과는 공식적으로 아주 가까운 관계를 형성하기도 하고 이를 통하여 끈끈한 유대관계를 이어 가기도 합니다. 시민단체는 전국적으로 실시하는 행사에 많은 주민을 참여시키거나 지방자치단체에서 갑작스러운 재난이나 재해가 발생하였을 때 이재민을 도와주고 이를 복구하는 작업에 시민단체 회원들이 적극적으로 참여하고 봉사활동을 수행하고 있습니다. 또한 지방자치단체만으로는 행정의 목적을 달성하기 어려운 경우에 시민단체 회원들이 자발적으로 참여하여 이를 달성하기도 할 것입니다. 지방공무원들은 시민단체들과 유기적인 관계를 맺으면서 사업들을 추진하고 있는데 특히 신규로 추진하는 사업이나 이해관계인들이 많은 사업들을 추진하는 경우 상호 충분한 업무협의를 통하여 사업들을 추진할 것입니다. 아울러 주민들을 설득하거나 이들의 이해를 구하는 과정이 필요한 경우 먼저 사업과 관련이 있는 시민단체 회원들을 상대로 충분한 이해와 협조를 구한

다음에 시민단체 회원들을 통하여 지역의 주민들을 설득하는 방법을 선택하면 충분히 지방행정의 목적을 달성할 수 있을 것입니다.

국가에서도 시민단체의 건전한 육성을 위하여 보조금을 지급할 수 있도록 예산편성지침으로 일정한 금액의 보조금을 정기적으로 지급할 수 있도록 규정한 것도 있습니다. 아울러 예산편성지침으로 지원기준을 규정하고 있지 않더라도 지방자치단체의 조례로 지원할 수 있는 근거를 마련한 다음에 예산을 편성하고 시민단체를 지원하는 경우가 있으므로 지방자치단체에서도 지역의 실정에 맞게 시민단체의 건전한 육성을 위해 지원하고 있다는 것을 알 수 있습니다. 아울러 지역발전을 위해서 많은 봉사활동을 하는 시민단체의 건전한 육성을 위하여 지방자치단체 조례로 보조금을 지급할 수 있는 근거를 마련하고 시민단체에 재정적인 지원과 더불어 행정적인 지원을 병행하는 경우가 있습니다. 지방자치단체와 시민단체는 업무적으로 아주 밀접한 상관관계를 맺고 있으며 서로 상생할 수 있는 다양한 방안들을 모색하고 있겠지만 지방자치단체와 시민단체는 항상 의견일치를 보이는 것은 아니고 일부 사업에 관해서는 지방자치단체와 다른 시각으로 지방자치단체의 사업을 비판하기도 합니다. 또한 시민단체와 지방자치단체는 지역을 발전시키려는 같은 목적을 가지고 각자 맡은 역할을 성실하게 수행하고 있겠지만 목적을 달성하는 방법과 수단에서는 차이가 있을 수 있으므로 가끔은 갈등이 발생하기도 합니다.

지방자치단체에서는 지역에서 발생하는 민원들을 신속하게 해결하고 단기간에 큰 성과들을 달성하고자 노력하겠지만 시민단체는 목적 달성도 중요하겠지만 절차적 정당성 등을 확보하는데 큰 비중을 두는 경우가 있어 지방자치단체와 시민단체가 사업을 추진하는 방법에 있어서 다소 의견의 차이가 있으므로 이러한 견해에 차이가 있다면 이를 좁힐 수 있는 효율적인 방법이 있는지 함께 고민을 해 보는 것이 좋을 것입니다. 최근에 언론에 보도되어 지역주민들이 관심을 많이 가지고 있는 현안에 관해 서로 대응 전략이 아주 달라서 시민단체 회원들과 지방자치단체 사이에 물리적 충돌이 발생하기도 하고 이러한 과정에서 상호 큰 상처를 입기도 하므로 이를 원만하게 해결하는 데 장기간이 소요될 것입니다. 이러한 사업도 지방자치단체와 시민단체가 추구하는 목적은 같을 수 있으나 달성하는 방법이 다른 경우이므로 지방자치단체와 시민단체가 추구하는 관점을 좁히기 위해서 상호 슬기로운 조율 과정이 필요할 때도 분명히 있을 것입니다. 특히 지방공무원은 지역의 현안들을 추진하는 과정에서 지역주민들의 다양한 의견을 수렴하는데 시간이 부족하다는 이유 등으로 사업을 추진하기 위하여 꼭 거쳐야 하는 사전적 행정절차를 무시하거나 아주 경원시하고 이를 강행하려고 무리하게 시도하는 경우가 있습니다. 아울러 지방공무원들은 주민들의 실생활과 밀접한 사업들도 다소 무리가 있더라도 이를 신속하게 해결하려는 시도를 강행하는 경우가 가끔 있는데 이때 시민단체에서는 지방공무원들이 추진하는 사업에 관해서 감시자의 관점에서 아주 비판적으로 바라보고 사업추진 시 절차상의 문제점들을 제기하면서 이를 적극적으로 반대하기도 합니다. 이때 시민단체에서는 지방공무원들이 추진하는 사업의 문제점들을 자발적으로 개선하지 않으면 시민단체 회원들을 동원하여 시위하는 등 지방자치단체에서 추진하는 사업들을 적극적으로 반대하거나 언론보도 등을 통해서 강력한 항의의 의사표시를 하는 경우가 자주 있는 것이 현실입니다.

지방공무원들과 시민단체는 지역발전이라는 공동의 목적을 달성하기 위해서는 상호 원활한 소통을 통하여 의견에 상충하는 부분이 있으면 사전에 충분히 조율하는 절차를 거치는 등 활발한 교류와 협력이 요구된다고 하겠습니다. 지방자치단체에서도 현안들을 일방적으로 강행하기보다 시민단체 회원들에게 충분한 이해를 구하고 필요한 경우 이들의 적극적인 업무협조를 유도하여 절차상의 문제가 없도록 사업들을 추진하여야 하겠습니다. 따라서 지방자치단체와 시민단체 사이에 긴밀한 업무협조와 상호 충분한 소통을 통하여 지방행정을 추진하는데 조금의 절차상 하자도 없이 지역발전이라는 공동의 목적을 슬기롭게 달성할 수 있도록 건전하게 협력하는 관계로 발전할 수 있다면 더욱 좋겠습니다.

제2장

바람직한 지방행정

제1절
현장 밀착행정

지방정부는 중앙정부와는 다르게 일정한 행정구역이 정해져 있으므로 지역의 특성에 맞는 행정업무를 추진하여 지역에 거주하는 주민들의 복지를 증진함과 동시에 지역발전을 위하여 일하는 단체입니다. 지방자치단체에서 추진하고 있는 업무에는 중앙정부로부터 위임받은 국가 사무가 있는데 이는 중앙부처에서 시달된 업무지침에 맞도록 업무를 추진하여야 하므로 중앙정부에서 위임받은 사무는 중앙정부에서 제시한 기준에 합당하도록 업무를 추진하여야 특별한 문제가 발생하지 않을 것입니다. 그리고 중앙정부로부터 위임받은 국가 사무는 주민들에게 중앙부처에서 시달된 기준에 맞게 시행하여야만 다른 지방자치단체에 거주하는 주민들과 차별을 받지 않고 전국적인 형평성을 유지할 수가 있을 것입니다.

일부 재정이 풍부한 지방자치단체는 중앙정부에서 시달된 기준을 벗어나지 않는 범위에서 그 지방자치단체에서 조달이 가능한 재원들을 적극적으로 활용하여 중앙부처에서 시달된 기준보다 더 많은 혜택을 주고 있는 일부 지방자치단체도 있습니다. 대부분 지방자치단체는 재정이 넉넉하지 않기 때문에 중앙정부에서 시달된 업무지침 범위에서 국가에서 위임한 사무들을 추진하고 있습니다.

지방자치단체에서 근무하고 있는 지방공무원들은 국가위임사무와 더불어 지방자치단체 고유한 사무들을 수행하느라 늘 동분서주하는 경우가 있습니다. 어떤 경우에는 지방자치단체 재정 부족으로 시기별로 꼭 추진하여야 하는 지방행정을 적기에 수행하지 못하여 주민들에게 불편을 끼치는 안타까운 사례들이 발생하기도 합니다. 일부 지방자치단체에서는 국가위임사무라 할지라도 중앙정부에서 시달한 기준이 지역 실정에 맞지 않아 이를 현장에서 직접 적용하는데 다소의 어려움들이 있는 지방자치단체들도 있습니다. 왜냐하면 중앙정부에서 기준을 만드는데 지방자치단체의 다양한 실정들을 모두 반영하여 전국적으로 통일된 기준을 정립하는 것이 사실상 어렵기 때문일 것입니다.

이러한 어려운 여건에서 지역사회의 발전을 위하여 노력하고 있는 지방공무원들은 사명감을 가지고 국가위임사무는 물론 자치단체 고유사무도 함께 추진하고 있습니다. 지방자치단체의 고유사무에 관하여는 그 지방자치단체의 실정에 맞도록 조례를 제정하여 지방행정들을 추진하고 있으며 지역발전을 위하여 다양한 업무들을 추진하고 있는 지방공무원들은 과중한 업무, 재정의 부족, 지역의 실정에 맞지 않는 규정들로 인하여 어려움들이 많이 있는 것이 현실입니다. 그럼에도 불구하고 지방공무원들은 주민들의 복지증진을 위해서 힘을 쓰고 있다는 자긍심을 가지고 지방행정들을 인내심을 가지고 적극적인 자세로 이를 해결하려는 노력이 필요하다고 하겠습니다.

중앙정부와 지방정부에서 추진하는 업무들을 조사해 보면 중앙정부와 지방정부 업무로 법적으로 명확하게 구분되어 있으나 지방자치단체에 거주하고 있는 주민들은 지방자치단체에서 시행되고 있는 업무들이 국가 사무인지 지방자치단체 사무인지를 명확하게 구분하지 못하는 경우가 대부분이고 중앙정부와 지방정부의 재정 분배방식이 어떻게 되는지 모르는 경우가 더욱 많이 있을 것입니다.

지방자치단체에서 추진되고 있는 업무들에는 위임사무도 있고 지방자치단체의 고유사무도 함께 추진하고 있는데 그럼에도 불구하고 지방자치단체에 근무하고 있는 지방공무원들은 언제나 거주하는 주민들의 공익을 위하여 최선의 노력을 다하고 있습니다. 따라서 지방자치단체에 거주하는 주민들은 자신들에게 적용하고 있는 업무들이 국가 사무인지 지방자치단체의 사무인지를 명확하게 구분하지 못하는 경우가 대부분일 것이므로 지방자치단체에서 어떠한 문제가 발생하면 먼저 그 지역에 근무하는 지방공무원들에게 문의하거나 민원을 제기하고 있습니다. 지역에 거주하는 주민들은 지역에서 근무하는 지방공무원들이 언제나 자신들의 이익을 대변하고 문제가 발생하면 이를 신속하게 해결하여 주리라는 굳은 믿음을 가지고 생활하고 있으므로 지방자치단체에서 근무하는 지방공무원들은 그 지역에 거주하고 있는 주민들과 아주 밀접한 관련이 있으며 지역주민들이 자신들을 믿고 있다는 사실을 명심할 필요가 있겠습니다.

지방자치단체에서 근무하는 지방공무원들은 사무의 구분을 떠나서 관할하는 지역의 상황을 누구보다도 자세하게 파악하고 있어야 하므로 지방공무원들은 지역에 거주하는 누구보다도 지역의 실정들을 신속하게 파악할 수 있도록 다양한 지방행정 시스템을 구축하여야 할 것입니다. 지방자치단체에서 시행하고 있는 업무에 관한 현황들을 정확하게 파악하기 위하여 기관 단위로 순찰팀을 운영하는 경우가 많이 있을 것입니다. 지방자치단체에서 기관 단위로 순찰팀을 운영하는 경우 순찰을 담당하고 있는 부서와 이를 처리하는 부서가 달라서 부서 사이에 견해의 차이가 발생할 수 있으므로 그 지역에서 어떤 문제가 발생하면 이를 해결하기 위하여 부서 사이에 다양한 조율 등이 필요하게 되어 이를 조율하는데 비교적 긴 시간이 소요되므로 이를 신속하게 조치하는 데에 어려움이 있을 것입니다. 지역에서 발생한 문제를 해결하는데 여러 부서가 관련되어 있는 경우 부서 사이에 원만한 조율이 쉽지 않아 업무처리가 지연되므로 같은 민원이 지속하여 발생할 수 있습니다. 이러한 문제들이 계속 발생하면 지방행정에 대한 신뢰는 떨어지고 주민들의 불만은 더욱 심해질 것이므로 이러한 문제점들을 해소하기 위해서 지방자치단체에서 과 단위로 소수의 인원으로 구성된 현장 순찰팀을 운영하는 방안을 함께 검토해 보는 것이 좋을 것 같습니다.

지방자치단체에서 기관의 단위로 순찰팀을 운영하는 경우 팀원들이 기관의 전체 업무에 관한 해박한 지식을 습득하기가 어려울 뿐만 아니라 여러 부서가 관계되어 있는 문제가 발생하면 부서 간에 조율 등을 위한 긴 시간이 소요되어 이를 조치하는 동안 주민들의 불만이 기하급수적으로 증폭할 것입니다. 그런데 부서장의 책임하에 과 단위로 순찰팀을 운영하면 부서에서 어떤 업무에 문제점들이 발생하면 그 업무를 담당하는 과장 책임하에 즉시 이를 해결할 수가 있고 여러 부서가 중첩되는 경우 부서장이 관련한 부서의 담당자들을 현장에 신속하게 집결시켜 해결책을 모색한다면 이에 관한 문제점들을 빨리 찾아 이에 대한 정확한 해결방안들을 모색할 수 있는 장점들이 많이 있으므로 과 단위로 순찰팀을 운영하게 되면 부서장이 전문가적 시각으로 발생한 문제점들의 원인을 정확하게 진단하고 이에 대한 신속한 해결책을 마련할 수가 있고 이에 대한 업무의 개선도 동시에 검토할 수 있는 장점들이 많이 있으므로 부서장들은 이를 적극적으로 활용하면 더욱 좋겠습니다. 지방자치단체에 장기적으로 미해결된 업무와 다수인 민원 업무 등은 기관을 감사하는 업무를 담당하는 부서에서 총괄하고 단기적이고 단순하게 발생하는 민원 업무는 부서 단위로 과장의 책임하에 자치적으로 순찰팀을 운영하는 방안을 함께 고려하는 것이 효과적일 것입니다.

지방자치단체에 거주하고 있는 주민들은 민원 내용이 국가 사무인지 지방자치단체 사무인지 구분하지 못하는 경우가 대부분이므로 지방공무원들은 그 지방자치단체에서 어떤 문제가 발생하면 현장에 즉시 출동하여 민원 내용을 파악한 다음 이에 대하여 적절하게 대응하겠다는 마음가짐을 가지고 근무하는 것이 좋겠습니다. 지방자치단체 주민들은 지역에서 근무하는 지방공무원들을 아주 신뢰하고 있을 뿐만 아니라 지방공무원들은 언제나 주민들이 불편한 사항들을 신속하게 해결해 줄 것이라는 강한 믿음을 가지고 생활하므로 지방공무원들은 지역에서 어떤 문제가 발생하면 누구보다도 먼저 현장에 출동하는 습관을 기르도록 하면 좋을 것 같습니다.

예를 들어 설명하면 자동차를 타고 어디를 가고 있는데 자동차에 문제가 발생하면 보험사에 연락하여 현장에서 조치를 받을 수 있는 것은 즉시 조치를 받고 불가능한 경우 상황에 맞는 적절한 도움을 받게 될 것입니다. 이때 자동차 사고에 관한 신고를 접수한 보험사의 담당자들이 즉시 현장에 출동하여 조치할 수 있는 사항인데도 불구하고 현장에 출동하지 않고 시간을 끌면서 전화로 해결하려고 한다거나 시간을 지체하여 출동하거나 최악의 경우 아예 현장에 출동하지 않아 불만을 토로한 경험은 누구에게나 한 번은 있을 것입니다. 그럼에도 불구하고 자동차 사고에 관한 신고를 접수한 보험사의 업무담당자가 자세한 설명을 듣고 정해진 시간에 관계자들을 출동시켜 조치하거나 현장에서 조치할 수 없는 경우 이를 해결할 수 있는 곳으로 안내하는 등 상황에 맞게 적절하게 응대하였다면 현장에서의 조치가 다소 미흡했더라도 신고를 접수한 즉시 함께 해결하려는 노력을 기울였다는 사실만으로도 아주 높은 만족감을 느끼게 되고 아주 고마워했던 경험들이 있었을 것입니다. 보험사에서 자동차 사고의 모든 신고를 완벽하게 조치할 수는 없을 것입니다. 그러나 보험사에서는 자동차 사고에 관한 신고업무에 다양한 노하우들이 있고 정해진 업무처리 프로세스가 있으므로 그 프로세스에 맞게 적절한 조치를 할 수가 있는 능력이 있는 자동차 사고 업무처리에 관한 전문가들이기 때문일 것입니다.

우리가 일상생활에서 가끔 접하게 되는 자동차 사고라는 당황한 상황에서 자동차 사고 신고를 한다면 자동차 사고 신고를 접수한 보험사에서 신고를 접수한 즉시 현장에 출동하여 조치할 수 있는 것은 즉시 조치하고 불가능한 경우 이를 처리할 수 있는 곳으로 안내하는 조치 등을 했다는 사실만으로도 아주 만족하고 그 보험사에 대한 좋은 이미지가 각인될 것입니다. 이러한 경험을 통하여 다음에 자동차보험 갱신이 필요한 경우 그 보험사를 적극적으로 이용할 것입니다.

지방자치단체에서 근무하고 있는 지방공무원들도 이를 반면교사로 삼아서 지방자치단체에 어떠한 문제가 발생하면 국가 사무인지 지방 사무인지 업무 소관을 따지지 말고 즉시 현장에 출동하여 상황을 파악한 다음에 그 지방자치단체에서 처리하여야 하는 사항들은 즉시 현장에서 조치하고 지방자치단체의 업무가 아니라면 업무를 담당하는 기관을 알려 주거나 신고하는 방법 등을 안내하여 그 기관에서 신속하게 처리할 수 있도록 하는 것이 진정으로 주민들이 바라는 지방행정이 아닐까 생각합니다.

지방공무원들은 지방자치단체에서 어떠한 문제가 발생하면 그 업무를 담당하는 기관이 어디인지 사무의 소관이 어디인지 구별하지 말고 즉시 현장에 출동하여 상황에 맞는 적절한 조치를 하겠다는 자세로 근무하는 것이 좋겠습니다.

제2절
노약자 눈높이 맞추기

인간수명이 점차 길어져 우리나라도 고령화 시대를 맞이하고 있으므로 우리나라에서도 사회적 노약자들에 관한 인식들이 많이 변해 가고 있고 지방행정도 이에 맞도록 업무를 추진하는 것이 아주 필요하고 또한 시대가 요구하는 사항일 것입니다. 그런데 우리가 거주하는 주변을 자세히 살펴보면 아직도 노약자의 눈높이에 맞지 않는 탁상행정이 이루어지고 있는 현장들을 많이 볼 수 있을 것입니다. 과거에 지방자치단체에서 추진했던 사업 중에는 노약자들의 눈높이에 맞지 않는 편의시설들이 많이 산재하고 있음을 가끔 목격할 수가 있는데 과거의 지방행정은 성장 위주 정책들이 일반화하던 시대적 상황에 따라서 급속하게 사업들을 추진한 사례들이 있었기 때문이기도 합니다. 그러므로 현재를 살아가는 우리는 고령화가 일반화된 시대적 흐름에 맞도록 과거에 급속하게 추진하였던 사업에 관한 재점검들이 필요한 시기라고 생각합니다.

지금이라도 지방자치단체에서는 현재 추진을 계획하고 있는 사업들의 시급성 여부를 재점검하여 당장 사업을 추진하지 않더라도 큰 문제가 발생하지 않는 사업들이 있으면 추진하는 시기를 재조정하고 이미 시행한 사업에서 노약자들에게 미흡한 편의시설이 있다면 이를 먼저 개선하도록 다양한 노력을 기울여야 합니다. 왜냐하면 지방자치단체에서 이미 추진했던 노약자들의 눈높이에 맞지 않는 시설물이 있는 경우 이를 이용하는 노약자들이 시설물에 관한 사용상 불편으로 인하여 계속 민원을 제기할 것이고 반면에 최근에 새롭게 건립한 시설물들은 노약자의 눈높이를 고려하여 각종 편의시설을 잘 갖추고 있으므로 새롭게 건립한 시설물로 이용자들이 몰려드는 현상이 발생할 것입니다. 노약자들을 위한 편의시설을 잘 갖춘 최근에 건립한 시설물을 이용하려는 주민들은 많으나 시설물을 사용할 수 있는 인원의 제한으로 시설을 이용하려는 자들이 이용 기회의 부족으로 이들의 불만이 계속 폭주하고 민원을 지속하여 제기하고 있습니다. 따라서 기존 시설물과 새로 건립한 시설물 이용상의 편의로 인하여 두 시설물 사용자 사이에 위화감이 조성되기도 합니다.

지방자치단체에서 노약자들에게 다양한 편의시설을 제공하기 위하여 새로운 시설물을 추가로 건립하면 이용상 편리성으로 인하여 이곳으로 사용자들이 집중하는 현상이 발생하는 것은 너무도 당연한 현상입니다. 그리고 새로이 건립된 시설물 주변 제증이 발생하여 인근 주민들로부터도 교통 민원이 계속 제기되기도 하므로 노약자들을 위하여 새로운 건축물을 건립하고 편리한 시설물을 제공하려는 최초의 취지를 무색하게 하는 일이 발생하게 되므로 이를 이용하고자 하는 사용자들에게는 기회 부족으로 불만이 제기되고 인근 주민들에게는 교통과 관련된 고통을 유발하는 등 당초에 좋은 취지로 건립한 노약자를 위한 편의시설 확충이 소기의 성과를 거두지 못하고 오히려 민원이 발생하는 기이한 현상이 발생하기도 합니다.

그럼에도 불구하고 과거에 건립한 시설물에서는 노약자들을 위한 편의시설이 다소 미흡하여 이를 사용하는 이용자들의 불편으로 인하여 사용자들이 급격하게 감소하는 경향이 있으므로 시설물에서 발생하는 수입은 점차 감소하나 그 시설물을 관리하고 운영하는데 과거보다 더 많은 재원을 투입하여야 하므로 이러한 시설물들을 운영하는데 많은 지방재정을 투입하여야 하는 악순환이 계속되어 시설물을 운영하는 면에도 상당한 어려움에 직면하게 될 것입니다. 이처럼 시설물들이 노후화하여 보수가 필요한 경우에는 이를 사용하는 사용자들이 점차 줄어 수입은 감소하게 되고 시설물을 보수할 예산을 적기에 확보하지 못하고 방치되면 그 시설물은 더욱 노후화되고 황폐화하는 악순환이 계속될 것이므로 이러한 문제가 발생하는 것을 예방하기 위해서 지방자치단체에서는 새로운 사업들을 역동적으로 추진하는 것도 좋겠지만 기존시설물에 대한 정확한 진단을 통하여 노약자의 눈높이에 맞지 않는 시설물이 있으면 이에 대한 실태를 정확하게 파악하고 적절한 대책들을 수립하는 것이 진정으로 주민들이 바라는 지방행정이 아닐까 하는 생각이 듭니다.

 지방자치단체에서 관리하는 과거에 건립한 시설물이 노약자들에게 불편한 사항들이 있다면 새로운 시설물과 균형을 맞추어 이를 시급하게 정비하고 기존 시설물을 이용하는 분들에게 불편함이 없도록 개선하려는 노력을 계속하여야 할 것입니다. 일부 지방공무원들이 아직도 현장의 실정을 제대로 반영하지 않고 탁상에서 보기 좋은 문서로 포장하기 위하여 보고를 위한 보고서 작성에만 시간을 낭비하지 않는지 자신들을 되돌아봐야 할 때입니다. 이러한 탁상행정을 하지 않도록 부서의 관리자들은 주무관들이 올리는 형식적인 보고서에만 의존하지 말고 현장에 기반을 둔 지방행정을 추진하면 더욱 좋겠습니다. 어떤 부서에 관리자로 발령을 받게 되면 무엇보다 먼저 시설물을 관리하는 담당자와 함께 부서에서 관리하는 시설물이 노약자들이 사용하는데 불편한 내용이 있는지 우선 점검하고 이를 개선하는 노력을 기울인다면 주민들이 만족하는 지방행정을 추진하게 될 것이라 확신합니다. 부서의 관리자들은 업무담당자와 함께 시설물이 있는 현장에 함께 출장하여 점검하는 것이 주민을 위한 지방행정을 추진하는데 무엇보다도 중요한 일입니다.
 왜냐하면 부서에서 관리하는 시설물에 어떤 문제가 발생하여 관리자와 담당 주무관이 함께 현장에 출동하여 시설물을 점검하는 경우라도 관리자들은 주무관들보다 그 시설물에서 발생한 문제점을 비교적 정확하게 진단하고 이에 대한 정확한 해결책을 제시할 수 있기 때문입니다. 이는 주무관들이 무능하다거나 실력이 없기 때문이 아니라 관리자들은 비교적 지방공무원으로 오랫동안 많은 사례들을 해결한 경험들이 풍부하여 비교적 수월하게 문제점들을 발견하고 이에 대한 해결책을 제시할 수가 있을 것입니다. 관리자들은 관리하는 시설물에 문제가 발생하면 꼭 그 업무담당자와 함께 현장에 출장하여 현장을 직접 점검하는 습관을 들이면 좋겠습니다. 이러한 자세로 부서에 당면한 현안들을 추진하게 된다면 부서장에 대한 직원들의 신뢰도는 더욱 높아지고 부서의 현안들도 신속하고 정확하게 진단하여 이를 해결함으로써 부서의 업무성과는 몰라보게 상승할 것입니다.

지방자치단체에서 새로운 시설물을 건립하는 경우 무에서 유를 창조하는 과정이라 시설물을 건립하는 과정에서는 비교적 여러 부서의 의견들을 종합적으로 반영하여 건립하게 되므로 시설물 이용자들의 만족도를 충족시킬 수가 있을 것입니다. 그런데 기존 시설물을 개선하려는 경우에는 그 시설물을 이미 사용하고 있는 다양한 이해관계인들의 의견을 수렴하여야 하고 시설물을 개선하는 동안 이를 이용하지 못하는 사용자들에게 양해를 구하거나 그 시설물을 대체할 수 있는 다른 편의시설을 제공하여야 하는 등 어려움이 많이 발생하게 될 것이므로 기존 시설물을 관리하는 업무담당자는 될 수 있으면 기존 시설물에 어떤 문제가 발생하면 그에 대한 근본적인 조치를 하기보다는 임시방편의 조치만 취하고 현상 유지를 지속하려는 속성이 강하다고 하겠습니다. 이렇게 현상을 유지하는 업무만을 지속한다면 시설물에 대한 근본적인 해결이 되지 않으므로 시설물은 더욱 노후화되고 본래의 기능을 제대로 발휘할 수가 없을 것이므로 부서의 관리자는 업무담당자의 고충도 충분히 고려해야 하겠지만 부서에서 관리하는 시설물이 노약자의 눈높이에 맞지 않는 것이 있다고 판단이 되면 먼저 그 업무를 담당하고 있는 주무관을 설득한 다음에 기존 시설물을 이용자들의 요구사항 등을 종합적으로 검토하여 그 시설물을 조속히 정비할 수 있는 다양한 방법들을 연구하는 것이 주민들이 바라는 지방행정이 아닐까 생각합니다.

지방자치단체에서 시설물을 관리하는 업무를 담당하는 주무관들은 비교적 나이가 젊어서 노약자의 입장을 충분히 이해하고 이들의 관점에서 시설물을 관리하는 것이 다소 어려울 수도 있을 것이므로 어떤 지방자치단체에서는 장애인과 관련한 업무를 담당하는 주무관들에게는 장애인이 실제로 사용하는 용구들을 직접 체험하게 하여 장애인들이 얼마나 어렵고 힘든 여건에서 생활하고 있는지 이들의 고충을 충분히 이해한 다음 이들의 관점에서 담당하고 있는 업무를 추진할 수 있도록 배려하고 있습니다. 이처럼 장애인들과 관련한 업무담당자들이 이러한 직접적인 체험을 통하여 장애인들이 충분히 공감할 수 있는 지방행정을 추진하여 이들에게 아주 높은 만족을 주고 있는 지방자치단체도 있습니다. 이와 같은 일은 단순히 한 가지 사례이겠지만 지방자치단체에서 근무하고 있는 지방공무원들은 지역주민들과 아주 밀접한 관계를 유지하고 있고 지방자치단체는 이들이 필요로 하는 업무들을 직접 추진하고 있는 주체이므로 지방공무원들은 어떤 업무를 추진하더라도 노약자들의 입장을 충분히 이해한 다음에 그들에게 불편한 사항이 없도록 적극적인 지방행정을 펼쳐야 하겠습니다.

지방공무원들은 노약자들이 요구하는 사항들을 쉽게 전달할 수 있는 창구를 마련하고 그들이 불편한 사항들이 있다면 고충들을 쉽게 이야기할 수 있도록 편리하고 다양한 창구를 마련하는 방안을 연구하여야 할 것입니다. 아직도 노약자들은 많은 주민이 편리하게 이용하고 있는 이메일이나 전자기기들을 자유롭게 다루지 못하는 분들도 의외로 많이 있으므로 이에 관한 대책들도 함께 고민하는 것이 필요한 시점이 도래한 것 같습니다. 이러한 노약자들이 지방자치단체의 시설물을 이용하는 데 불편한 사항이 있어서 이를 개선해 달라는 요청이 있으면 이를 적극적이고 긍정적인 자세로 신속하게 검토한 다음 가능하다면 빠르게 해결할 수 방법을 찾도록 최선의 노력을 다하는 것이 지방공무원들에게 필요한 사명이 아닐까 생각합니다. 이러한 지방공무원들은 시대적인 흐름에 맞는 지방행정을 추진한다고 할 수가 있으며 지역에 거주하고 있는 주민들이 진정한 행복을 누릴 수 있도록 노력하는 참 지방공무원이 아닐까 생각합니다.

실정에 맞는 행정

중앙정부는 국가 전체를 상대로 하여 업무를 추진하나 지방자치단체는 그 지역주민들의 복리증진을 위해서 일들을 하는 곳으로 행정구역에서도 차이가 있습니다. 중앙정부와 지방정부는 행정구역에도 차이가 있을 뿐만 아니라 담당하고 있는 업무에서도 상당히 다른 면들이 많습니다. 또한 업무를 처리하는 기준도 중앙정부는 국가 전체를 상대로 업무를 추진하기 때문에 전국적으로 같은 기준을 가지고 업무들을 수행하고 있겠지만 지방자치단체는 지역마다 고유의 특성들을 반영하여 이에 맞는 업무를 추진하고 있으므로 지방자치단체마다 특이한 업무들이 많이 있습니다.

예를 들면 산악이 많은 지방자치단체에서는 산림을 관리하고 이를 효율적으로 이용하는 방안을 연구하는 것이 그 지방자치단체의 중요한 관심사가 되고 그 지방자치단체에서 중요한 업무이므로 봄과 겨울철에는 산불 예방을 위한 많은 인력을 투입하여 산불이 발생하지 않도록 제대로 관리하고 만약에 산불이 발생하면 이를 효과적으로 진화할 수 있는 장비들을 관리하는 것이 중요하고 실제로 발생하면 산불 진화를 위한 출동 태세를 점검하고 지방자치단체의 자원으로 산불을 진화할 수 없는 경우 다른 지방자치단체에 협조를 요청하고 이들과 유기적으로 비상 연락체계를 갖추는 것이 그 지방자치단체의 중요한 업무일 것입니다.

지방자치단체마다 처한 여건들이 많은 차이가 있으므로 지역의 특색에 맞도록 지방행정을 수행하는 것이 요구되는 데에도 불구하고 일부 지방자치단체에서는 지역의 특성을 고려하지 않고 타 지방자치단체에서 특색 있게 시행하고 있는 업무들을 무조건 벤치마킹하여 무리하게 이를 시행하는 경우를 가끔 볼 수 있는데 이는 아주 잘못된 지방행정의 사례라고 할 수가 있습니다. 어떤 지방자치단체는 토양과 기후조건이 적합하여 사과가 그 지역의 특산물이라면 그 지역에서 생산하는 특산물을 이곳을 찾아오는 관광객들이나 외부인들에게 널리 홍보하기 위하여 가로수로 여러 품종의 사과나무를 가로에 식재하고 이를 통하여 지역에서 생산되는 특산물인 사과를 홍보하고 이를 통하여 지역 경제에 큰 보탬이 되는 지방행정을 시행하고 있는 지방자치단체도 있습니다. 그런데 일부 지방자치단체에서는 이를 무조건 벤치마킹하여 그 지역의 여건에도 맞지 않는 데에도 불구하고 사과나무들을 가로변에 식재하는 경우가 있는데 그 지방자치단체에서는 타 지방자치단체를 벤치마킹하고 가로변에 사과나무를 식재하고 열심히 관리하고 있으나 기후조건에 맞지 않아서 사과나무를 고사한 상태로 방치하여 오히려 가로의 미관을 해치는 등 관리상태가 엉망인 것을 볼 수가 있고 도로에 떨어진 낙과들을 제대로 수거하지 않아 도로가 지저분하게 되어 당초에 계획했던 효과는 발생하지 않고 오히려 지방행정이 낭비되는 사례가 발생할 것입니다.

다른 지방자치단체에서 시행하고 있는 좋은 정책들을 벤치마킹하더라도 지역의 특성을 고려하지 않고 무분별하게 도입한다면 지방행정에 얼마나 큰 역효과를 초래하는지 알 수 있는 좋은 사례라고 할 수 있으므로 지방자치단체에서 근무하고 있는 지방공무원들은 어떤 업무를 추진하더라도 먼저 그 지역의 특성들을 신중하게 검토한 다음 다른 지방자치단체에서 시행하고 있는 우수한 사례들을 그 지역의 실정에 맞도록 변형하여 시행하는 것이 다른 지방자치단체의 좋은 사례들을 벤치마킹하는 데 성공하는 요인으로 작용할 것이므로 지방공무원들은 어떻게 하면 지역 실정에 맞고 주민들의 눈높이에 맞는 만족한 지방행정을 추진할 수 있을까 늘 고민하는 자세가 필요할 것입니다.

사람들은 누구나 편리한 것에 대해서는 그것이 당연하다고 생각하겠지만 불편한 사항이 있으면 이에 관하여 불평하고 민원을 제기하는 습성을 가지고 있으므로 이를 역으로 깊이 생각한다면 아마도 어떻게 하는 것이 지역주민들에게 만족할 수 있는 지방행정을 추진할 수 있는 지 발상을 전환할 수 있는 계기가 될 것입니다. 지방자치단체에서 어떤 사업을 처음으로 시행한 다음 지역의 주민들로부터 민원이 제기되지 않는다면 절반의 성공을 거두고 있다는 증거이기도 하겠지만 사업을 시행하는 시작부터 지속하여 민원이 제기된다면 아마도 이는 주민들의 눈높이를 고려하지 못하는 탁상행정을 했다는 가능성이 크다고 하겠습니다. 어떤 사업을 시행한 이후에 이를 이용하는 지역주민들의 반응을 살펴보면 공급자의 관점에서 사업을 추진하였는지 아니면 지역주민들의 입장을 고려하여 수요자의 눈높이에 합당한 지방행정을 수행하였는지 알 수가 있으므로 지방자치단체에서 어떤 사업을 추진하는 경우 지역 실정에 맞는 지방행정을 추진하는 것이 지역주민들에게 얼마나 큰 영향을 미치고 있는지 알 수가 있습니다.

그렇다면 어떻게 하면 지역 실정에 맞는 지방행정을 추진할 수 있는지 알아보고자 합니다. 먼저 지역 실정에 맞는 지방행정을 추진하기 위해서는 사업을 추진하기 전에 꼭 현장에 출장하여 지역의 특성을 정확하게 파악하고 그동안 지역주민들로부터 어떤 민원들이 꾸준히 제기되고 있는지 살펴본 이후에 현지의 특성을 잘 살펴보아야 합니다. 둘째 사업추진과 관련되는 이해관계인들을 만나 대화를 통하여 사업 시행에 대한 어떤 문제점은 없는지 지역사회의 동향을 정확하게 파악하여야 할 것입니다. 사업추진과 관련되는 다양한 이해관계인의 의견들을 수렴한 결과 지방자치단체에서 수용이 가능한 사항이면 이를 반영하고 이를 반영할 수 없으면 이해관계인들을 설득하는 과정을 거쳐서 사업추진계획서를 수립하여야 합니다. 이러한 과정을 거쳐서 사업계획서를 수립하였다면 셋째로 사업의 추진 시기를 신중하게 결정하여야 합니다. 왜냐하면 사업계획을 수립하는 시기와 예산을 확보하고 사업을 실제로 시행하는 시기가 상이하기에 사업계획을 수립한 이후에 지역사회의 여건들이 변화되지 않았다면 사업을 즉시 시행해도 되겠지만 계획을 수립한 이후에 지역 중요한 여건들이 변화되었다면 변화된 여건들을 사업계획에 반영하거나 추진하는 시기를 조정하는 것이 필요하게 됩니다.

특히 사업추진과 관련되는 중요한 사항에 변화들이 발생하여 지방자치단체에서 도저히 수용할 수 없는 것이라면 사업 시행 자체를 재검토하는 것이 필요하다고 하고 이러한 사업을 무리하게 추진하다 보면 많은 민원이 제기되고 사업추진과 관련되는 이해관계인의 갈등이 지역사회 전체로 비화하여 지방자치단체에서 추진하고 있는 다른 사업들의 추진에도 큰 영향을 미치는 경우가 많이 있습니다. 이러한 사업들을 무리하게 추진하게 된다면 담당자들에게도 큰 문제가 발생할 수 있기에 신중하게 결정하여야 합니다. 또한 그 사업의 추진과 관련하여 정치적인 요소들이 지방행정에 가미되면 지방공무원들의 노력만으로는 원만한 해결이 힘들고 지역 정치인들을 설득하는 데 많은 행정력을 낭비하게 될 것입니다. 이러한 문제들이 발생하면 원만한 문제해결을 위하여 지역 정치인들과 적극적으로 소통하고 이들을 설득하고 이해를 구하는 과정을 통하여 문제점들을 원만하게 수습한 다음에 그 사업을 추진하는 것이 올바른 방향일 것입니다. 지금은 민선 시대이므로 지방자치단체의 단체장들도 다양한 정치적인 행태를 나타내고 있기에 지방공무원들은 사업들을 추진하는데 특히 이 점을 주의하여야 하겠습니다.

지방자치단체에서 근무하는 지방공무원이라면 지역발전을 위하여 조그마한 사업을 추진하더라도 지역주민들이 진정으로 필요로 하는 것이 무엇일까 항상 고민해야 할 것입니다.

지방공무원들은 지역주민들이 진정으로 바라는 지방행정을 추진하기 위해서 사업계획을 수립하는 초기부터 현장을 방문하여 지역의 특성을 자세하게 파악한 다음 사업추진과 관련되는 이해관계인들이 있으면 이들의 다양한 의견을 청취하고 이를 충분히 반영한 사업계획을 수립한 이후에도 중요한 사항에 변경이 있으면 이에 맞도록 사업계획을 변경하거나 사업의 추진 시기를 조정하는 것이 지역주민들이 만족할 수 있는 지방행정이 될 것입니다. 지역주민들이 바라는 지방행정 결과물을 도출하기 위해서는 공급자 위주의 탁상행정이 아닌 수요자 입장을 충분히 고려한 다음에 지역주민들이 진정으로 바라고 이들이 필요로 하는 지방행정을 추진할 수 있도록 항상 고민하고 노력하는 자세가 필요한 것이 아닐까 생각합니다.

제4절

알기 쉬운 홍보

지방자치단체에는 근무하는 지방공무원들이 부서 이동 등으로 새로운 업무를 담당하는 경우 업무와 관련되는 용어들이나 개념들을 정확하게 숙지하고 이를 이해하는 데에 어려움을 느낀 경험들이 있었을 것입니다. 지금은 세월은 조금 지난 이야기이지만 한때에는 세계화 또는 국제화라는 미명 속에 외국어들이 행정용어에 무분별하게 사용되던 시절이 있었는데 그 당시에는 사업 제목에 근사한 외국어들을 조합하여 제목들을 붙이는 것이 유행처럼 일반화되었고 그렇게 외국어를 조합하여 만든 제목의 사업들은 아주 특이하고 근사한 사업으로 인식이 되었던 시절로 이 시기에는 지방행정에 외국어들이 무분별하게 사용되어 정체불명의 외국어 제목들이 난무한 시기였습니다.

지금도 지방행정에 정체불명의 외국어들을 조합하여 사업의 제목으로 사용하는 경우를 가끔 볼 수가 있는데 사업 제목만으로는 이것이 무슨 사업인지 도무지 알 수 없는 경우들이 있습니다. 지방행정에서 외국어들을 무분별하게 사용하여 사업 제목을 붙이게 되면 그 사업의 특성을 주민들에게 정확하게 전달하지 못할 뿐만 아니라 이들에게 혼란만 주게 되므로 이런 지방행정은 이제는 그만두어야 하겠습니다.

지방자치단체에서 새로운 사업을 추진하는 경우 기존의 사업들과 차별화를 위해서 조금은 색다른 제목을 만드는 것이 필요하다는 것은 인정하지만 그렇다고 하더라도 사업 제목을 세련되게 보이게 하거나 특이하게 나타내려고 국적 불명의 외국어를 조합한 미사여구를 사용하지 않았으면 합니다. 지방자치단체에서 새로운 사업을 추진하고 이를 홍보하는 경우 사업의 취지를 누구나 쉽게 이해할 수 있고 사업의 특성도 가능하면 빠른 시간에 파악할 수 있도록 알기 쉬운 행정용어를 사용하는 것이 좋을 것 같습니다.

지방공무원들은 지방행정이라는 근무환경에 상시 노출되어 있으므로 다소 생소하거나 새로운 행정용어에도 쉽게 적응을 할 수 있겠지만 지역주민들은 지방행정기관과 다른 곳에서 생업에 종사하는 경우가 대부분이기 때문에 행정기관에서 사용하고 있는 행정용어에 낯선 경우가 대부분으로 이들은 평소에 지방행정에 큰 관심들이 없다가 자신이 필요로 하는 일이 발생하면 그때 지방행정에 관한 정보들을 찾아보는 경우가 대부분이기 때문에 지방자치단체에서 일반 시민들을 상대로 홍보하고자 하는 사항들을 일반 시민이라면 누구나 쉽게 이해하도록 배려하기 위해서는 정체불명의 외국들이 조합된 무분별한 외국어 사용은 자제하는 것이 좋겠습니다. 지방공무원들이 지역주민들의 눈 높이에 맞는 용어를 사용하여 홍보함으로써 사업에 관한 홍보내용을 주민들이 쉽게 이해할 수 있고 아울러 이를 필요로 하는 주민들이 있다 면 그 사업에 직접 참여하거나 이를 이용하는 데 특별한 어려움이 없을 것입니다.

지금 우리나라도 고령화 시대를 맞이하고 있으므로 지방행정에서도 노인들이 지방행정의 중요한 수요자라고 인식을 가지고 이에 관한 특별 한 대책이 요구되고 있습니다. 물론 노인들도 지방자치단체에서 제공 하고 있는 다양한 정보들을 자유롭게 검색하고 지역사회에 생산되는 다 양한 정보들을 효율적으로 이용하는 노인들도 있겠지만 그럼에도 불구 하고 아주 고령화된 노인들은 여러 가지 제약요인으로 인하여 지방행 정 정보에 쉽게 접근하는 데에 다소의 어려움을 느끼는 경우가 많이 있 을 것이므로 지방공무원들은 지방행정을 추진할 때 이를 참고하여 노인 들도 쉽게 지방자치단체에서 제공하는 정보들을 쉽게 이용할 수 있도록 다양한 방안들을 연구하는 것이 필요한 시대가 도래하였습니다.

둘째로 지방공무원들이 홍보 분야에서 관심을 가져야 하는 것은 사 회적 취약계층이 행정정보에 쉽게 접근할 수 있도록 이들이 행정정보 에 접근성을 높이는 방안들의 강구가 시급합니다. 사회적 취약계층은 각종 전자기기를 사용하는 방법에 익숙하지 않거나 이를 이용하지 못하는 경우 자신들이 필요로 하는 행정수요를 받을 수가 없으므로 이들이 쉽게 행정정보를 이용할 수 있도록 사회적 취약계층에 대한 특별한 배려가 필요합니다. 사회적 취약계층들은 위에서 언급한 바와 같이 여러 가지 어려움으로 정보에 접근성이 떨어지는 데에 비해서 지방자치단체에서 사용하는 행정용어가 이해하기 어렵다거나 애매모호하여 이들이 필요로 하는 행정서비스를 이용하는 데에 어려움들이 있다면 지방자치단체에서 이들에게 아무리 좋은 행정서비스를 제공하더라도 이를 이용할 수가 없으므로 이 또한 수요자의 입장을 고려하지 않는 공급자만의 일방적인 지방행정이 될 것입니다. 그러므로 지방자치단체가 제공하고 있는 다양한 행정서비스를 이용하고자 하는 사회적 취약계층들이 쉽게 행정정보에 접근할 수 있도록 지방공무원들은 홍보하고자 하는 내용들을 가능하다면 누구나 쉽게 이해하고 쉽게 이용할 수 있도록 용어도 구별하여 사용하는 것이 지방행정에서 아주 중요하다는 사실을 인식할 필요성이 있을 것입니다.

셋째로 지방행정에서 홍보하고자 하는 내용에 대하여 시각적인 효과를 고려하여 홍보하는 방법들을 연구할 필요가 있습니다. 지금은 정보의 홍수시대라는 말이 있듯이 우리 주변에는 너무나 많고 다양한 정보들이 무분별하게 살포되고 있어 무엇이 중요하고 올바른 정보이고 유익한 정보인지 구별하는 것도 힘든 것이 사실입니다. 지방자치단체에서 근무하고 있는 지방공무원들은 지역주민들이 꼭 알아야 하는 행정정보가 있다면 지역주민들 주변에 살포하고 있는 다른 정보들보다도 쉽게 이를 인지하고 구별할 수 있도록 이들을 위한 홍보물에 시각적인 효과를 가미한 홍보물을 만드는 방안을 모색하여야 할 것입니다. 이를 통하여 이들이 필요한 행정정보들을 쉽게 구별하고 이를 이용하는 데 조금도 불편함이 없도록 조치함으로써 지방행정에 관한 홍보 효과는 극대화되고 이를 이용하는 주민들의 만족도는 더욱 올라가게 될 것입니다.

지방자치단체에 근무하고 있는 지방공무원들은 홍보를 효율적으로 추진하여 주민들이 일상을 편리하게 생활하고 조금도 불편을 느끼지 않도록 도움을 주는 것이 최고의 지방행정 서비스를 제공하는 것이라는 생각이 되고 이것이 지방행정을 추진하는 보람이고 아울러 의무가 아닐까 생각합니다.

지방자치단체에서 근무하고 있는 지방공무원들은 행정서비스를 이용하려는 주민들이라면 누구나 지방자치단체에서 제공하는 행정정보를 쉽게 이해하고 이를 자유롭게 이용할 수 있도록 효율적인 방법을 연구하고 이를 이용하는 주민들의 편의를 제공하기 위해서 최선의 노력을 다하는 것이 중요한 일이 아닐까 생각되므로 어떤 지방행정을 추진하더라도 누구나 자유롭게 행정서비스를 이용할 수 있도록 정보에 대한 접근성을 높이는 방법들을 수시로 연구하면 더욱 좋겠습니다.

제5절
쌍방향 교감행정

요즈음 기업에서 아무리 좋은 제품을 생산하여 대량으로 공급한다고 하더라도 소비자들의 소비 욕구를 충족시키지 못한다면 아마도 소비자들로부터 외면당하는 일들이 발생하게 될 것입니다. 따라서 기업체에서 공급하는 제품이 소비자들의 소비 욕구를 충족시키지 못한다면 오랫동안 다양한 실험과 연구를 거쳐서 제공하는 새로운 제품이지만 소비자들로 외면을 당하는 것은 아주 당연한 현상일 것입니다. 기업체에서 이렇게 다양한 실험과 많은 연구를 거쳐서 제공하는 새로운 제품들도 최종적으로 소비자들의 욕구 수준을 충족하기에 다소 부족하거나 미흡한 점이 발생하게 된다면 소비자들이 그 제품을 외면하게 되므로 기업체 입장에서는 큰 문제들이 발생하게 될 것입니다.

회사에서는 최선의 노력을 다해서 제품을 공급하였다고 하겠지만 이를 이용하는 소비자들의 눈높이에 맞지 않아 소비자들의 욕구를 충족시키지 못한다면 결국 소비자들로부터 외면당할 것입니다. 따라서 그 제품이 인기가 없을 것이고 매출에도 크게 영향을 미치게 되므로 회사의 경영에도 큰 어려움에 직면하게 될 것이 자명합니다. 기업체들은 이와 같은 실수를 반복하지 않기 위해서 새로운 제품들을 소비자들에게 공급하기에 앞서 회사에서는 사활을 걸고 막대한 자금과 인력을 투입하여 소비자들의 기호에 맞는 제품을 개발하려고 피나는 노력을 다할 것입니다.

지방자치단체에서 근무하고 있는 지방공무원들도 지역에 거주하는 주민들의 복리증진과 이들이 행복한 일상생활을 영위할 수 있도록 최상의 행정서비스를 제공하기 위해 다양한 노력을 기울이고 있는 동시에 다른 지방자치단체와도 선의의 경쟁을 하고 있을 것입니다. 지방자치단체에서 아무리 질 좋은 행정서비스를 제공한다고 하더라도 이를 이용하는 지역주민들이 불편을 느끼고 민원이 제기된다면 아마도 그 행정서비스는 결국 수요자인 지역주민들을 만족시키지 못하게 되므로 결국은 공급자 중심의 일방적 행정서비스일 뿐일 것입니다. 이러한 일방적인 지방행정 서비스는 지역주민들의 눈높이에도 맞지 않아 이들의 요구수준을 충족시키지 못하게 되므로 결국 이러한 지방행정은 사라지거나 다소 변형된 형태로 제공되어야 하므로 최종적으로 지역주민들이 만족할 만한 서비스가 될 수는 없을 것입니다. 따라서 수요자인 소비자들의 욕구를 충족시키지 못하는 공급자가 일방적으로 제공하는 기업의 제품이나 지방자치단체에서 제공하는 공급자 중심의 일방적인 행정서비스는 실패할 것이 자명하므로 기업체의 경영에도 많은 어려움을 겪게 되는 것은 물론 지방자치단체에 거주하는 주민들의 만족도 또한 떨어지게 될 것입니다. 지방자치단체에서 근무하는 지방공무원들은 지역주민들의 요구사항이 무엇인지를 정확하게 파악하고 이에 맞는 지방행정을 추진하는 것이 주민들에게 만족할 만한 행정서비스가 될 것이고 이것 또한 지방행정이 추구하고자 시도하는 방향과도 일치할 것입니다.

수요자의 관점에서 제공하는 행정서비스의 사례를 본다면 지방자치단체에서 관리하는 공원의 벤치나 운동시설이 파손되면 지방공무원들이 수시로 순찰을 통하여 이러한 시설물들의 파손 여부를 인지하고 시설물이 파손되는 즉시 정비하는 것이 가장 좋은 지방행정서비스일 것입니다. 그럼에도 불구하고 지방자치단체의 한정된 인력으로 지방자치단체에서 관리하는 조그마한 시설물의 파손 여부를 적기에 인지하고 이를 즉시 조치하는 일은 쉽지 않을 것입니다. 그러나 지역에 거주하는 주민들은 매일 같은 시설물을 이용하므로 시설물의 파손 여부를 즉시 알 수 있습니다. 이러한 시설물을 매일 이용하고 있는 지역주민들이 지방자치단체와 깊은 신뢰도를 바탕으로 시설물의 파손을 발견하는 즉시 유관부서에 알려 준다면 지방자치단체에서는 그 시설물의 관리상태를 수시로 파악할 수가 있고 이에 관해서 시기에 맞게 적절한 행정조치를 할 수가 있으므로 지방자치단체로서는 아주 다행스러운 일입니다. 이러한 주민신고를 접한 지방자치단체에서 파손된 시설물을 즉시 수리하는 등 적절하게 조치한다면 이를 이용하는 지역주민들의 지방행정에 만족도는 아주 높아지게 되고 신뢰도가 동시에 올라가게 될 것입니다.

그럼에도 불구하고 지역주민들과 신뢰도가 낮은 지방자치단체에서는 주민들의 신고 정신이 떨어져 수시로 애용하고 있는 시설물들이 파손되어도 즉시 수리되지 못하고 흉물스러운 모습으로 오랫동안 방치되어 그 지역의 미관을 해치게 되므로 주민들이 지방자치단체에 대한 불만이 쌓이게 될 것이 분명합니다. 지역에 거주하고 있는 주민들은 자신들의 생업에 바쁘기도 하겠지만 지방행정에 대한 무관심이나 지방행정에 대한 낮은 신뢰도로 인하여 자신들이 자주 애용하고 있는 시설물들이 파손되고 흉물스러운 모습으로 변하고 있는 것을 알고 있으면서도 지방자치단체에 신고조차도 하지 않고 언제 조치하는지 지켜보고 있는 주민들도 일부 있을 것입니다. 이러한 일들이 자주 발생하게 된다면 지방공무원들이 그 시설물이 파손되고 실제로 이를 인지하는 시점까지 오랜 시간이 걸리게 되므로 결국 시설물은 파손된 채로 장기간 방치되어 도시 미관을 아주 저해하게 됩니다. 이러한 기간이 길면 길수록 주민들은 그 시설물들을 이용하지 못하게 되고 결국 불만은 더욱 쌓여만 가고 지방행정에 대한 만족도는 계속 떨어지게 되고 설상가상으로 지방행정에 관한 신뢰도는 더욱 낮아지게 될 것입니다.

위에서 보는 바와 같이 지방자치단체와 지역주민들 사이에 친밀한 정도에 따라서 지방행정에 관한 만족도나 지방자치단체에 대한 신뢰도에 큰 영향을 미치고 있다는 사실을 쉽게 알 수가 있습니다. 우리가 이미 알고 있는 나비효과를 지방행정에서도 느낄 수가 있고 이 효과가 실제로 적용되고 있다는 사실을 알 수가 있습니다. 하나의 시설물에 대한 조그마한 관심과 신고가 결국은 지방자치단체 전체의 행정에 대한 신뢰도에 큰 영향을 미치고 있다는 사실을 알 수가 있으므로 지역주민들과 지방자치단체의 돈독한 신뢰 관계는 결국 지방행정을 수행하는 비용을 줄일 수가 있는 동시에 최소의 비용으로 최대의 지방행정의 성과도 달성할 수가 있다는 것을 알 수 있습니다.

지역주민들이 자주 이용하고 있는 사소한 시설물을 예를 들어 설명하였는데 만약에 주민들이 자주 이용하는 도로나 맨홀의 파손으로 문제가 발생한다면 아마도 더 큰 문제들이 연쇄적으로 발생하게 됩니다. 지방자치단체가 관리하는 도로가 파손되어 자동차가 전복하거나 파손된 맨홀에 사람이 빠지는 경우는 인명사고까지 발생할 수 있는데 도로나 맨홀의 파손 여부를 최초에 발견한 주민이 지방자치단체에 즉시 신고하여 빠른 조치를 하였다면 이러한 큰 사고가 발생하는 것을 예방할 수가 있었을 것입니다. 따라서 지방공무원들은 지역주민들이 만족하는 지방행정을 추진하기 위해서는 평소에 지방행정을 추진하는 과정에서부터 주민들의 의견을 충분히 수렴하고 주민들의 의견 중에서 가능하다면 최대한으로 수용하여 지방행정을 추진한다면 아마도 지방자치단체에 관한 주민들의 신뢰도는 올라가게 되고 지방행정에 만족할 것이 분명합니다. 따라서 이러한 의견수렴 과정을 통하여 지방자치단체와 주민들과 원만한 신뢰 관계가 형성한다면 그 지역사회에서 어떤 문제가 발생하더라도 그동안 신뢰 관계를 바탕으로 지역에 어떤 문제가 발생하면 즉시 유관부서에 연락하여 지방자치단체에서 즉시 조치할 수 있도록 지방행정에 적극적으로 협조할 것입니다. 이렇게 돈독한 관계를 바탕으로 그 지역에서 더 큰 문제들이 발생하더라도 이를 조기에 수습하고 확산을 방지할 수 있게 될 것입니다. 주민들과 지방자치단체가 신뢰 관계를 계속 이어 간다면 아마도 지역사회에서 발생한 어떤 문제들도 조기에 해결되고 지방행정에 대한 지역주민들의 만족도는 더욱 올라갈 것이 분명합니다.

지방자치단체에서 근무하는 지방공무원들은 지역주민들의 복지 향상을 위하여 추진하고자 하는 사업들마다 추진과정을 투명하게 공개하여 지역주민들의 다양한 의견을 수렴하고 이를 지방행정에 반영한다면 지역주민들과 지방자치단체 사이에 친밀한 관계가 자연스럽게 형성될 것입니다. 이러한 과정을 거쳐서 지방행정을 추진한다면 이는 공급자 위주의 지방행정이 아닌 수요자의 입장을 충분히 고려한 지방행정이 될 것입니다. 그리고 지방자치단체의 여러 부서에 추진하는 유사한 사업들을 통합하여 그 사업들과 관련되는 주민들을 한곳에 모아서 함께 고민하고 토론하는 과정을 거쳐서 유사한 사업들을 통합하여 함께 추진한다면 지방행정에 대한 시너지 효과는 극대화되고 지역주민들이 얻는 만족도는 아주 높아지게 되고 사업도 원활하게 추진될 것입니다. 그러므로 지방공무원들은 주민들과 원만한 관계를 유지하고 수평적인 교감을 형성할 수 있도록 상시 소통할 수 있는 소통창구를 마련하고 이들과 수시로 소통하면서 지방행정을 추진한다면 공급자 위주가 아닌 수요자의 입장을 충분히 고려한 지방행정의 추진으로 지방행정에 대한 신뢰도와 만족도가 동시에 올라가게 되므로 이는 지역주민들이 진정으로 바라는 쌍방향 교감행정이 아닐까 생각합니다.

제6절
상호공존하는 행정

 지방자치단체마다 재정적 여건의 불균형으로 인하여 재정이 풍부한 지방자치단체와 그렇지 못한 지방자치단체와는 지방행정에 많은 영향을 미치고 있는 것이 현실입니다. 재정이 풍부한 일부 지방자치단체를 제외하고 대부분 지방자치단체는 중앙정부로부터 재정적 보조를 받고 있는데 중앙정부로부터 받는 보조금에는 지방자치단체에서 임의로 사용할 수 있는 보조금과 중앙정부의 지침에 맞도록 사용해야 하는 보조금으로 구분할 수가 있습니다. 중앙정부로부터 위임받은 사무를 수행하기 위해서 받는 보조금은 중앙정부에서 제시한 기준과 용도에 맞도록 보조금을 사용하여야 하지만 중앙정부로부터 지원받는 보조금 중에는 지방자치단체에서 임의로 사용할 수 있는 보조금도 있습니다. 지방자치단체에서 임의로 사용이 가능한 보조금은 지방자치단체의 자체 재원으로 활용하여 필요한 사업들을 자유롭게 수행할 수 있습니다.
 지방자치단체 자체 세입으로 재원을 충분히 확보할 수 있는 일부 지방자치단체를 제외하고는 지방자치단체마다 자체의 세입으로 확보할 수 있는 재원의 한계로 인하여 지방자치단체마다 재정적인 불균형이 심각합니다. 지방세입은 지방자치단체가 필요한 사업들을 적기에 추진하는데 아주 큰 영향들을 미치고 있는데 그 이유는 지방자치단체에서 자체적으로 운용할 수 있는 재원이 풍부하면 지역사회에서 어떤 문제가 발생하더라도 자체적으로 운용이 가능한 재정을 신속하게 투입하여 이를 즉시 조치할 수 있습니다. 그런데 재정이 풍부하지 못한 지방자치단체는 중앙정부 등으로부터 보조를 받거나 지방채 등을 발행하여 사업들을 수행하기 때문에 그 사업들을 적기에 추진하는데 문제가 발생하기도 합니다. 지방자치단체에서 필요한 사업들을 적기에 추진하기 위해서는 자체 재원을 얼마나 확보하느냐가 사업을 추진하는데 중요하므로 지방자치단체마다 자체적으로 활용이 가능한 재원을 확보하기 위해서 지방자치단체에 근무하고 있는 지방공무원들이 선택과 집중을 하고 있습니다. 재원을 충분히 확보하는 데에는 지방자치단체마다 처한 지역적인 여건의 차이 등으로 인하여 많은 제약요인이 있겠지만 지방자치단체에서 근무하고 있는 지방공무원들은 이러한 제약요인을 슬기롭게 극복하기 위하여 지속적인 관심과 다양한 노력을 하고 있습니다. 이들은 우선 자체적으로 확보할 수 있는 자체 세입 재원들을 가능하다면 많이 발굴한 다음 외부 기관에서 다양한 재원들을 확보하는 노력을 할 것입니다.

둘째로 지방자치단체의 재원을 충분히 확보하였다면 이를 어떻게 활용하면 효율적으로 분배할 수 있을까 노력하는 것도 또 하나의 중요한 요소라고 할 수가 있겠습니다. 지방자치단체마다 자체적으로 운용할 수 있는 재원들을 효율적으로 분배하여 사용하는 것이 지방자치단체의 재정 여건을 다소 완화시킬 수 있는 계기가 될 것입니다. 따라서 지방자치단체의 재원을 얼마나 효율적으로 분배하여 사용하는가에 따라서 그 지역사회의 장기적인 발전을 위해서도 상당히 중요한 일입니다. 지방자치단체의 일부 단체장은 출마할 당시 무리한 공약으로 인하여 단체장으로 당선된 이후에 지방재정이 열악하거나 지역사회의 여건들이 많이 변화하였음에도 불구하고 출마 당시에 공약한 사업들을 무리하게 강행하는 경우가 더러 있는데 이는 아주 잘못된 지방행정이고 반드시 근절되어야 할 일이라고 생각합니다. 지방자치단체에 근무하는 지방공무원들이 단체장의 공약사업을 일방적으로 반대하거나 거부하기는 사실상 불가능한 것이 현실입니다. 그렇다고 하더라도 이러한 일들이 발생하면 지방자치단체에 근무하는 지방공무원은 공약사업의 근간은 유지하되 사업을 추진하는 당시의 여건을 반영하여 수정된 대안을 제시하여 단체장을 설득하거나 지역주민들에게 동의를 구하는 절차를 거친다면 단체장도 만족하고 지역주민들에게도 합당한 사업추진이 될 것입니다.

셋째로 지방행정을 추진하는 데 고려해야 할 사항은 지방자치단체는 위치한 지역에 따라 도시지역과 농어촌 지역 등 여건들이 너무나 상이합니다. 따라서 지방자치단체마다 이러한 지역적인 한계를 극복하기 위해서 다양한 정책들을 추진하고 있겠지만 지역적인 한계를 극복하는 일은 다소 어렵고도 힘든 일입니다. 농어촌 지역을 예를 들면 생산인구는 감소하고 거주하고 있는 인구는 노령화하고 지역은 점차 낙후되어 지역사회를 발전시키는데 많은 장애요인으로 작용하고 있습니다. 이러한 어려운 여건에서도 지방공무원들은 지역의 발전과 관련된 연관산업을 육성하기 위하여 다양한 아이디어를 발굴하고 지역경제를 살리기 위하여 각고의 노력을 하는 것이 현실입니다. 지방행정을 올바르게 추진하는 것이 지방자치단체에서 얼마나 중요한지 하나의 예를 들면 어떤 시절에는 지역의 특산물을 판매하기 위하여 도시지역에 지역특산물 판매소를 경쟁적으로 설치하는 것이 유행처럼 번진 적이 있습니다. 그런데 시간이 흐름에 따라 사회적 여건의 변화로 인하여 지역특산물 판매소 운영에도 변화의 바람이 불기 시작하였습니다. 요즈음은 인터넷 쇼핑몰 사업이 보편화되어 도시지역에 지역특산물 판매소를 직접적으로 운영할 필요성이 다소 감소한 것은 사실입니다. 따라서 지방자치단체에서는 도시지역에 설치한 지역특산물 판매소를 대부분 철수하거나 운영이 지지부진한 곳이 대부분입니다. 시대적인 변화로 인하여 지역특산물 판매소를 철수하는 것만이 반드시 좋은 방안이었는지 진지하게 고민해 볼 필요성이 있었을 것입니다. 만약에 지역특산물 판매소를 운영하는데 임대료 등 운영상에 큰 문제가 있다면 면적을 축소하거나 인력을 감축하여 이를 지역특산물 전시장 등으로 활용하는 것도 좋은 대안이 되었을 것입니다.

　지역특산물 판매소 일부 공간을 활용하여 그 지역에 거주하고 있는 향우회 인사들의 만남의 장소로 활용하면 이들이 필요한 정보들을 교환할 수도 있을 것입니다. 이와 더불어 고향에 대한 향수도 느낄 수가 있도록 이들을 배려하는 공간으로 잘 이용한다면 개인주의가 만연하고 있는 시기에 향우회 인사들과 돈독한 관계를 유지할 수 있는 곳으로 활용될 수도 있었을 것입니다. 또한 이러한 모임을 통하여 지역특산물의 홍보와 더불어 판매에도 많은 실적을 올리게 되고 고향의 발전을 위한 기금을 조성하는 등 지역발전에도 실질적인 도움이 되는 공간으로 활용이 가능하였을 것입니다.

　요즈음 시대가 많이 변했다고 하지만 아직도 사람들은 인터넷으로 물건을 구매하는 것보다 전시된 물건을 직접 눈으로 보고 건강 등을 고려한 다음 제품에 관한 상세한 설명을 듣고 물건을 구매하는 계층이 의외로 많이 있다는 사실을 직시할 필요가 있습니다. 이러한 계층들은 어떤 물건을 한 번 구매하면 특별한 사유가 없는 한 구매 성향이 좀처럼 바뀌지 않는 계층이므로 이러한 계층을 상대로 지역특산물 판매소를 효율적으로 운영했다면 지속적인 재구매가 일어나 지역특산물의 판로는 더욱 견고해지고 이에 따라 생산자들에게도 소득이 오르는 일거양득의 효과가 있었을 것입니다. 이것은 지역특산물 판매소 운영에 관한 하나의 사례에 불과하겠지만 지방행정을 추진하는 지방공무원들에게 많은 시사점을 제시하고 있다고 할 수가 있겠습니다.

넷째 지방자치가 발전하기 위해서는 시대의 변화에 따라 지방행정
도 이에 맞게 변화시키는 것은 너무나 당연한 일인데 일부 지방자치단
체에서 일부 계층들을 위한 지방행정을 집중적으로 추진하고 있는데
이것이 지방행정이 나아갈 올바른 길인지 진지하게 고민해 볼 필요가
있습니다. 왜냐하면 도시지역에서도 첨단산업들이 유행처럼 번지고
비약적인 발전을 거듭하고 있지만 아직도 가내수공업과 같은 산업들
이 대도시의 일정한 공간에서 공존하며 시대적인 흐름에 맞게 변화를
거듭하여 오히려 예전보다 더욱 활성화하고 있는 업종들이 너무도 많
이 있습니다. 이와 같은 사례들을 잘 검토해 보면 지방자치단체는 과
거와 현재가 상호공존할 수 있도록 정책적인 고민이 필요할 것입니다.
왜냐하면 지역사회에는 너무나 다양한 성향과 소비 욕구들이 있으므
로 이러한 계층들의 욕구들을 두루 충족시킬 수 있도록 하기 위해서는
지방행정을 한 방향으로만 집중해서 추구하는 것보다는 다양성이 함
께 공존하는 방안들을 고민하는 것이 서로 상생하는 길이며 시대적인
요구사항일 것입니다.

지방자치단체에 근무하고 있는 지방공무원들은 지역사회의 다양한
계층들의 욕구를 충족시킬 수 있는 지방행정을 추진하는 것이 시대적
인 요구사항이고 지방행정이 나아갈 방향임을 명심하였으면 좋겠습니
다. 지방공무원들은 이러한 시대적인 흐름에 맞게 다양한 계층들이 살

아가고 있는 지역사회를 지엽적이거나 정치적 이해관계를 떠나서 시대적인 상황에 합당하게 거주하고 있는 주민들이 서로 상생하고 함께 발전하는 방안들이 무엇이 있지 고민하고 또 고민해야 하지 않을까 생각해 봅니다.

제7절

일관성 있는 행정

지방자치단체에 근무하고 있는 지방공무원들은 지역사회의 발전을 위하여 새로운 아이디어를 발굴하고 지역에 소재한 많은 자원들을 효율적으로 활용하여 지역주민들이 행복한 생활을 영위할 수 있도록 다양한 노력을 하고 있습니다. 이러한 과정을 통하여 지역사회가 발전을 거듭하고 그 지역에 거주하고 있는 주민들의 복지수준도 향상되고 있습니다. 그런데 일부 지방자치단체에는 단체장이 바뀌거나 지역사회 정치적인 여건들에 변화들이 생기면 그동안 정상적으로 추진해 오던 사업들을 아무런 설명도 없이 폐기하거나 전임 단체장이 중점적으로 추진하던 사업들은 어느새 흐지부지되어 그 지역에 거주하고 있는 주민들에게 막대한 피해를 주는 경우가 가끔 발생하곤 합니다.

어떤 지방자치단체에서는 낙후된 지역의 주거환경 등을 개선하기 위하여 일정한 구역을 뉴타운으로 지정하여 그 지역을 혁신적으로 개선하고자 거창한 청사진을 제시하고 그에 따른 다양한 프로젝트들을 추진한 바 있었습니다. 그 당시 부픈 꿈을 가지고 추진하던 사업은 여러 가지 사유로 오랫동안 추진을 하지 못하고 방치되다가 최종적으로 뉴타운 지정 해제라는 절차를 거쳐서 원위치로 되돌아온 곳이 있습니다. 이곳에 거주하고 있었던 지역주민들은 낙후된 지역이 개선되리라는 부푼 꿈을 가지고 지방자치단체에서 추진하는 정책에 적극적으로 협조하고 많은 성원과 지지를 보냈었지만 결국 사업추진이 무산되고 주민들에게는 큰 실망감과 함께 지역발전은 되지 못하고 원위치로 돌아와 큰 고통을 준 사례가 있었습니다.

지방자치단체에는 4년마다 선거를 통하여 그 지역의 단체장을 선출하고 있는데 지방자치단체장에 도전하는 출마자들은 저마다 공약이라는 것을 발표하고 지역유권자들의 선택을 받게 됩니다. 후보자들은 공약을 발표하고 그 지역유권자의 선택을 받아서 선출된 당선자이므로 지역주민들과 약속을 지키기 위하여 자신이 공약한 사업들을 다른 사업보다 중점적으로 추진하려고 최대한 노력을 하게 됩니다. 새로 선출된 단체장은 자신의 공약사업에 역점을 두고 이행하기 위해서 기존에 추진하던 사업들과 자신이 공약한 사업들을 포함한 전체 사업들의 우선순위를 재조정하여 우선순위가 높은 사업부터 먼저 추진하려는 경향이 있습니다. 이는 지방자치단체의 재원이 한정되어 있으므로 기존에 추진하던 사업들과 단체장의 공약사업들을 동시에 모든 추진할 수가 없기 때문입니다. 따라서 지방자치단체에서는 사업의 우선순위를 재조정하여 우선순위가 높은 사업부터 추진하게 됩니다. 기존에 추진하던 사업 중에서 우선순위에서 밀리는 사업이 있다면 이러한 사업추진은 다소 어려워지거나 폐지되는 경우가 발생하곤 합니다. 이러한 일들이 발생하게 되면 지방자치단체에서 시행하는 사업들의 추진에 일관성은 떨어지고 그동안 투입된 지방재정이 낭비되는 사례가 발생하여 그 지역에 거주하는 주민들이 큰 피해를 보게 될 것입니다.

지역주민들의 선택을 받아 당선된 지방자치단체장은 무소속을 제외하고는 정당에 소속되어 정치적인 영향을 받고 있으므로 지방자치단체에서 추진하는 사업들도 정치적인 이해관계가 내포되어 있습니다. 이미 추진하고 있는 사업도 자신의 정치적인 이해관계와 상반되면 우선순위를 재조정하여 사업추진을 중단시키거나 추진 시기를 자신의 임기 이후로 미루는 경우도 가끔 있습니다. 지방자치단체장은 재임하는 동안에 자신의 공약을 먼저 추진하려는 경향이 아주 강하므로 자신의 공약사업이 지역 여건이 변화되고 지역 실정에 맞지 않음에도 불구하고 무리하게 추진하는 경우가 종종 있습니다. 이렇게 무리하게 추진한 사업들은 추진하는 과정에서부터 지역주민들의 반발을 초래하거나 지역 정치인들 사이에 심한 정치적 갈등이 발생하게 됩니다. 이렇게 무리하게 추진하는 사업들은 사업을 추진하는 과정에서부터 어려움이 있을 뿐만 아니라 사업을 완성된 이후에도 갈등이 해소되지 못하고 계속 확대가 되어 지방자치단체 전체가 어려움에 직면하는 경우가 있습니다.

현재 단체장의 공약사업이 지역 실정에 맞지 않는데도 불구하고 자신의 공약사업이라고 무리하게 추진하게 되면 지방자치단체 재원이 불필요하게 낭비됨은 물론이고 지역주민들 사이에 갈등만 초래하여 지역발전을 심하게 저해하는 요인으로 작용하게 됩니다. 지방선거에서 단체장이 바뀌게 되면 이러한 사업들은 폐지되거나 중단되는 사례가 발생하므로 지방자치단체에서 추진하는 사업의 일관성은 떨어지게 되고 그 지방자치단체의 신뢰도는 동시에 크게 추락하는 요인으로 작용하게 됩니다. 지방자치단체에서 근무하는 지방공무원들은 단체장이 교체되더라도 이에 영향을 받지 않고 지역사회를 발전시킬 수 있는 사업들이 무엇이 있는지 선제적으로 사업들을 발굴하는 노력이 필요할 것 같습니다. 지방공무원들은 지역의 정치적 여건들이 변화하더라도 그 지역에서 꼭 필요하고 올바른 사업이라면 추진하고 있던 사업의 일관성을 위하여 그 사업이 정상적으로 추진될 수 있도록 새로 선출된 단체장에게 사업의 당위성을 설명하고 그 사업이 정상적으로 추진될 수 있도록 설득하는 노력도 필요할 것입니다. 아울러 기존에 정상적으로 추진하고 있는 사업들은 단체장의 교체와 관계없이 중단 없이 시행될 수 있도록 지방자치단체에서 활용이 가능한 재원들을 효율적으로 분배하여 사용하여야 합니다. 지방자치단체에서 근무하고 있는 지방공무원들은 4년마다 단체장이 교체되는 어려운 여건에서도 지역사회 발전을 위하여 중단 없이 추진이 가능한 사업들을 꾸준히 발굴하고 지방자치단체에서 추진하는 사업들을 일관성 있게 추진하는 것이 지방공무원들의 사명이 아닌가 생각합니다.

제3장

시기별 업무

제1절

새내기 시기 : 봄(春)

1. 조직비교

지방공무원으로 공직생활을 시작하시는 분들은 지방자치단체의 종류와 역할을 바르게 이해하는 것이 공직생활을 시작하는 데 필요한 일입니다. 왜냐하면 자신이 앞으로 근무하게 될 지방자치단체의 종류를 올바르게 이해하는 것이 지방공무원에게는 너무도 당연한 일입니다. 새내기 공무원들이 이번 기회에 지방자치단체의 종류와 역할에 대해서 올바르게 이해할 수 있는 계기가 되었으면 좋겠습니다. 지방자치단체 종류에는 광역자치단체와 기초자치단체가 있습니다. 광역지방자치단체는 권역에 있는 기초자치단체 전체를 아우르는 업무들을 주로 추진하고 있으므로 기초지방자치단체 전체에 미치는 영향들을 고려하여 업무들을 추진하게 되므로 정책적인 판단이 상대적으로 중요한 경우가 많이 있습니다. 광역지방자치단체는 관할지역에 있는 기초지방자치단체들의 다양한 여건들을 종합 가장 합리적인 기준을 정립하고 업무들을 추진하기 때문입니다. 광역지방자치단체와 기초지방자치단체 업무의 성격을 비교할 때 광역지방자치단체가 상대적으로 정책적인 판단이 필요한 업무들이 많다는 뜻이고 그렇다고 하더라도 기초지방자치단체의 업무추진에 정책적인 판단이 필요 없다는 뜻은 아니므로 조금도 오해하지 말았으면 좋겠습니다. 광역지방자치단체에서도 지역주민들의 실생활과 밀접한 업무들을 추진하고 있습니다. 그런데 광역지방자치단체와 기초지방자치단체를 비교할 때 기초지방자치단체가 상대적으로 지역주민들의 실생활과 밀접한 생활밀착형 행정을 주로 추진하는 경우가 많다는 뜻입니다.

기초지방자치단체에서 근무하는 지방공무원들은 주민등록 등·초본 발급, 쓰레기 수거 업무 등 지역주민들의 실생활과 밀접하게 관련되는 행정업무를 직접적으로 수행하고 있습니다. 그러므로 기초지방자치단체에는 주민밀착형 지방행정이 주류를 이루고 있다고 하겠습니다. 기초지방자치단체에서 근무하는 지방공무원들을 주민들의 실생활과 밀접한 행정을 주로 추진하고 있으므로 그 지역주민들의 애로사항을 직접 청취하고 이들의 요구사항을 행정에 즉각 반영하게 됩니다. 기초지방자치단체와 광역지방자치단체는 추진하는 업무의 성격에서도 많은 차이가 있다고 하겠습니다.

광역지방자치단체와 기초지방자치단체는 면적과 조직규모에서도 차이점이 많이 있습니다. 광역지방자치단체는 권역에 있는 지방자치단체 전체를 아우르는 지방행정을 추진해야 하므로 기초지방자치단체에 비해서 관할하는 면적도 넓고 이를 효율적으로 관리하기 위해서 운영하는 조직규모도 기초자치단체에 비해서 상당히 크다고 할 수가 있습니다. 광역지방자치단체에서 근무하고 있는 지방공무원들의 수가 기초지방자치단체에 비해서 월등히 많고 운영하는 부서의 숫자도 많습니다. 광역지방자치단체는 기초지방자치단체에 비해서 관리하는 재정의 규모에도 확연한 차이가 있습니다. 광역지방자치단체와 기초지방자치단체는 관할하는 면적, 조직의 규모, 업무의 성격 등 여러 가지에서 차이점이 많다는 사실을 정확하게 인지할 필요성이 있습니다. 광역지방자치단체와 기초지방자치단체의 업무의 성격 등을 올바르게 이해하는 것이 필요한데 그 방법으로는 양 기관에서 운영하는 홈페이지를 통해서 비교해 볼 수 있고 이에 대하여 더 궁금한 사항이 있으면 양 기관에서 근무한 경험이 있는 선배 공무원에게 문의하거나 상담해 본다면 양 기관을 더욱 정확하게 이해하는 데 많은 도움을 받을 수 있을 것입니다. 이러한 과정을 거쳐서 광역지방자치단체와 기초지방자치단체의 장단점을 정확하게 비교한 이후에 업무적성 등을 고려하고 근무지를 선택하여야만 근무지 선택에 시행착오들을 줄일 수가 있을 것입니다. 그리고 광역지방자치단체와 기초지방자치단체에서 업무를 통하여 얻을 수 있는 성취감에서도 큰 차이가 있을 것입니다.

새내기 지방공무원들에게 양 기관을 이해하는 데 조금이나마 도움을 주기 위해서 양 기관에서 근무한 경험을 이야기해 보고자 합니다. 필자의 경험에 의하면 새내기 지방공무원들이 적성들을 전혀 고려하지 않고 다른 사람들이 추천하거나 아니면 자신이 조직에 막연한 동경을 가지고 광역지방자치단체로 근무지를 결정한 이후에 거대한 조직에 적응하는 문제로 조직을 떠나는 경우를 가끔 목격하였는데 아주 안타까운 생각이 들고는 하였습니다. 이러한 일들이 발생하면 새내기 지방공무원들에게는 개인적으로 시간적 낭비일 뿐만 아니라 자신이 오랫동안 열정을 다해서 꿈꾸고 준비했던 모든 일들이 허사가 되고 사회생활을 원점에서 다시 시작해야 하는 어려움에 직면하게 될 것입니다. 지방자치단체에서도 그 지방공무원이 떠난 자리에 새로운 인력을 충원해야 하므로 조직을 운영하는 면에도 문제가 발생할 수 있습니다. 그러므로 새내기 지방공무원들은 양 기관의 특성과 업무 성격을 충분히 비교하여 검토한 이후에 선배들의 조언을 참고하여 광역지방자치단체로 근무지를 결정하게 된다면 이러한 실수는 발생하지 않고 아까운 시간을 낭비하는 사례가 발생하지 않을 것입니다. 광역자치단체에는 그 광역권에 있는 기초지방자치단체를 포괄하는 업무들을 추진하여야 하므로 업무의 성격이 다소 정책적인 판단들이 요구되는 경우들이 많이 있습니다. 왜냐하면 광역지방자치단체에서 업무를 추진하는 경우 고려해야 할 대상도 많이 있고 범위도 상당히 광범위하기에 의사결정 과정에서부터 여러 부서의 업무협조나 협력이 필요하게 되어 의사결정 과정이 다소 복잡하거나 더디게 진행되는 경우가 많이 있습니다. 광역지방자치단체는 생활밀착형 행정을 주로 추진하고 있는 기초지방자치단체에 비해서 주민들과 직접적으로 대면하는 업무들이 다소 적기 때문에 업무적성이 기획업무나 기관 전체를 아우르는 업무가 맞는다고 생각하면 광역지방자치단체를 근무지로 선택하는 것이 좋겠습니다.

기초지방자치단체는 지역별로 특색이 있고 지역의 여건에 맞는 업무들을 주로 추진하기 때문에 조직구성도 기초지방자치단체마다 다른 경우가 많이 있습니다. 예를 들면 산이 많은 지역에서는 산불 예방 활동, 산악이나 언덕이 많은 지역에서는 겨울철에 눈이 내리면 제설 대책들이 필요하겠지만 큰 강이나 하천이 있는 지역에서는 집중 호우 시 수방에 관련된 업무들이 그 지방자치단체에서 중요하게 다루는 업무들입니다. 따라서 새내기 지방공무원들은 업무적성이 주민들과 직접적으로 접촉하고 이들과 함께 업무를 추진하는 것이 적성에 맞는다면 기초지방자치단체를 근무지로 선택하는 것이 업무에 대한 스트레스도 줄일 수 있고 아울러 업무성과도 높일 수 있어서 아주 큰 보람을 가지고 근무를 할 수가 있을 것입니다.

새내기 지방공무원들이 시작하는 시점에 광역지방자치단체나 기초지방자치단체로 근무지를 선택하는 사례도 있겠지만 처음에는 기초지방자치단체에서 일정한 근무 기간이 지나게 되면 광역지방자치단체로 근무지를 옮기는 기회를 부여하는 경우가 있습니다. 반대로 처음에 지방공무원 생활을 광역지방자치단체에서 시작하여 업무적성을 고려하여 기초지방자치단체로 근무지를 옮기는 경우가 있습니다. 어떤 지방공무원들은 양 기관을 수시로 옮겨 가면서 근무하는 지방공무원들도 있고 기초지방자치단체에서 다양한 근무 경험을 쌓은 이후에 광역지방자치단체로 되돌아가는 지방공무원들도 있습니다.

새내기 지방공무원들에게도 지방공무원으로 근무하면서 근무지를 옮기는 기회들이 있으므로 자신이 처음 발령받아서 근무하는 현재의 근무지가 업무적성에 맞지 않는다고 실망하거나 성급하게 조직을 떠나는 결정을 하지 말았으면 좋겠습니다. 새내기 지방공무원에게도 일정한 기간이 경과하면 업무적성도 파악할 수 있고 양 지방자치단체의 업무 성격도 제대로 비교 평가할 수 있으므로 이들을 충분히 비교하고 검토한 이후에 광역지방자치단체나 기초지방자치단체로 근무지 이동을 희망하게 된다면 그곳으로 옮겨 갈 기회들이 많이 생기므로 진로 선택에 참고하시기 바랍니다. 예를 들면 지방자치단체에서 운영하는 고충 처리라는 방법을 통해서도 자신이 희망하는 근무지를 선택할 수도 있고 함께 근무하고 있는 선배 지방공무원들이나 동료 지방공무원의 추천을 통해서도 근무지를 옮기는 등 다양한 이동 경로가 있습니다. 이러한 다양한 선택 기회들을 적절하게 활용한다면 새내기 지방공무원들이 업무적성에 맞는 근무지를 선택할 수 있으므로 능력이 있고 아까운 인재들이 성급하게 지방자치단체를 떠나는 일들은 제발 자제하였으면 좋겠습니다. 이렇게 하면 유능한 새내기 지방공무원들의 성장에도 아주 도움이 되고 유능한 인력들이 유출되는 것이 예방되어 지방자치단체 운영에도 큰 도움이 될 것입니다.

새내기 시절부터 광역지방자치단체나 기초지방자치단체에서 근무를 시작한 다음 퇴직을 할 때까지 같은 기관에서 근무하는 지방공무원들도 많이 있겠지만 일부 지방공무원들을 광역지방자치단체와 기초지방자치단체를 수시로 이동하면서 근무하는 지방공무원들이 의외로 많이 있습니다. 새내기 지방공무원으로 근무하는 지방공무원들은 현재에 근무하고 있는 기관이 업무적성에 맞지 않다고 하더라도 너무 실망하지 말고 인내심을 가지고 꾸준히 노력하고 일정한 기간이 지나면 업무적성에 맞는 기관으로 옮겨 갈 기회들이 충분하게 주어집니다. 따라서 새내기 지방공무원들이 현재에 근무하고 있는 기관이 업무적성 등에 맞지 않는다고 성급하게 조직을 떠나거나 조급하게 자신의 진로를 결정하는 일들은 자제하였으면 합니다.

2. 조직적응

새내기 지방공무원들은 업무에 대한 숙련도가 다소 낮고 새로운 조직에 전입하였으므로 조금은 긴장되고 이에 빠르게 적응하는 데에 약간의 어려움들이 있을 것입니다. 새내기 지방공무원들은 지방자치단체라는 낯선 환경을 처음으로 경험하게 되고 향후 담당하게 될 업무를 숙지하는 데에도 상당한 시간이 걸릴 것입니다. 지방공무원 일부를 제외하고는 부서 단위로 생활하는 경우가 대부분으로 새내기 지방공무원들은 주어진 업무를 빨리 숙지하는 것도 중요하겠지만 같이 근무하는 동료 지방공무원들과 원만한 인간관계를 만들어 가는 것이 아주 중요한 것이 현실입니다. 따라서 새내기 지방공무원들은 지방자치단체에서 함께 근무하는 지방공무원과 원만한 관계를 맺고 이를 잘 유지하는 데 특별한 관심과 노력이 필요할 것입니다. 지방공무원 사회도 사회의 한 축을 담당하기에 새내기들은 가능하다면 빠른 시간에 지방자치단체에서 근무하는 지방공무원들과 원만한 관계들을 만들고 이를 계속 유지할 수 있도록 주의하여야 할 것입니다.

새내기 지방공무원들은 지방자치단체에서 시행하는 조직일체감 형성을 위한 워크숍, 우수사례 도입 등을 위하여 실시하는 각종 산업시찰, 사내교육 등 공식적으로 추진하는 각종 모임에 적극적으로 참여하여 동료 지방공무원들과 다양한 형태로 소통할 수 있는 장에 적극적으로 참여하기를 권장하고 싶습니다. 이러한 기회를 적극적으로 활용하여 평소에 업무에 대한 고민이 있거나 해결하기 곤란한 문제들이 있다면 이런 기회를 잘 이용하여 자신의 애로사항도 이야기하고 이에 관한 해결방안을 모색한다면 평소에 어렵다고 느꼈던 문제들도 동료 지방공무원들 도움을 받아서 아주 쉽게 해결하는 일들을 경험하게 될 것입니다.

민원인들이 새내기 지방공무원들을 바라보는 시각은 업무에 대한 융통성도 없고 담당업무에 대한 지식이 다소 부족하다는 이야기들을 많이 하고 있습니다. 이는 새내기 지방공무원들이 규정을 엄격하게 적용하여 업무를 하는 이유도 있겠지만 아마도 담당업무를 처리하는 데 다소 경직이 되고 민원인을 대하는 태도에서 마음에 여유가 없어서 그럴 수도 있을 것입니다. 새내기 지방공무원들은 팀장이나 과장이 지시한 업무 내용을 정확히 숙지한 이후에 업무처리를 해야 하는데 업무에 대한 숙련도가 낮고 지방자치단체에 적응이 미흡한 상태에서 근무하고 있으므로 지시한 사항을 정확하게 이해하고 이를 신속하게 처리하는데 다소의 어려움들이 있을 것입니다. 새내기 지방공무원들은 지시사항에 관한 의문이 있으면 팀장이나 과장에게 다시 한번 문의하여 지시사항 등을 정확하게 숙지한 후에 지시한 업무들을 처리하여야 하는데 그럼에도 불구하고 아직도 직장의 분위기에도 익숙하지 않고 문의하는 방법 등을 잘 몰라서 지시사항에 대한 완전한 이해도 없이 이들을 처리하기 때문일 것입니다.

새내기 지방공무원 중 일부는 '오전 9시에 출근하여 오후 6시 퇴근 시간까지 자신에게 주어진 임무만 완수하면 끝이다'라는 생각을 가진 경우가 가끔 있습니다. 물론 지방공무원은 특별한 경우를 제외하고는 근무 시간이 끝나면 자유스럽게 생활하는 것이 정상이겠지만 지방자치단체에는 동료들과 협력하여 추진해야 하는 업무들이 의외로 많이 있으므로 동료들이 어렵고 힘든 업무로 고생할 때 이들을 적극적으로 도와주어야 합니다. 지방자치단체에는 지역마다 특색 있게 추진하고 있는 업무들도 다양하고 이들을 원만하게 수행하기 위한 조직구성도 아주 상이합니다. 예를 들면 산이 많은 지역에서는 봄철 산불 예방활동, 큰 강이나 하천을 끼고 있는 지역은 집중 호우 시 수방 근무, 산악지역이나 언덕이 많은 지역은 겨울철에 눈이 많이 내리면 제설 대책 등 지역주민들의 안전을 위하여 지역별 특색에 맞게 비상근무들을 하게 됩니다. 이러한 일들을 여러 부서의 지방공무원들이 합심하여 신속하게 해결하는 데에 새내기 지방공무원들도 지방자치단체의 동료들과 함께 지역의 특색 있는 업무들을 적극적으로 협력하여 이를 수행하겠다는 마음가짐을 가져야 합니다.

지방마다 이렇게 다양하고 특색 있는 업무들을 시기별로 동료들과 함께 추진해야 하는 새내기 지방공무원들에게는 지방자치단체에 대한 정확한 이해와 함께 업무에 대한 열정이 필요하다고 하겠습니다. 왜냐하면 지방자치단체에서 기본적으로 수행하여야 하는 필수적인 업무들은 모든 부서 지방공무원들이 동원되어 시기에 맞게 이를 추진해야 하며 지방자치단체마다 지역의 여건들이 상이하여 특색이 있는 업무가 있다면 자신이 담당하는 업무와 더불어 이를 부가적으로 수행해야 합니다. 그러므로 새내기 지방공무원들은 지방자치단체의 다양한 업무들을 다른 지방공무원들과 함께 힘을 합하여 하겠다는 열정들이 없다면 아마도 지방공무원으로 근무하는 데 많은 어려움이 있을 것입니다. 새내기 지방공무원들은 지방자치단체의 필수적인 업무에 관한 철저한 학습도 필요하겠지만 여러 부서에서 시행하는 다른 업무들에 관해서도 특별한 관심을 가지고 동료들과 적극적으로 협조하겠다는 열정이 있으면 더욱 좋겠습니다. 지방자치단체에는 다양한 직종과 직렬의 지방공무원들이 함께 근무하고 있으므로 업무에 대한 열정과 더불어 다양한 직렬과 직종의 지방공무원들과도 원만한 인간관계를 유지하여 행복하고 슬기로운 지방공무원으로 거듭나면 아주 좋겠습니다.

3. 근무자세

최근 인공지능의 발달과 더불어 빅 데이터에 관한 특별한 관심들이 있는데 사람들은 이를 활용하여 다양한 영역에서 필요한 정보들을 손쉽게 얻고 있습니다. 이러한 시대적 흐름에 따라 지방행정 여건들이 급속하게 변화하고 있고 민원인들도 지방행정에 대한 기대 수준이 점차 높아지는 실정입니다. 지방자치단체에서도 행정직, 세무직, 기술직 등 분야별로 다양한 직종과 직렬의 지방공무원들이 대민 행정서비스를 전문적으로 제공하는데도 불구하고 지방공무원들에 대한 주민들의 불만은 점차 높아지고 있는 현실입니다. 이러한 주민들의 높은 욕구 수준을 충족시키기 위해서 지방자치단체에서도 새내기 지방공무원들의 업무능력 향상을 위하여 여러 가지 대책들을 시행하고 있습니다. 지방자치단체마다 다른 지방자치단체에서 시행하는 우수한 사례들을 벤치마킹하고 이를 적극적으로 도입 지역사회를 비약적으로 발전시키기 위하여 여러 가지 방안들을 강구하고 있으므로 새내기 지방공무원들도 이러한 상황을 정확하게 이해하고 이에 능동적으로 동참하려는 의지가 필요하다고 하겠습니다.

지방자치단체에서는 통상적으로 부서에서 결원이 발생하면 직원의 배치는 인사이동 대상자들을 상대로 희망 근무부서의 신청을 받아 가능하면 이들이 희망하는 부서로 배치하고 있습니다. 그럼에도 불구하고 같은 부서에서 근무하기를 희망하는 신청자들이 많은 경우에는 그 업무를 수행한 경험들이 있거나 학교 등에서 전공한 분야와 일치한다면 이들을 우선하여 그 부서에 배치하고 그들이 업무역량을 최대로 발휘할 수 있도록 배려하고 있습니다. 근무경력이 짧은 새내기 지방공무원들은 담당업무를 직접 추진하는 실무자로서 자신에게 주어진 담당업무를 처리하는 데에 최선을 다하여야 합니다. 이를 통하여 업무적성을 가능하면 빨리 발견하도록 노력하고 자신이 특별히 관심이 있는 분야를 발견할 수 있으면 더욱 좋겠습니다. 새내기 지방공무원들은 근무하기 쉬운 부서나 민원 발생이 적은 업무를 찾아서 근무하기보다는 지방자치단체에서 발령하는 부서로 배치되어 가능하다면 다른 지방공무원들보다 빨리 지방자치단체에 수행하는 다양한 업무를 직접 경험하는 기회들을 많이 가져 보기를 적극적으로 권장합니다. 그런데 일부 새내기 지방공무원의 경우 근무하기 힘든 부서나 민원이 많이 발생하는 업무를 담당하는 부서에 발령이 나면 그 업무를 회피하는 수단으로 인사 고충이나 인사 청탁 등을 통해서 이를 해결하고 있는 경우를 가끔 볼 수가 있었습니다. 새내기 지방공무원 시절부터 이러한 과정을 반복하다가 보면 지방자치단체에서 추진하고 있는 다양한 업무를 직접 경험하지도 못하므로 다른 동료들보다 적성에 맞는 업무를 찾는 것이 더욱 어려울 것입니다.

사람들은 누구나 자신만의 고유한 성격이나 장점들이 있으므로 지방행정에서 이를 적극적으로 활용할 수 있는 분야를 찾게 된다면 아주 행운이라고 할 수 있습니다. 새내기 지방공무원 시절에 이러한 분야를 찾아서 집중적으로 근무한다면 아마도 업무성과는 아주 높아지고 업무에 대한 보람을 동시에 느낄 수가 있을 것입니다. 이런 새내기 지방공무원들은 업무적성을 동료들보다 빨리 찾았으므로 향후 지방공무원으로 성공하는 것이 확실합니다.

새내기 지방공무원 시절의 업무경력이 향후 자신들의 경력관리에 아주 중요하게 작용하므로 이 시기에는 업무적성에 맞거나 특별히 관심이 있는 분야를 발견하는 데 더욱 집중하여야 합니다. 새내기 지방공무원 시절부터 관심 있는 분야를 빨리 발견하고 그 분야에 특별한 관심을 가지고 집중적으로 근무하게 된다면 상위직급으로 승진하는 경우 같은 분야에서 근무할 기회들이 많이 있어서 자신이 특별한 노력을 하지 않더라도 그 분야의 경력관리가 자연스럽게 이루어질 수가 있습니다. 새내기 지방공무원 시절에 근무경력이 앞으로 팀장, 과장 등으로 보직 이동 시에 계속 연결되는 경우가 대부분이므로 새내기 지방공무원 시절부터 다양한 업무를 경험한 이후에 적성에 맞고 역량을 최대한으로 발휘할 수 있는 업무들을 적극적으로 찾도록 노력하여야 하겠습니다. 새내기 지방공무원들이 근무했던 부서와 업무에 대한 경력이 향후 자신의 근무부서와 업무를 결정하는 데 아주 큰 영향을 미친다는 것을 꼭 알고 있어야 합니다.

현재 팀장이나 과장으로 근무하고 있는 분들의 과거의 경력들을 살펴보면 70~80%는 같은 부서에서 근무하였거나 그러한 업무를 수행한 경험이 있는 경우들입니다. 이러한 사실만 보더라도 새내기 지방공무원 시절부터 근무한 부서와 업무의 경력이 향후 지방공무원으로 성장하는데 얼마나 큰 영향을 미치는지 쉽게 알 수가 있습니다. 그러므로 새내기 지방공무원들은 청탁을 통하여 자신이 근무할 부서나 업무를 정하는 일들은 정말로 자제해야 할 것입니다.

일부 새내기 지방공무원들은 흔히 청탁해야 승진을 할 수 있으며 자신들이 원하는 보직으로 이동하기 위해서는 반드시 인사 청탁을 하여야 한다고 오해하는 지방공무원들이 의외로 많이 있습니다. 일부 새내기 지방공무원 중에는 그렇게 생각하고 청탁의 과정을 거쳐서 혜택을 본 새내기 지방공무원들이 일부 있다는 사실을 부정하지는 않겠습니다. 이러한 새내기 지방공무원들의 자세는 아주 잘못된 것이고 향후 자신에게도 전혀 도움이 되지 않는 일이므로 지금 당장 생각을 바꾸시면 좋겠습니다. 필자의 지방공무원 경험으로는 인사 청탁은 한두 번으로 끝나는 경우가 대부분으로 청탁을 통하여 소위 좋은 자리나 힘 있는 자리로 이동하였다 하더라도 자신이 원하는 부서에서 영원히 근무하지는 못합니다. 본인이 근무하기를 희망한 부서에서 대부분 2~3년 정도 근무를 할 수 있기에 청탁의 영향은 영원하지 않다는 것을 금방 알 수가 있습니다. 새내기 지방공무원 시절에 이러한 자세로 지방자치단체에서 근무한다면 아마도 그 지방공무원의 미래를 누군가 이야기하지 않더라도 그 지방공무원의 미래는 아주 암울하고 어둡다는 사실을 쉽게 예견할 수 있을 것입니다.

새내기 지방공무원들은 그동안 근무한 시간보다 앞으로 근무할 시간이 많이 남아 있는 장래가 촉망되는 지방공무원이므로 장기적인 관점으로 미래를 바라보고 조직에서 꼭 필요한 인재로 성장할 수 있기를 간절히 기원합니다. 따라서 새내기 지방공무원들은 일시적인 기분에 따라 좌고우면하지 말고 장기적인 관점에서 담당업무에 최선을 다하고 평소에는 같이 근무하는 동료들과 원만한 인간관계를 유지한다면 미래에는 꼭 좋은 날이 올 것입니다. 새내기 지방공무원들은 시작부터 너무 서두르지 말고 항상 정도를 걷고 초심을 잃지 않는 자세로 묵묵히 근무한다면 향후 유능하고 능력이 있는 지방공무원으로 성장할 것이 확실합니다.

4. 공문서 이해

　지방자치단체에서 생활을 처음으로 시작하는 새내기 지방공무원들이 조직에 빨리 적응하기 위해서는 주어진 업무들을 다른 동료들보다 먼저 숙지하고 이를 충분히 이해하고 원만하게 수행하는 것이 무엇보다도 중요하다고 생각합니다. 그럼에도 불구하고 지방자치단체에서 근무한 경험들이 짧은 새내기 지방공무원들이 동료들과 관계를 원만하게 하기도 어려운데 자신에게 주어진 업무들을 동료들보다 빨리 파악하고 수행한다는 것이 다소 어렵고 힘들게도 느껴질 것입니다. 새내기 지방공무원으로 생활에 익숙하지 않고 지방자치단체의 분위기에 적응하기도 어려운데 주어진 업무들을 빠른 시간에 숙지하고 이를 원만하게 하는 것이 어렵다는 것을 너무도 잘 알고 있습니다. 새내기 지방공무원이라면 누구나 같은 어려움들을 겪고 있으므로 처음부터 너무 실망하지 말고 차분하게 생활한다면 이러한 어려움들을 쉽게 극복할 수 있으므로 인내심을 가지고 근무하시면 좋겠습니다.

　본 단원에서는 지방공무원으로 근무하기 시작하는 새내기 지방공무원에게 무엇보다도 중요한 공문서에 관해서 알아보고자 합니다. 새내기 지방공무원들이 처음으로 접하는 공문서에 관해서 잘 이해하고 있으면 자신에게 주어진 업무들을 동료들보다 원만하게 이행하는 데 큰 도움이 될 것이라고 확신합니다. 새내기 지방공무원들이 처음으로 접하게 되는 공문서에는 조직을 효율적으로 운영하는 데 필요한 공문서와 조직 외부와 관련한 내용들이 복합적으로 반영된 공문서들이 있습니다. 새내기 지방공무원들이 처음으로 접하게 되는 공문서들을 한꺼번에 이해하고 숙지하는 것이 다소 어려울 수 있을 것입니다. 새내기 지방공무원들이 이러한 어려움들을 빨리 극복하기 위해서 시도해 볼 수 있는 가장 좋은 방법은 전임자가 작성하고 관리하던 공문서들을 차분한 마음으로 여러 번 반복해서 읽어 보고 이들을 종류별로 분류하는 작업을 해 보라고 권하고 싶습니다. 새내기 지방공무원들이 조직 전체의 메커니즘을 정확하게 이해하지 못한 상태에서 업무와 동떨어진 공문서들을 이해하려고 노력하는 것보다 담당하고 있는 업무와 관련되는 공문서들을 주의 깊게 살펴본다면 공문서에 나타난 용어나 내용들이 생소하지 않아서 공문서에 친근감이 높아지고 이를 쉽게 이해할 수 있는 계기가 될 것입니다.

전임자가 작성했거나 관리하던 공문서들을 유형별로 분류해 본다면 업무와 관련되는 공문서의 종류에는 어떠한 것들이 있고 또한 어떤 목적으로 작성하였는지 쉽게 파악할 수가 있을 것입니다. 이러한 방법으로 자신의 업무와 관련되는 공문서들을 이해하고 난 다음에 여러 유형의 공문서들을 익히면 좋을 것입니다. 공문서를 분류할 때 공문서의 유형만을 보지 말고 공문서에 나타난 행정용어나 작성유형들을 동시에 공부하면 더욱 좋겠습니다. 이러한 과정을 통하여 자신의 업무와 관련된 공문서들과 익숙해졌다면 다른 부서에서 생산한 여러 유형의 공문서에도 쉽게 접근할 수 있을 것입니다. 이렇게 되면 공문서에 나타난 용어들을 제대로 이해할 수 있게 되므로 공문서에 관한 이해의 폭은 더욱 넓어질 것입니다.

　새내기 지방공무원들이 접하게 되는 공문서의 종류는 많으나 무엇보다도 우선 관심을 가지고 알고 있어야 하는 공문서의 종류에는 보고서, 계획서, 기안문, 시행문이라고 생각됩니다. 새내기 지방공무원들은 이와 같은 공문서에 관심을 집중해서 구성 형식과 작성 방법 등을 숙지하고 이해하는 것이 좋겠습니다. 지방자치단체에서 조직을 운영하는 방법은 주로 공문서를 통해서 이루어지고 있기 때문입니다. 공문서를 통해서 조직을 운영하는 이유는 사후에 책임소재를 명확하게 하는 것도 있겠지만 지방자치단체라는 큰 조직을 효율적으로 운영하기 위한 수단입니다. 지방자치단체에서 사소한 내용까지 회의라는 형식을 통해서 지방공무원들에게 의사들을 전달하는 것은 시간 낭비이고 비효율적이기 때문입니다. 새내기 지방공무원들이 가능하다면 빨리 공문서와 친숙한 관계를 맺어야만 지방자치단체의 메커니즘을 바르게 파악하고 다른 부서에서 추진하는 업무들도 쉽게 이해할 수 있습니다. 그리고 지방자치단체와 관련이 있는 기관에서 시행하고 있는 업무들도 수월하게 파악할 수가 있을 것입니다. 따라서 새내기 지방공무원들은 공문서를 통하여 조직 내부와 외부에서 일어나고 있는 내용들을 빠르고 쉽게 이해하게 될 것입니다.

　새내기 지방공무원들이 공문서들을 충분히 이해하였다면 담당하고 있는 업무의 내용들을 다른 부서나 기관에 정확하게 전달할 수 있는 여러 종류의 공문서들을 생산할 수가 있게 될 것입니다. 지방공무원들이 생산하는 공문서의 종류들이 많이 있겠지만 새내기 지방공무원들이 가장 많이 접하고 이를 정확하게 이해하고 있어야 하는 공문서에는 보고서, 계획서, 기안문, 시행문 등이라고 이야기를 한 바 있습니다.

　먼저 보고서에 관하여 이야기해 본다면 지방공무원들은 상사로부터 업무지시를 받든지 상부 기관에서 시달되는 공문서에 어떤 내용을 파악하여 이를 보고하라는 공문서들을 받게 될 것입니다. 이때 새내기 지방공무원들은 보고서라는 공문서를 작성하게 될 것입니다. 보고서를 올바르게 작성하는 방법에 관하여 알아보면 먼저 보고서를 작성하게 된 근거가 되는 규정들을 기록하게 됩니다. 이는 결재권자들이 이 보고서가 어떠한 근거로 작성되었는지 쉽게 알 수 있도록 하는 동시에 사후에 이 공문서 처리에 대한 책임소재를 규명하는 데에도 이용될 것입니다. 그러므로 새내기 공무원들이 보고서를 작성할 때 가장 먼저 기록하는 내용입니다. 다음으로 보고서에 보고할 내용을 상세하게 기록하게 되는데 이는 보고할 내용들을 육하원칙에 맞도록 배열하는데 이것이 보고서에서 중요한 내용이 됩니다. 보고서를 작성하는 형식의 우선순위를 알아보면 먼저 보고서를 작성하게 된 근거 규정이 무엇인지 보고서의 최상단에 기술하고 다음으로 보고하고자 하는 내용들을 육하원칙에 맞도록 배열만 하면 됩니다.

그런데 새내기 지방공무원들이 작성한 보고서를 검토해 보면 주로 현재의 사실들을 두서없이 나열만 한 보고서들이 주류를 이루고 있고 관리자로부터 지시받은 내용이나 상부 기관에서 요구하는 중요한 사항들이 보고서에 빠져 있어 알맹이가 없는 보고서가 대부분을 차지하고 있는 것이 현실입니다. 이는 새내기 지방공무원들이 보고서를 작성하는 취지를 정확하게 파악하지 못했거나 상부 기관에서 시달되는 공문서의 내용을 정확하게 이해하지 못했기 때문입니다. 좋은 보고서를 작성하기 위해서는 보고서를 작성하는 취지를 파악하고 이를 정확하게 이해하는 것이 무엇보다도 중요하다고 하겠습니다. 이를 위해서는 보고서를 작성하게 된 근거 규정이나 배경들을 정확하게 숙지한 연후에 이에 맞게 보고서를 작성하면 되는 것입니다. 보고서를 작성하는 근거를 정확하게 이해했으면 다음으로 보고서에 담겨야 할 내용들을 육하원칙에 맞게 일목요연하게 나열만 하면 되는 아주 쉬운 일입니다. 보고서에 담겨야 할 내용들을 일목요연하게 배열하는 방법은 우리가 너무나 잘 알고 있는 문서작성 원칙에 따라 사실관계를 육하원칙에 맞도록 조리가 있게 표현한다면 그것이 훌륭한 보고서가 되는 것입니다.

둘째 새내기 지방공무원들이 다소 어렵게 생각하는 계획서 작성에 관해서 알아보고자 합니다. 새내기 지방공무원들이 지방자치단체에서 계획서를 작성하는 이유를 올바르게 이해하고 있으면 계획서를 작성하는 것이 어렵지 않다는 것을 쉽게 알 수 있고 새내기 지방공무원들이 계획서를 작성할 시에 많은 도움이 될 것이라고 확신합니다. 그러므로 계획서를 작성하는 이유를 알아보고 계획서 작성하는 방법에 대해서는 다른 단원에서 이야기하고자 합니다. 대부분 새내기 지방공무원들은 계획서를 작성하는 일이 어렵다거나 다소 부담스러운 일로 생각하는 경향들이 있습니다. 이는 지방자치단체에서 생산하는 계획서에는 조직을 효율적으로 운영하는데 필요한 사항들이 복합적으로 포함되어 있기 때문입니다. 그리고 근무경력이 짧은 지방공무원들은 자신의 업무와 관련하여 유관부서의 역할과 업무에 대한 충분한 이해가 없는 상황에서 업무와 관련된 세련된 계획서를 작성하기란 다소 어려운 것이 사실입니다. 그리고 새내기 지방공무원들이 계획서를 작성하는 이유에 대한 충분한 이해도가 부족하므로 계획서의 작성이 더 어려울 수도 있을 것입니다. 그러므로 새내기 지방공무원들이 작성한 계획서가 상대방들에게 충분히 공감을 주는 내용들을 바르게 담지 못하는 것은 너무도 당연한 현상입니다.

새내기 지방공무원들은 지방자치단체라는 조직 운영의 메커니즘과 여러 부서에서 수행하는 업무 내용들과 추진과정들이 어떻게 진행되고 있는지 정확하게 알고 있지 않을 뿐만 아니라 지방자치단체와 관련된 여러 기관에서 수행하고 있는 업무들도 완전히 숙지하지 못하는 상태일 것입니다. 이러한 상태에서 새내기 지방공무원들이 빠른 시간에 이러한 난관들을 슬기롭게 헤쳐 나아가기 위해서는 앞에서도 이야기하였듯이 지방자치단체에서 생산되는 계획서들을 유형별로 분류한 다음에 반복하여 읽고 충분히 이해하는 것이 계획서를 전달받는 상대방들이 공감할 수 있는 계획서를 작성할 수 있는 지름길이라고 생각됩니다. 새내기 지방공무원들이 유형별로 분류된 계획서들의 작성 형식과 방법들을 충분히 이해한다는 것은 상대방에게 공감을 주는 계획서를 작성하는 데 무엇보다도 필요합니다. 상대방에게 공감을 주는 계획서를 작성하기 위해서는 이러한 이해력을 바탕으로 유형별로 분류한 계획서들의 작성 형식과 방법들을 벤치마킹하여 자신의 것으로 만들어 가는 과정들이 필요합니다. 다른 지방공무원들이 작성한 계획서들을 벤치마킹하여 자신의 것으로 만든 다음에는 직접 계획서를 작성하는 연습을 해 보는 것입니다. 계획서를 작성하는 연습 시 다른 지방공무원들이 작성한 계획서를 보지 말고 백지상태에서 처음부터 작성해 보고 이들과 비교해 보는 습관을 기른다면 계획서 작성 방법을 빠르게 습득할 수 있는 가장 좋은 방법입니다. 새내기 지방공무원들이 계획서의 작성 형식과 방법을 충분히 이해한 다음 자신이 담당하고 있는 업무와 관련된 계획서들을 작성하게 된다면 상대방에게 충분히 공감을 줄 수 있는 훌륭한 계획서를 작성할 수가 있을 것입니다. 이를 통하여 부서별로 추진하고 있는 업무 내용들도 빠르게 숙지할 수 있고 조직 전체에 대한 이해도가 높아져 조직 운영의 메커니즘 쉽게 이해하게 될 것입니다.

　새내기 지방공무원 시절에 조직 전체를 총괄하는 총무부서나 기획부서에서 근무했던 지방공무원들이 상대적으로 적응하는 능력이 빠른 이유는 지방자치단체 전체의 운영 메커니즘과 여러 부서에서 수행하는 업무들을 한눈에 파악하고 있기에 가능한 일입니다. 이들에게 어떤 업무가 맡겨져도 조금도 두려워하지 않고 이를 슬기롭게 해결해 나가는 것을 볼 수가 있습니다. 이들은 업무와 관련되는 유관부서의 업무 내용들을 상세히 알고 있어서 쉽게 이들의 업무협조를 받아서 그 업무를 원만하게 수행할 수 있는 이유입니다. 이러한 새내기 지방공무원들은 여러 부서에서 작성된 계획서들이 어떠한 목적으로 작성되는지 올바르게 이해하고 있으므로 두려움이 없이 다른 업무들도 이에 맞게 수월하게 진행할 수 있습니다. 이러한 새내기 지방공무원들은 계획서를 작성하는데 자신감이 있으므로 어떠한 업무들이 맡겨지더라도 두려움이 없이 이를 원만하게 수행할 수 있는 능력이 있어서 향후 훌륭한 지방공무원으로 성장할 수 있는 계기가 될 것입니다.

　새내기 지방공무원들은 무엇보다도 먼저 지방자치단체의 운영 메커니즘과 부서별로 수행하고 있는 업무들을 파악한 다음에 지방자치단체와 관련되는 기관에서 생산되는 공문서들을 유형별로 분류하고 이들의 작성 형식을 벤치마킹한다면 공문서들을 잘 이해할 수 있을 것입니다.

셋째로 새내기 지방공무원들이 알고 있어야 하는 기안문을 작성하는 방법에 관해서 알아보고자 합니다. 기안문을 작성하기 위해서는 기안문의 제목을 정해야 하는데 제목은 누구나 쉽게 이해할 수 있도록 상대방에게 전달하고자 하는 내용들을 함축적으로 표현하면 됩니다. 그러므로 기안문 제목을 선정할 때는 많은 고민이 필요합니다. 기안문의 제목이 정해지면 기안문에 들어가는 내용으로 작성하는 근거를 간략하게 언급하고 난 다음에 기안문에 포함될 내용들을 육하원칙에 맞도록 이를 잘 배열하면 됩니다. 이 문서가 상부 기관에 보고하는 문서인지 아니면 조직 내부의 부서로 전달되는 문서인지를 구별하고 수신부서를 지정하고 첨부물이 있으면 이를 첨부하면 끝이 납니다.

기안문을 작성한 이후에 기안문 결재선을 지정하게 되는데 이는 위임전결 규정을 참고하면 됩니다. 새내기 지방공무원들은 결재선에 대하여 별다른 검토도 없이 전임자가 작성한 선례를 답습하는 경우들이 대부분입니다. 전임자가 작성한 선례를 따라서 결재선을 지정하는 경우 실수를 하는 사례들이 많이 있습니다. 새내기 지방공무원들은 간단한 내용의 기안문이 아니면 위임전결과 관련된 규정들을 찾아보고 결재를 올리는 습관을 새내기 지방공무원 시절부터 습관을 기르는 것이 좋겠습니다. 어떤 새내기 지방공무원들은 업무의 책임 소재가 두려워서 기안문의 결재선을 무조건 상위직급으로 올리는 경향이 있는데 이는 결재과정이 많음에 따라 업무를 처리하는 속도를 느리게 할 뿐만 아니라 자신이 담당하고 있는 업무에 대한 소신이 없다는 뜻이 되므로 새내기 지방공무원이 이러한 자세로 담당업무들을 처리하는 것은 지방공무원으로서 올바른 자세가 아니므로 자제하는 것이 좋겠습니다.

마지막으로 시행문에 대해서 알아보고자 합니다. 시행문은 글자에서 나타나듯이 결재가 완료된 문서를 시행하는 문서이므로 기안문의 내용과 같게 작성되어야 하는 것은 너무도 당연한 일입니다. 아울러 첨부할 내용이 있으면 이들을 빠짐없이 첨부하고 시행문을 발송할 부서나 기관을 정확하게 지정하고 발송하면 되는 아주 쉬운 작업입니다. 요즈음 기안문을 작성하고 결재를 득하게 되면 시행문과 이를 시행하는 부서나 기관이 시스템을 통하여 자동으로 처리되고 있으므로 이를 과도하게 지정하는 경우들이 많이 있습니다. 따라서 지방자치단체에서 생산하는 문서가 업무와 관련이 없는 부서나 기관에 무분별하게 발송되는 사례가 많이 있어서 공문서의 홍수 시대를 맞이하고 있는데 이는 아주 잘못된 지방행정의 사례라고 할 수가 있습니다. 이러한 일이 발생하지 않도록 새내기 지방공무원은 그 문서가 필요 없는 부서나 기관에까지 발송되지 않도록 주의하면 좋겠습니다.

5. 업무요령

 새내기 지방공무원들은 여러 분야에서 새로운 업무들을 숙지해야 하는 어려움들을 이겨 내고 이를 극복하는 시기이지만 한편으로는 기대와 설렘을 가지고 공직생활을 시작하고 있는 시기이기도 합니다. 이 시기에는 수험생활 동안에 꿈을 꾸었거나 자신이 이루고자 하는 목표들을 실현하기 위한 출발점이 될 것입니다. 따라서 새내기 지방공무원 시절에 지방자치단체의 업무들을 어떠한 자세로 접근하느냐에 따라 향후 지방공무원으로 성장하는 데 크게 영향을 끼치게 될 것입니다.

 첫째 새내기 지방공무원은 규정들과 친해지는 습관을 길러야 하는데 이는 지방공무원들이 처리하는 업무들의 근거가 되는 규정들이 있기 때문입니다. 이러한 근거들은 당연히 법령이나 지침 등으로 되어 있으므로 새내기 지방공무원 시절부터 담당업무에 대한 근거 규정을 직접 찾아보고 충분히 숙지한 다음에 업무들을 처리하는 습관을 기른다면 앞으로 지방공무원으로 업무를 처리하는 데 큰 문제가 없을 것입니다. 새내기 지방공무원들이 모든 업무를 이렇게 처리하는 습관에 익숙하게 된다면 향후 어떠한 업무가 자신들에게 부여되더라도 조금도 당황하지 않고 담당하는 업무를 확실한 믿음을 가지고 처리할 수 있을 것입니다. 본인이 처리하는 업무에 관한 어떠한 민원이 제기되더라도 정확한 근거 규정에 의거 담당업무들을 처리하였으므로 아주 유연한 자세로 이에 대처할 수가 있을 것입니다. 이런 새내기 지방공무원들에게는 어떠한 업무들이 맡겨지더라도 업무처리에 대한 확실한 믿음이 있기에 다른 지방공무원들보다도 신속하게 업무처리 방향을 설정할 수가 있을 것입니다. 이러한 자세로 지방자치단체에서 근무를 계속하게 된다면 아마도 조직에서 유능한 지방공무원으로 성장할 수 있을 것입니다.

기초지방자치단체의 새내기 지방공무원들이 민원창구에서 주민등록 등·초본을 발급하는 업무가 있는데 이를 예를 들어 설명해 보겠습니다. 대부분 새내기 지방공무원들을 컴퓨터를 이용하여 주민등록 등·초본 발급하는 일에만 신경을 쓰고 주민등록 등·초본을 발급하는 업무가 어떠한 규정으로 발급하고 있는지 근거 법령이나 이와 관련된 지침들을 찾아보는 것을 다소 소홀히 하고 있는데 이는 잘못된 업무처리 자세라고 할 수 있겠습니다. 새내기 지방공무원이 창구에서 주민등록 등·초본을 발급업무를 담당하고 있다면 주민등록 등·초본 발급과 관련되는 업무가 중앙부서의 어디에 속하고 이와 관련되는 규정들이 어떤 것이 있는지 찾아보고 이를 숙지하고 있어야 합니다. 자신이 담당하고 있는 업무와 관련된 기관은 어디인지 파악한 연후에 업무에 관해서 의문 사항이 있다면 그 기관에 문의할 수 있도록 중앙부서의 업무담당자들을 일목요연하게 정리하고 관리한다면 분명히 그 업무에 관한 전문가로 성장할 수 있을 것입니다. 새내기 지방공무원들이 업무를 추진하는 과정에서 민원인과 마찰이 발생하거나 민원인이 다툼이 있는 경우에도 근거 규정을 정확하게 숙지하고 있으므로 담당업무에 관한 어떤 질문에 대해서도 아주 당당하게 대처를 할 수가 있을 것입니다. 이러한 자세로 담당업무를 처리한다면 민원인들로부터 칭찬을 받게 되고 관리자들에게도 신임 받는 지방공무원으로 거듭날 것이 분명합니다.

새내기 지방공무원 시절부터 업무와 관련되는 규정들과 친해지고 이를 체계적으로 관리하는 것이 습관화된다면 자신에게 어떤 업무가 맡겨지더라도 먼저 그 업무를 처리하는 근거가 되는 규정들을 찾아서 이를 잘 정리할 것입니다. 이러한 습관에 익숙한 새내기 지방공무원은 일정한 기간이 지나게 되면 담당했던 업무들에 관한 규정들이 유형별로 잘 정리되어 있으므로 지방공무원으로 근무하는 동안에 귀중한 참고자료가 될 것입니다. 이러한 과정을 습관처럼 반복하게 된다면 업무 처리가 정확해지고 담당업무에 대한 자신감이 생겨날 것입니다. 이러한 유형의 새내기 지방공무원은 다른 지방공무원보다 빠르게 관리자로 승진하게 될 것이며 아울러 후배들을 업무적으로 잘 지도할 수 있는 유능한 지방공무원으로 성장할 것입니다. 따라서 새내기 지방공무원 시절부터 업무에 관한 근거가 되는 규정들을 철저히 찾아보고 이를 유형별로 제대로 정리하는 습관을 기른다면 지방공무원으로 근무하는 데 큰 보탬이 될 것입니다.

둘째로 중요한 것은 같이 근무하는 동료들과 협력하여 업무를 처리하는 자세를 기르는 것이 필요한데 예를 들어 설명하면 쉽게 이해할 수 있을 것입니다. 지방자치단체에서 축제를 개최하는 경우 그 업무를 주관하는 부서와 담당자는 정해져 있겠지만 지역축제를 성공적으로 개최하기 위해서는 지방자치단체의 여러 부서의 업무협조가 절대적으로 필요할 것입니다. 지역축제를 주관하는 부서에서는 축제에 관한 종합적인 계획을 수립하게 되는데 이 계획서에는 행사에 필요한 인력 동원, 주차 질서 확립, 노점상 단속 등 담당하는 부서들의 업무협조 사항들이 모두 포함되어 있을 것입니다. 지역축제가 성공적으로 개최되기 위해서는 이와 같은 많은 부서에 근무하는 지방공무원들의 적극적인 협력이 필요하게 될 것입니다. 지방자치단체에서 개최하는 행사가 아니더라도 도로 붕괴 사고가 발생했다고 가정하면 이를 담당하는 주관부서에서 업무를 처리하겠지만 문제를 신속하게 해결하기 위해서는 우선 차량을 통제하기 위해서 주차 질서 업무담당 부서의 업무협조와 붕괴한 도로를 긴급하게 보수하기 위해서는 재원이 필요한 경우 재원을 담당하는 부서의 협조 등 많은 유관부서의 업무협조가 절실히 필요하게 될 것입니다. 지방자치단체에서 어떠한 문제가 발생하면 업무를 주관하고 있는 부서에서 단독으로 해결하는 사례도 있겠지만 대부분 유관부서와 함께 종합적인 해결방안을 수립하고 이에 대처하는 경우가 많이 있습니다. 새내기 지방공무원들은 시작하는 시기부터 지방자치단체에서 근무하는 동료들과 함께 협력하여 업무를 처리하겠다는 자세

지방공무원 지침서

를 가지고 근무하였으면 좋겠습니다. 지방자치단체에서 함께 근무하는 동료들이 업무협조를 요청한다면 적극적으로 도와주겠다는 자세로 근무에 임하면 좋을 것입니다.

셋째로 새내기 지방공무원들이 업무를 하는 데 필요한 것은 자신이 담당하고 있는 업무에 어떤 문제가 발생하였을 경우 이를 즉시 보고하는 요령을 터득하는 것입니다. 지방자치단체에서 어떠한 문제가 발생하면 이에 관한 신속한 보고와 더불어 종합적인 대책의 수립이 있어야만 이를 조기에 수습할 수 있을 것입니다. 그럼에도 불구하고 새내기 지방공무원들은 담당하고 있는 업무에 중대한 문제가 발생하였는데도 자주 하는 실수는 이 문제는 중요한 일이 아닌 사소한 문제라고 스스로 판단하고 아예 보고조차 않는 경우가 종종 있는데 이는 아주 잘못된 업무 자세입니다. 왜냐하면 새내기 지방공무원은 아직도 지방자치단체에 대한 이해도가 다소 부족하고 그 문제로 인하여 발생이 예상되는 사항들을 정확하게 예측할 수 있는 능력이 부족하기 때문입니다. 새내기 지방공무원들이 아주 작은 문제라고 판단하여 보고조차 하지 않는 문제들이 지방자치단체에서 아주 큰 문제로 발전되는 경우가 비일비재합니다.

지방자치단체의 주민들은 정치적 성향이 다양하므로 지역에서 일어난 아무리 사소한 문제라 할지라도 이를 보는 관점에 따라서는 이를 아주 다른 시각으로 해석하고 판단하는 경향들이 있습니다. 새내기 지방공무원들이 담당하는 업무에 어떤 문제가 발생하였으나 이를 적기에 보고하지 않아서 아주 큰 사회문제로 발전하여 지역사회에 큰 파장이 일어나는 경우도 가끔 있습니다. 따라서 새내기 지방공무원 시절부터 담당하는 업무에서 좋은 일이든지 아니면 나쁜 일이든지 어떤 문제가 발생하면 우리가 이미 잘 알고 있는 5W1H 원칙에 의거 이를 즉시 보고하는 요령을 터득하여야 합니다. 새내기 지방공무원 시절부터 사건이 발생한 즉시 보고하는 요령을 제대로 터득하게 된다면 현재의 근무지에서는 물론 앞으로 지방공무원으로 생활을 하는 전 과정에서 많은 도움이 될 것입니다.

넷째로 새내기 지방공무원들이 알아 두면 많은 도움이 되는 내용을 이야기하고자 합니다. 새내기 공무원들은 담당하고 있는 업무를 추진하는 과정에서 외부로부터 큰 도움을 받았거나 외부의 도움으로 업무를 원만하게 수행한 경험들이 있을 것입니다. 새내기 지방공무원들은 외부의 도움을 받아서 담당업무를 슬기롭게 마무리한 이후에 이에 대한 감사의 표시를 하면 좋겠습니다. 지방자치단체는 재원 부족 등으로 업무들을 추진하는 과정에서 외부의 도움을 받아 추진하는 경우가 가끔 있습니다. 특히 지방자치단체에서 재난이나 재해가 일어나면 외부 기관이나 기업 그리고 단체들의 적극적인 도움을 받아서 이를 신속하게 수습하게 될 것입니다. 재난과 재해를 원만하게 수습한 이후에는 도움을 주신 분들에게 지방자치단체의 단체장 명의로 감사의 표시를 하는 것은 지극히 당연한 일입니다.

새내기 지방공무원들도 담당업무를 추진하는 과정에서 외부의 도움을 받았다면 지방자치단체장의 명의로 도움을 주신 분들에게 포상하거나 감사의 표시를 하는 것이 좋습니다. 새내기 지방공무원으로 근무하는 시점부터 업무에 도움을 주신 분들에게는 언제나 감사하는 마음을 표시하겠다는 자세로 업무에 임하게 된다면 아마도 업무들로 인하여 주민들과 친밀한 유대관계가 자연스럽게 형성될 것입니다. 이러한 계기로 이들과 친밀한 교류를 지속한다면 자신이 담당하고 있는 업무에 해결하기 어려운 일들이 발생하더라도 이들의 조언을 얻어서 수월하게 해결하는 기회도 생길 것입니다. 지방공무원들이 담당하는 업무로 인하여 어려운 상황에 있을 때 특별한 부탁을 하지 않았는데도 불구하고 이들이 적극적으로 문제를 해결해 주는 사례가 너무도 많이 있습니다. 이들은 지역사회에서 다양한 부류의 사람들과 친밀한 교류 관계를 맺고 상부상조하는 사이이기 때문에 서로의 부탁도 쉽게 수용하고 도움을 주는 관계이기 때문입니다. 새내기 지방공무원 시절부터 담당하고 있는 업무와 관련하여 도움을 준 사람들이 있다면 도움을 받는 즉시 감사의 표시를 하고 이들과 돈독한 유대관계를 지속하는 습관을 기른다면 유능한 지방공무원으로 성장하는 데 소중한 기초자산이 될 것입니다.

6. 업무일지

　새내기 지방공무원들에게는 지방자치단체에서 생활하는 과정에서 새로운 관계들을 만들어 가야 하고 지방공무원으로서 새롭게 숙지하여야 할 업무들이 많이 주어지는 것이 현실입니다. 새내기 지방공무원들이 어려움을 겪고 있는 것은 자신에게 주어진 업무의 처리 시기나 순위를 정하는 일이 어렵고도 힘든 일 중에 하나일 것입니다. 새내기 지방공무원들은 주어진 일을 시기에 맞게 처리하는 것이 처음에는 다소 어려운 일입니다. 그럼에도 불구하고 당면한 업무를 시기에 맞게 처리하기 위하여 꾸준히 노력을 계속하다가 보면 자신도 모르는 어느 순간에 어렵고 힘들게 느껴졌던 일들을 아주 수월하게 해결하는 방법들을 터득할 수 있는 계기가 있을 것입니다. 이러한 과정을 반복하여 진행하다가 보면 본인들에게 어렵고 힘들게 느껴졌던 업무들이 어느새 친숙해지고 수월하게 진행되는 경험을 하게 될 것입니다.

　지방자치단체마다 정기적으로 추진하여야 하는 업무들이 정해져 있으므로 이를 매년 이들을 반복하여 추진하고 있습니다. 매년 정기적으로 추진업무는 대부분 시간의 구분이 년 단위를 정기적으로 추진하여야 하는 장기적인 업무가 있고, 반기 단위의 업무, 분기 단위 업무, 월 단위 업무, 주 단위 업무 등 추진 시기가 거의 정해져 있습니다. 따라서 지방공무원들은 정기적인 업무들은 이 시기에 맞게 매년 반복하여 수행하게 될 것입니다. 지방공무원들이 정기적으로 추진해야 하는 업무들은 자신의 업무 형편에 맞게 처리시기를 예측하고 조절하면서 추진할 수가 있습니다. 그런데 수시로 발생하는 파생 업무와 갑자기 다수인 민원이 발생한 업무들은 전혀 예측하지 못한 상황에서 발생하게 될 것입니다. 이때 새내기 지방공무원들이 순발력 있게 업무처리 우선순위를 쉽게 정하지 못하고 우왕좌왕하다가 중요한 업무의 처리시기를 놓치는 경우가 종종 발생하여 지방자치단체에 큰 문제들이 일어나기도 합니다. 새내기 지방공무원들이 이러한 어려움들을 슬기롭게 극복하기 위해서 지방공무원 근무하는 초기부터 업무일지를 쓰는 습관을 기르는 것이 하나의 방법이 될 수도 있을 것입니다.

대부분 새내기 지방공무원들이 담당업무들의 순위를 정하여 처리하기보다는 관리자들의 업무지시나 민원이 발생하여 급하게 처리해야 하는 업무들을 우선으로 처리하는 경향이 아주 강하다고 하겠습니다. 이러한 방법으로 업무들을 처리하다 보면 자신에게나 지방자치단체에 아주 중요한 업무를 처리하는 데 아주 중대한 실수하는 경우들이 가끔 발생할 것입니다. 예를 들면 중앙부서에 예산을 신청하기 위해서는 일정한 규모 이상의 사업은 예산의 신청에 앞서 투자심사 등 사전절차를 철저히 이행하여야 하는데 지방공무원 생활이 짧은 새내기들은 업무의 경중이나 우선순위를 판단하기 어려워서 중요한 업무의 추진 시기를 지키지 못하고 엄청난 실수를 저지르고 지방자치단체의 운영에도 큰 문제를 일으키는 경우가 가끔 있습니다.

　새내기 지방공무원들이 이러한 실수를 반복하지 않기 위해서는 앞에서도 이야기하였듯이 짧게는 일 단위에서 길게는 년 단위로 조직에서 배부하는 업무수첩에 담당하고 있는 업무의 추진 시기를 꼼꼼히 기록하고 관리한다면 이러한 일들은 발생하지 않을 것입니다. 이러한 업무 중에서 파생하여 추진해야 하는 업무들이 있다면 이들도 함께 꼼꼼하게 기록하고 점검한다면 중요한 업무들의 추진 시기를 놓치지 않고 시기에 맞게 처리하는 데 아주 큰 도움이 될 것입니다. 새내기 지방공무원들은 특정한 시점에 꼭 추진해야 하는 업무가 있다면 이를 일 단위와 년 단위로 기록하는 공간에 동시에 기록해 놓음으로써 중복하여 체크가 가능하므로 그 업무의 처리시기를 놓치는 일들이 발생하지 않을 것입니다. 이러한 일련의 과정으로 업무수첩에 담당하고 있는 업무의 추진 시기를 기록하고 이를 수시로 점검하는 습관을 기르는 것이 새내기 지방공무원 시절부터 익혀야 할 업무에 대한 습관이라고 할 수 있겠습니다.

　새내기 지방공무원들은 연초에 업무일지를 작성할 때 담당하고 있는 업무의 처리시기를 판단하기 어려운 업무들이 있으면 꼭 팀장이나 부서장과 상의하여 업무들의 적정한 처리시기를 결정하여야 합니다. 추진 시기가 비슷한 업무들의 처리시기와 우선순위를 판단하기 곤란한 경우에도 관리자들에게 꼭 문의한 다음 이에 대한 명확한 지침을 받고 업무처리의 우선순위를 결정한 이후에 이를 업무수첩에 기록하고 관리하여야 하겠습니다. 이러한 자세로 근무하게 되면 업무마다 처리시기에 맞게 추진할 수 있어서 추진 시기로 인하여 발생할 수 있는 스트레스를 줄이는 방법이 될 수도 있을 것입니다. 그런데 새내기 지방공무원들은 근무한 경력이 짧아서 업무처리 시 우선순위를 고려하여 업무들을 추진하기보다는 당장 시급하게 처리해야 하는 업무를 우선으로 처리하는 경향이 있습니다. 물론 당장에 시급한 업무들을 처리하지 말라는 뜻은 아니고 시급히 처리해야 할 업무는 시급하게 처리하되 그 과정에서도 자신이 담당하고 있는 주요한 업무를 처리시기를 준수할 수 있도록 이들을 동시에 처리해야 하겠습니다. 시급히 처리해야 할 업무와 시기적으로 꼭 추진해야 할 중요한 업무가 중복되어 어려움이 있다면 팀장이나 부서장에게 보고하여 업무 처리시기의 조정이 가능한지 상의해 보고 조정이 어렵다면 다른 팀원들의 협조를 받아서 그 업무들을 처리하면 될 것입니다. 부서에서 중요한 업무는 팀장이나 과장들이 먼저로 관심을 가지고 추진상황들을 점검하겠지만 팀장이나 부서장들이 각종 회의 참석 등으로 바쁜 경우 부서에서 중요한 업무의 처리시기를 놓치는 경우들이 가끔 발생하곤 합니다. 이러한 실수를 방지하고 정상으로 업무들을 추진하기 위해서는 담당자마다 업무수첩에 업무의 처리시기를 꼼꼼하게 기록하고 이를 수시로 확인하는 노력을 기울인다면 아마도 업무처리시기에 대한 문제로 고민하거나 어려움을 겪는 일은 없을 것입니다.

 필자도 매년 업무수첩을 받으면 일 년 단위로 추진할 업무는 연 단위로 기록하는 곳에 기재하고 특정한 시점에 꼭 추진해야 하는 업무는 일 단위로 기록하는 곳에도 중복하여 기재하고 수시로 추진상황들을 중복하여 점검하였습니다. 이러한 습관을 바탕으로 업무들을 추진한 결과 업무들의 중용한 업무의 처리시기 문제로 발생할 수 있는 실수를 많이 줄일 수가 있었습니다. 장기적으로 근무한 부서에서는 전년도의 업무일지를 버리지 않고 보관하고 있다가 새해가 되면 새로이 작성하는 업무수첩에 기록된 내용들과 비교하여 그 부서에서 시기별로 추진해야 하는 업무 중에 빠진 것은 없는지 확인을 해 보는 습관이 있었습니다. 이러한 습관 덕분에 그 부서에서는 중요한 업무의 추진 시기를 놓치지 않고 모든 업무들을 적기에 추진할 수 있어서 아주 큰 도움이 되었던 기억이 있으니 이를 참고하면 더욱 좋을 것입니다.

 지방공무원으로 경험이 짧은 새내기 지방공무원에게 부서에서 비중이 있거나 큰 현안이 되는 업무를 맡기는 경우는 아주 드물 것입니다. 그럼에도 불구하고 지방공무원으로 근무를 시작하는 초기부터 업무들마다 경중을 판단하고 이들의 우선순위와 처리시기를 상세하게 기록하는 버릇을 들이는 것이 아주 좋을 것입니다. 이러한 방법으로 담당하고 있는 업무들을 추진 시기에 맞게 처리할 수 있도록 업무일지를 바르게 기록하고 활용하는 방법들을 제대로 터득하는 것이 새내기 지방공무원들에게 무엇보다도 중요하다고 하겠습니다. 이러한 과정을 거쳐서 업무수첩들을 효율적으로 활용하고 관리하는 방법들을 터득하게 된다면 지방공무원으로 근무하는 동안에 아주 유용하고 향후 다른 업무처리에도 큰 도움이 될 것입니다.

새내기 지방공무원들이 업무수첩을 잘 활용하기 위해서는 자신의 업무 스타일에 맞도록 업무일지에 기록하고 이를 활용하는 방법들을 각자 취향에 적합하도록 응용한다면 다양하고 많은 업무들을 추진하고 있다고 하더라도 업무들의 추진 시기를 놓치는 일들이 발생하지 않고 적기에 추진할 수 있으므로 업무추진으로 인한 스트레스를 줄일 수 있습니다. 현대에는 기록을 잘 할 수 있는 전자기기들이 다양하게 출시되므로 취향에 맞게 이를 활용하여 업무추진 일정들을 기록하고 이를 적절하게 활용하는 지방공무원들도 많이 있습니다. 지금은 업무수첩만 고집하지 말고 취향에 맞는 다양한 형태의 기록장치를 이용하여 업무의 추진 시기를 관리하는 것이 현대를 살아가고 있는 지방공무원들에게 아주 적합한 방법이라고 할 수 있겠습니다. 지방공무원 생활을 시작하는 초기부터 업무수첩 등을 제대로 활용하여 업무처리 시기를 기록하고 점검하는 습관을 꼭 익혀서 지방공무원으로 근무하는 동안 능력 있고 유능한 지방공무원으로 거듭나기를 당부하고 싶습니다.

7. 법령준수

    지방공무원으로 근무를 시작하는 새내기 지방공무원들을 볼 때면 희망에 찬 눈빛과 따뜻한 마음으로 주민들에게 진심으로 봉사하고 앞으로 지방공무원으로서도 크게 성장하겠다는 당찬 포부를 가지고 지방자치단체에 입문하는 것을 볼 수 있습니다. 그런데 일정한 시간이 흐른 다음 새내기 지방공무원들의 근무태도를 보면 다소 실망스러운 눈빛을 하고 현실에 안주하고 있는 모습들을 자주 보게 됩니다. 지방공무원이면 당연히 오전 9시에 출근해서 오후 6시에 퇴근하는 것이 정상인데도 불구하고 지방자치단체마다 계절적으로 실시하는 장마철 수방 근무, 산불 예방업무, 겨울철에 폭설이 내리면 거리에서 눈을 치운다든지 지방공무원으로 입문하기 전에는 상상하지 못했던 비상근무들을 자주 접하게 될 것입니다.

    지방공무원들은 주민들의 실생활과 밀접하게 관련된 업무들을 주로 추진하는 경우가 많이 있습니다. 새내기 지방공무원들이 업무들을 수행하는 과정에서 민원인과 충돌이 발생하고 이를 해결하는 과정에서 많은 어려움과 고통이 따른다고 불평들을 하는 이야기를 자주 듣게 됩니다. 이는 새내기 지방공무원으로 입문하기 전에는 전혀 상상하지도 못했던 일들을 직접 경험하게 되므로 발생하는 일이기 때문일 것입니다. 지방공무원으로 입문하기 전에 새내기 지방공무원들은 지방공무원들이 수행하고 있는 업무에 관해서 알고 있는 내용들은 아마도 언론 보도나 각종 홍보 등을 통해 알려진 아주 단편적이고 제한적인 내용들이 대부분일 것입니다. 지방공무원으로 입문하여 지방자치단체에서 근무하면서 직접 경험해 보면 현장에서 처리해야 하는 업무들은 그동안 언론 등을 통하여 알려진 것과 아주 다르다는 것을 알게 될 것입니다. 이것은 새내기 지방공무원들이 평소에 알고 있던 사항과 지방자치단체에 정식으로 입문하여 주민들의 실생활과 밀접하게 관련되는 업무들을 현장에서 실제로 부딪치면서 경험할 때와는 아주 다르다는 것을 느끼고 있기 때문일 것입니다.

지방공무원으로 연륜이 짧은 새내기들이 어려움을 겪는 것 중 하나는 처리하는 업무에 근거가 되는 법령들을 정확하게 숙지하지 못하고 업무들을 처리하거나 근거 규정에 관한 해석을 잘못하여 민원인과 마찰이 발생하는 경우입니다. 새내기 지방공무원들은 부서에서 비교적 업무처리에 대한 부담이 적은 업무라든지 업무에 대한 비중이 상대적으로 낮은 단순한 업무 등을 담당하는 경우가 대부분입니다. 그렇다고 하더라도 지방공무원들이 처리하는 모든 업무는 법령 등 근거 규정을 준수하여 처리하여야 하는데도 불구하고 새내기 지방공무원들이 처리하는 업무에 근거가 되는 규정이 무엇인지 확인하는 데 다소 무관심하거나 소홀히 취급하는 경향이 있는 것 같습니다.

일부 새내기 지방공무원들은 시간이 부족하다는 이유만으로 당장 처리해야 하는 업무에만 집중하고 담당하고 있는 업무들이 어떤 근거에 의거 처리되고 있는지 공부를 소홀히 하는 경향도 일부 있는 것 같습니다. 지방공무원들은 법령에 근거하여 업무를 처리하여야 하고 이를 위반하여 업무를 처리하면 무거운 책임이 발생하고 심하면 악성 민원이 발생하게 됩니다. 지방공무원들이 근거 법령에 관한 해석을 잘못하고 이를 업무에 적용하게 되면 민원인들에게 큰 피해를 주게 됩니다. 그러므로 지방공무원들은 어떤 업무를 처리하든지 반드시 근거 법령이 무엇인지 확인하고 이를 정확하게 이해한 다음 업무를 추진하는 습관을 기르는 것이 필요하다고 하겠습니다. 지방공무원들이 업무를 처리하는 과정에서 민원인들로부터 가장 많이 요구받는 사항은 법령들을 공평하게 적용하라는 것으로 누구나 꼭 기억하고 반드시 지켜야 할 중요한 내용입니다. 지방공무원들이 처리하고 있는 업무는 지역 주민들의 실생활과 직결되고 일부는 주민들의 재산권 행사에도 큰 영향을 미치고 있습니다. 지방공무원들이 처리하는 모든 업무는 법령에 근거해서 정확하게 처리하여야 하고 담당하고 있는 업무를 처리 시는 상대가 누구이든지 공평하게 법령들을 적용하여야 합니다. 일부 지방공무원들은 개인적인 친소관계나 특정인의 부탁을 받고 민원인들에게 불공평하게 대우하는 사례가 있는데 이는 아주 잘못된 지방공무원의 자세라고 하겠습니다.

현대에는 시간이 흐름에 따라 시대적 조류나 지방행정 환경이 급격하게 변화하고 있으므로 이에 맞도록 주민들의 실생활과 밀접하게 관련이 있는 법령들이 자주 개정되는 일들이 일어나고 있습니다. 새내기 지방공무원들은 담당하고 있는 업무들과 관련되는 법령의 개정 여부를 수시로 확인하고 업무들을 처리하는 습관을 기르면 좋겠습니다. 그리고 중앙부서의 업무 처리지침의 개정 여부도 수시로 확인하고 이를 점검하는 자세가 필요하다고 하겠습니다. 이에 발맞추어 지방공무원들은 담당하고 있는 업무와 관련되는 규정들을 효율적으로 관리하고 업무처리 시 정확하게 적용할 수 있도록 업무별로 파일을 만들어서 법령들을 관리하는 것이 담당하고 있는 업무들을 정확하게 수행하는 데 필요한 업무자산이 될 것입니다.

지방공무원이 담당업무 처리 시에 어려움은 담당업무를 처리하는 과정에 민원인에게 적용하는 법령에 관한 상호 해석의 차이로 소송이 제기되거나 사법부의 판단을 받는 경우도 종종 발생하곤 합니다. 본인이 담당하는 업무에서 민원인들과 법령에 관한 해석에 차이가 있는 업무는 최근 판례도 확인해 보는 습관을 기르면 좋겠습니다. 최근 판례를 확인하고 민원인들을 설득하였는데도 이를 수용하지 않으면 유관부서의 유권해석을 받는 등 신중하게 업무를 처리하여야 하겠습니다. 새내기 지방공무원들이 법령에 관해서 궁금한 내용이 있다면 법제처 홈페이지를 활용 법령의 제정목적과 개정사항 등 관련되는 자료들을 쉽게 찾아볼 수가 있습니다. 그리고 법원의 홈페이지를 통하여 최근 판례의 검색도 가능하므로 담당업무와 관련된 판례에도 조금만 관심을 가진다면 쉽게 검색할 수 있는 환경이 잘 조성되어 있으므로 이를 적극적으로 활용하면 지방공무원 생활을 슬기롭게 수행할 수 있을 것입니다.

새내기 지방공무원 시절부터 담당업무 처리 시 근거 법령이나 최근 판례들을 수시로 확인하고 이를 업무에 적용하는 습관을 기른다면 향후 어떤 업무들을 담당하더라도 업무에 관한 자신감이 생겨나고 민원인들과 관련된 업무를 처리하는 과정에서도 정확하게 법령 등을 적용하여 업무처리를 하게 되므로 민원인들에게도 당당하고 소신 있는 지방공무원으로 성장할 수 있을 것입니다. 새내기 지방공무원들이 담당하는 업무와 관련되는 최근 법령들과 판례들을 정확하게 숙지하고 이를 확인하는 습관을 기른다면 어떤 업무들도 소신 있고 당당하게 처리할 수 있습니다. 새내기 지방공무원들이 업무와 관련된 법령들을 정확히 숙지하고 담당업무를 처리하더라도 발생할 수 있는 또 다른 문제는 현행 법령이 그 지역의 실정을 제대로 반영하지 못해서 이를 주민들에게 직접 적용하면 주민들에게 아주 불합리한 경우들도 가끔 있습니다. 왜냐하면 행정환경은 급변하게 변화하고 있으나 법령들이 지역의 실정에 맞도록 적기에 개정되지 못하는 경우들이 있기 때문입니다. 이러한 경우가 발생하면 그 법령을 주민들에게 직접 적용하여 담당업무를 처리하기보다는 중앙부서에 법령의 개정을 적극적으로 건의하는 자세가 필요합니다. 이러한 현실을 제대로 반영하지 못한 법령들을 직접 적용한다면 지역 주민들에게 막대한 피해를 주게 될 것이 분명합니다. 이를 예방하기 위하여 적극적인 업무 자세로 주민들의 이익을 대변하여 법령개정을 건의하는 등 다양한 노력을 한다면 앞으로 우수하고 유능한 지방공무원으로 성장할 것으로 확실합니다.

새내기 지방공무원들이 중앙부서에 법령 등에 관한 개정을 건의하였지만 여러 가지 사유로 법령의 개정이 지연되는 경우들이 종종 발생하곤 합니다. 이러한 경우에 법령이 개정되기 전이라도 중앙부서의 유권해석을 통하여 주민들의 피해가 최소화될 수 있도록 담당업무를 처리하는 것도 하나의 방법이 될 것입니다.

지방공무원들이 법령을 집행하는 과정에서 발생하는 애로사항은 지방행정 환경이 변화함에 따라 특별법이 제정되거나 법령의 시행 시기에 경과규정이 있는 경우 민원인에게 법령들을 적용 시 민원인과 마찰이나 다수인 민원이 발생하는 경우가 있으니 주의하시기 바랍니다. 이러한 사례의 발생을 방지하기 위해서 새내기 지방공무원들은 담당하는 업무에 특별법이 제정되거나 법령 적용에 관한 경과규정이 있는 경우 특별한 주의가 필요하다고 하겠습니다. 이러한 업무를 담당하는 경우 지방자치단체에서 발행하는 소식지 등을 통하여 이를 지역 주민들에게 널리 홍보하는 것도 다수인 민원 발생을 사전에 차단하고 예방하는 효과가 있을 것입니다.

현대에는 각종 전산 기기가 잘 발달되어 있어서 담당하는 업무에 관련한 법령들을 취향에 맞도록 적절하게 업무별로 파일을 만들어서 체계적으로 관리하고 이를 담당하고 있는 업무에 잘 적용한다면 아마도 담당업무들을 처리하는데 자신감도 생겨나고 민원인들에게도 소신이 있고 당당하게 민원 업무들을 처리할 수 있을 것입니다. 민원인들에게 정확한 법령 등을 적용으로 민원 발생을 사전에 차단하고 신뢰받는 지방행정을 구현하는 데 큰 일익을 담당하게 될 것입니다.

8. 계획서 작성

지방자치단체에 입문한 새내기 지방공무원들이 특히 어려움을 느끼는 것은 계획서를 바르게 작성하는 것인데 계획서는 지방공무원들이 업무를 추진하기 위하여 작성하는 일반적인 문서이지만 새내기 지방공무원들은 관리자들이 계획서를 작성하여 제출하라는 업무지시를 받으면 계획서 작성 방법을 잘 몰라서 많은 부담감을 느낀다고 자주 이야기하고 있습니다. 특히 기존에 추진하던 업무가 아니고 새롭게 추진하는 업무에 관한 계획서를 작성하는 일을 더욱 어렵게 생각하는 경향이 있습니다. 새내기 지방공무원들도 담당업무를 추진하는 과정에서 계획서를 작성하여 보고하는 것이 필요할 때가 많이 있을 것입니다. 그런데 지방공무원으로 근무한 경험이 짧은 새내기들이 계획서를 작성해 본 경험들이 적어서 이를 제대로 작성하지 못해 어려워하는 것이 현실입니다.

지방공무원으로 근무한 기간이 오래된 주무관도 계획서 작성하여 보고하라는 업무지시를 받으면 이들도 신규사업의 경우에 상당한 부담감을 가지고 계획서들을 작성하고 있다고 자주 이야기하고 있습니다. 그러므로 새내기 지방공무원들이 담당업무에 관한 계획서를 적기에 수립하지 못하고 작성 시기를 놓쳐서 담당업무를 시기에 맞게 시행하지 못하여 민원이 발생하여 지방자치단체의 신뢰를 추락시키는 일들이 가끔 발생하곤 합니다. 따라서 새내기 지방공무원들은 담당하고 있는 업무들에 관한 계획서들을 추진 시기에 맞게 작성하는 것이 무엇보다도 중요하다고 하겠습니다.

필자도 20대 후반에 7급 공무원으로 시작하였는데 당시 과장님께서 계획서를 작성해 보고하라고 업무지시를 하면 계획서를 어떻게 작성해야 하는지 방법들을 잘 몰라서 어려움을 겪었던 기억이 나고 선배 지방공무원들에게도 혼이 났던 기억들이 있습니다. 그 당시에는 계획서를 어떻게 작성하면 되는지 구체적으로 알려 주는 선배 지방공무원이 없었던 것으로 기억하고 있는데 지금도 그 당시를 생각해 보면 조금은 안타깝다는 생각이 듭니다. 당시에 부서에는 선배 지방공무원들이 많았음에도 불구하고 후배가 계획서 작성으로 어려움에 있다는 사실을 누구보다도 잘 알고 있었음에도 처음에는 누구나 겪는 과정이라는 상식적인 이야기만 하고 계획서 작성 방법에 관하여 구체적으로 지도해 주는 선배 지방공무원은 없었습니다.

필자도 새내기 지방공무원 시절에 계획서 작성 방법에 대하여 고민하다가 지방자치단체에서 기획업무를 담당하고 있는 부서에서 시달되는 계획서들을 체계적으로 분류하고 계획서의 작성유형과 형식들을 분석하기 시작했습니다. 이러한 과정을 거쳐서 기획부서에서 시달되는 계획서들을 분석한 결과 꼭 일치하지는 않았지만 대략 3~4가지 유형으로 분류를 할 수가 있었습니다. 계획서들을 유형별로 분류한 다음에 나름대로 계획서 작성의 틀을 만들어 함께 근무하던 과장님께 검토를 요청하였습니다. 그 당시 함께 근무하던 과장님께서는 업무로 상당히 바쁘셨음에도 불구하고 계획서 작성 형식과 계획서 작성 시에 유의할 사항 등 계획서 작성에 관한 많은 조언을 해 주셨던 기억이 지금도 생생하게 납니다. 이러한 일을 계기로 과장님과는 업무적으로 아주 친해지는 계기가 되었고 개인적으로 애로사항이 있다면 무슨 일이든 편하게 상담도 드리고 조언을 구하였습니다. 그 당시에 함께 근무했던 과장님께서는 그 지방자치단체에서 기획통으로 소문이 자자하시고 아주 인자하셨던 분이셨습니다. 과장님의 따뜻하고 자상한 업무지도가 후일에 나의 공직생활에 많은 도움이 되었고 지금까지도 매우 감사하게 생각하고 있습니다.

당시 과장님께서 강조하시던 내용은 지방공무원이 작성하는 계획서는 단순한 보고용을 제외하고 계획서를 작성하는데 근거가 되는 법령을 우선 검토한 이후에 문제가 없으면 계획서를 현장에서 즉시 시행하는 데에 아무런 문제가 없는지 자세하게 검토하라고 알려 주셨습니다. 둘째 지방자치단체에서 생산되는 계획서들은 예산집행을 수반하는 업무들이 대부분이므로 계획서들을 작성하는 경우 예산이 수반하는 업무는 재원 조달 방안이 있는지 상세한 검토가 필요하다고 하셨습니다. 셋째로 재원 조달이 가능하다면 어떻게 집행할 것인지를 구체적으로 계획서에 명시하면 실제로 현장에서 곧바로 적용이 가능한 실질적인 계획서가 수립된다고 조언을 해 주셨습니다. 많은 세월이 흐른 지금도 당시 과장님께서 알려 주신 방법이 아주 간결하면서도 지방공무원으로 근무하는 동안에 많은 도움이 되었기에 후배 지방공무원들에게도 이 방법을 전수해 주려고 합니다. 당시 과장님께서 알려 주시는 내용에 내가 약간의 내용을 가미한 정도이지만 혹시 계획서 작성에 어려움을 겪는 후배 지방공무원들이 있으면 이를 참고하여 계획서를 작성하면 좋겠습니다.

지방공무원들마다 각자의 견해에 따라서 계획서 작성 형태가 아주 다르고 다양할 수 있습니다. 그렇다고 하더라도 지방공무원들이 계획서를 작성하는데 기본적으로 지켜야 할 내용들이 전혀 없는 것은 아닙니다. 어떤 목적을 가지고 작성된 계획서들이라도 계획서 작성 시에 기본적으로 지켜야 할 내용들이 있습니다. 이러한 기본들을 지킨 연후에 본인들의 취향에 맞도록 특별한 형식으로 계획서 작성 시에 변형하거나 다양한 방법들을 사용하여 계획서들을 생산하면 될 것입니다. 그러나 새내기 지방공무원들은 이러한 기본을 제대로 준수하면서 자신의 스타일에 맞게 적절하게 변형시켜 작성하는 능력을 터득하는 것이 다소 어려울 수도 있습니다. 그렇다고 하더라도 새내기 지방공무원들도 누구에게도 뒤지지 않게 훌륭한 계획서들을 작성한 다음 담당업무들을 당당하게 추진하고 있는 이들이 너무나 많이 있습니다. 새내기 지방공무원들도 노력 여하에 따라 처음에는 계획서들을 작성하는데 조금은 서툴지라도 조금만 노력한다면 자신의 업무 스타일에 맞게 계획서들을 작성하는 방법들을 스스로 터득하게 될 것입니다. 그렇게 된다면 아마도 계획서 작성으로 인한 업무 스트레스를 현저히 줄일 수 있을 것입니다. 계획서 작성 방법에 대한 나름대로 일정한 작성 틀이 만들어지면 어떠한 업무도 스타일에 맞게 계획서들을 작성할 수 있는 능력이 생기게 됩니다.

다음으로 계획서 작성 시 주의할 사항으로는 계획서의 내용들은 꼭 맞춤법을 준수하고 작성하여야 하겠습니다. 일부 새내기 지방공무원들이 맞춤법 준수를 다소 소홀히 생각하고 계획서들을 작성하는 경우가 있습니다. 특히 전임자들이 작성한 계획서들을 아무런 검토도 없이 복사하여 사용하는 경우 많이 발생하니 이때 각별한 주의를 하여야 하겠습니다. 결재권자들이 새내기 지방공무원들이 작성한 계획서를 검토할 때 맞춤법에 틀린 내용들을 다수 발견하면 아주 불쾌한 반응을 나타내는 것을 종종 목격할 수 있을 것입니다. 이는 계획서 작성 시 가장 기본이 되는 맞춤법을 제대로 준수하여 계획서를 작성하지 않았기 때문입니다. 이러한 기본을 제대로 준수하지 않고 작성한 계획서를 받아서 직접 시행하는 상대방에게 혼란에 빠지게 할 가능성이 있기 때문입니다. 이러한 계획서는 업무를 추진하는 상대방에게 혼란을 초래하게 되므로 계획서 작성 시 기본을 꼭 준수하시기 바랍니다. 이와 같은 사유로 맞춤법이 틀린 내용들이 많이 있는 계획서들은 검토하는 관리자들이 계획서 전체 내용을 신뢰하지 않을 뿐만 아니라 계획서를 작성한 업무담당도 신뢰하지 않는 악순환이 연쇄적으로 발생하게 될 것입니다.

　지금은 민선 시대이기 때문에 계획서를 작성하는데 특히 주의하여 할 사항으로는 선거법을 철저히 준수하는 것이 무엇보다도 중요하다고 하겠습니다. 계획서의 내용들이 선거법에 위반되어 문제가 될 소지는 없는지 철저하게 계획서의 내용을 검토하고 작성하여야겠습니다. 선거법의 저촉 여부에 의문 사항이 있다면 꼭 선거관리관위원회로부터 유권해석을 받은 다음에 계획서들을 작성하여야 합니다. 이를 소홀히 이행하고 업무를 추진하게 된다면 담당자는 물론 지방자치단체 전체에 아주 큰 문제가 발생할 수 있으니 특히 주의하시고 계획서를 작성하시기 바랍니다. 선거법에 문제가 없고 계획서 초안이 완성되면 계획서 내용 중에서 잘못된 부분은 없는지 동료들에게 사전에 공람하여 검증받는 절차를 거치게 되면 계획서 작성으로 인하여 발생할 수 있는 실수를 줄이는 데에 큰 도움이 될 것이므로 이를 적절하게 활용하면 좋겠습니다.

　여기에 예시로 제시되는 계획서 작성 방법은 필자의 경험을 토대로 작성하였기 때문에 이 책을 읽는 지방공무원들의 업무처리 성향에 따라 충분히 다른 견해들을 가질 수가 있습니다. 지방공무원들마다 계획서 작성 방법도 아주 상이하고 업무의 취향도 다르므로 자신에게 합당하다는 생각이 들지 않으면 단지 참고용으로만 보았으면 좋겠습니다. 그런데 계획서의 작성 예시가 취향에 맞는다고 생각되시면 예시로 제시한 유형들을 참고는 하되 자신의 업무에 노하우들을 적절하게 활용하여 스타일에 맞도록 적절한 형태로 변형하여 계획서들을 작성하면 될 것입니다. 이러한 과정을 통하여 계획서 작성에 대한 자신감을 생긴다면 아마도 어떤 업무지시를 받더라도 아무런 주저도 없이 계획서를 작성할 수 있게 되므로 미래에는 촉망받고 유능한 지방공무원으로 성장할 수 있을 것이 확실합니다.

〈유형 1〉 신규사업

○ ○ ○ 사업 추진계획

> (목적을 간략하게 기술)

□ 추진근거(배경)
  - 사업을 추진하는 근거 규정
  - 추진 근거를 보완하는 추진 배경
□ 추진방향
  - 신규사업은 추진 방향 설정이 중요함
□ 추진계획
  ○ 추진사항
    - 추진할 내용을 단계별로 기술
    - 육하원칙에 맞게 배열
  ○ 추진방법
    - 추진내용에 맞게 적정하게 기술
  ○ 추진일정
    - 단계별로 구분하여 작성
□ 기대효과
  ○ 사업추진으로 발생하는 효과를 구체적으로 기술
□ 소요예산
  ○ 산출기초를 근거로 정확하게 작성
□ 행정사항
  ○ 업무협조가 필요한 사항 등을 기술

〈유형 2〉계속사업

○○○사업 추진계획

> (목적을 간략하게 기술)

□ 추진실적(성과)
- 성과를 분석하고 기술
- 도표나 그래프로 시각적으로 작성하면 좋음
□ 추진방향
  ○ 기존 추진방향과 변동되는 사항을 반드시 기술
□ 추진계획
  ○ 추진기간
    - 추진단계별로 구분하여 개략적으로 작성
  ○ 추진내용
    - 성과가 있는 부분은 지속 확대 추진
    - 미흡한 부분은 개선이 가능한 대안 제시
  ○ 추진방법
    - 추진사항에 맞게 구체적으로 기술
  ○ 소요예산
    - 산출기초를 근거로 정확하게 작성
□ 추진일정
  ○ 일정을 상세하게 구분하여 작성
□ 행정사항
  ○ 업무협조가 필요한 사항 등을 기술

<유형 3> 개선이 필요한 사업

○○○개선 추진계획

(목적을 간략하게 기술)

□ 현황(실태)
  - 현재 상황(실태)을 정확하게 기술
  - 도표나 그래프 작성이 가능하면 적절하게 활용
□ 문제점
  - 개선이 필요한 내용을 구체적으로 기술
□ 개선방향
  ○ 개선할 방향을 개략적으로 기술
□ 추진계획
  ○ 추진기간
    - 추진사업 단계별로 개략적으로 구분 작성
  ○ 추진사항
    - 개선할 내용을 육하원칙에 맞게 자세하게 기술
  ○ 추진방법
    - 추진내용에 맞게 구체적으로 작성
  ○ 소요예산
    - 산출기초를 근거로 정확하게 작성
□ 추진일정
  ○ 일정별로 상세하게 구분하여 작성
□ 기대효과
  ○ 사업으로 기대되는 효과를 구체적으로 기술
□ 행정사항
  ○ 업무협조가 필요한 사항 등을 기술

〈유형 4〉 여러 부서 업무협조가 필요한 사업

○○○사업 추진계획

(목적을 간략하게 기술)

□ 추진근거
  - 추진의 근거를 명확하고 정확하게 기술
□ 추진방향
  ○ 추진 의도를 분명하게 기술
    * 협조부서에서도 명확하게 이해할 수 있도록 작성
□ 추진계획
  ○ 부서별 업무
    - 부서별로 추진할 주요 업무를 개략적으로 기술
    * 상세한 내용들은 회의를 통하여 전달하거나 첨부물을 활용
  ○ 추진사항
    - 공통적으로 추진할 내용을 먼저 기술
    - 기능부서별로 추진할 내용을 기술
  ○ 추진방법
    - 공통적인 내용을 먼저 기술
    - 기능부서별 추진할 방법을 기술
  ○ 소요예산
    - 공통적으로 소요되는 예산을 먼저 산출
    - 기능부서별로 소요되는 예산은 구분하여 작성
□ 추진일정
  ○ 공통적으로 추진하는 일정을 먼저 기술
  ○ 기능부서별로 추진일정을 기술

□ 기대효과

　　○ 사업추진으로 기대되는 효과를 구체적으로 기술

□ 행정사항

　　○ 업무협조가 필요한 사항 등을 구체적으로 기술

　　　* 업무협조 내용이 많으면 회의를 통해서 전달

9. 성장경로

　지방자치단체에 입문한 새내기 지방공무원들이 새로운 환경에 빨리 적응하고 담당업무에 관한 공부할 내용들이 많아서 초기에는 여러 가지로 어려움들이 있을 것입니다. 새내기 지방공무원들이 처음에는 새로운 환경에 적응하고 주어진 업무를 추진하느라 바쁘게 지내다가 자신을 뒤돌아보면 어느 사이에 3~4년이란 기간들이 아주 빠르게 지나갔음을 느낄 수가 있을 것입니다. 대부분 새내기 지방공무원들은 매일 주어진 업무를 처리하고 지방자치단체에서 실시하는 각종 행사 등에 동원되어 행사에 참여하여야 하고 계절별로 실시하는 비상근무 등으로 바쁜 일과들을 보내다가 보면 하루하루가 정신없이 지나가는 경험을 하게 될 것입니다. 이렇게 바쁘게 지내다가 보면 지방공무원 시험 공부를 준비하던 시절에 자신이 꿈을 꾸었던 생각들은 어느새 깜박 잊어버리고 현실에 안주하면서 바쁜 시간을 보내고 있는 자신을 발견하게 될 것입니다.

　지방공무원들도 우리나라를 발전시키는데 큰 축을 담당하고 있는 사회의 구성원들이 분명합니다. 새내기 지방공무원들도 사회구성원의 일원인 동시에 당당한 직장인으로 성장하기 위해서는 지방공무원으로 근무하면서도 다른 사람들과 다르게 자신이 특별히 가지고 있는 재능을 빨리 발견하고 이에 관한 공부를 열심히 하는 것이 필요할 것입니다. 이러한 재능을 잘 활용하여 관심이 있는 분야에 석사, 박사학위를 취득한다든지 아니면 다른 분야의 전문가로 성장하여 앞으로 인생을 살아가는데 풍요로움을 추구하는 노력이 필요한 시대에 살고 있습니다. 새내기 지방공무원들은 담당하고 있는 업무 이외에 특정한 분야를 선정하여 시간을 투입하고 노력한다면 지방공무원으로 근무하는 동안에 매너리즘에 빠지지 않고 활기찬 직장인으로 근무할 수 있는 계기가 될 것입니다. 새내기 지방공무원 중에는 '앞으로 근무해야 할 시간도 많이 남아 있는데 지금 시기에 벌써 장래의 성장경로를 작성하고 미래를 초조하게 준비할 필요가 있을까?'라는 생각을 할 수도 있을 것입니다. 그런데 지방공무원으로 공직을 마감한 선배들의 이야기를 들어 보면 지방자치단체에서 근무하던 시절이 의미가 있었고 유익한 시간도 많이 있었지만 가끔은 다소 지겨울 때도 있었고 때로는 업무적으로 어려운 일들도 많이 있었다고 과거를 회상하십니다. 이들이 지방공무원 생활을 마감한 이후에 과거를 되돌아 생각해 보니 지방공무원으로 근무하는 오랫동안 뚜렷한 목표도 없이 현실에 안주하면서 근무했던 시간들이 가장 많이 후회가 된다는 말씀들을 많이 하고 계십니다.

새내기 지방공무원들도 미래에 대한 뚜렷한 목표 없이 하루하루 바쁘게 지내다 보면 선배들이 걸어온 길을 똑같이 답습하게 되고 지방공무원 생활을 마감할 시점에 선배들과 똑같은 후회들을 할 수도 있을 것입니다. 이제 막 지방공무원 생활을 시작한 새내기 지방공무원들은 빠르게 변화하는 시대에 잘 적응하고 미래에 유능한 지방공무원으로 성장하기 위해서는 일부 선배들과 같은 선례를 답습하지 말고 다른 방법들을 찾아서 생활하는 것이 더 현명한 방법인지도 모르겠습니다. 사람들은 각자 처한 환경에 따라서 다르게 생각하고 행동할 수는 있겠지만 사람이라면 누구나 편안한 현실에 안주하려는 경향이 있습니다.

새내기 지방공무원들이 처음부터 거창한 성장경로를 작성하기에는 다소 어렵고 힘이 들겠지만 담당하고 있는 업무를 수행하는 과정에서 적성에 맞는 성장경로를 자연스럽게 찾을 수만 있으면 아주 행운아일 것입니다. 새내기 지방공무원들이 지금 시점에 자신에게 꼭 맞는 성장경로를 찾는 것이 어렵다면 선배나 사회에 있는 지인들에게 자문을 구해 본다면 아마도 이를 쉽게 발견할 수도 있을 것입니다. 새내기 지방공무원들이 현시점에서 올바른 성장경로를 찾지 못하였다고 하더라도 앞으로 지방공무원으로 생활하는 기간이 많이 남아 있으므로 그 기간을 잘 활용하여 자신의 성장경로를 수정해 나간다면 아마도 자신에게 적합하고 훌륭한 성장경로를 찾을 수가 있을 것입니다.

필자도 사회의 초년생으로 지방공무원 생활을 시작하던 시절에 선배 지방공무원들이 늘 강조하던 성장경로에 대한 중요성을 느끼지 못하고 하루하루를 큰 의미 없이 보내고 있었습니다. 그렇게 5년 정도의 세월이 지난 어느 날 과장님께서 함께 저녁을 먹자고 제안하셔서 기분 좋은 마음으로 식사를 하던 중, 과장님께서 "김 주사 요즈음 시간을 어떻게 보내고 있지?"라고 물으셨습니다. 식사 중 예상치 못한 과장님의 질문에 조금은 당황하여 큰 뜻이 없이 "주어진 업무만 열심히 하고 있습니다."라고 대답하였던 기억이 지금도 납니다. 그런데 당시 과장님께서 웃으시면서 식사하는 자리에서 개인의 사생활을 물어보아 미안하다고 하시면서 과장님의 인생 경험과 더불어 "김 주사, 세월은 금방 지나가고 아이들도 빨리 성장하니 더 늦기 전에 재테크에 관한 공부에 관심을 가져 보시게."라고 충고해 주셨습니다.

당시에는 '과장님께서 저녁까지 직접 사 주면서 왜 재테크 이야기를 하실까?' 며칠을 고민해 보았지만 쉽게 해답을 찾을 수가 없었습니다. '내가 요즈음 업무에 너무 나태한 것은 아닌가?', '나의 어려운 형편을 잘 아시고 동정심을 가지시는 것은 아닌가?', '내가 서무업무를 보고 있으니까 돈에 대한 경각심을 주시는 것은 아닐까?'라는 상상의 나래를 폈던 기억이 납니다.

그 당시 저는 아내와 두 명의 아들과 누구나 알 수 있는 달동네 다가구주택의 조그마한 방 한 칸에 전세를 얻어서 살고 있었는데 그 당시 달동네에는 한 건물에 생활환경이 비슷한 사람들이 함께 월세나 전세로 살고 있었습니다. 이 시기에도 맞벌이는 하고 있었으나 지방공무원 월급으로 많은 돈을 일시에 저축하고 집을 장만하기에 충분한 목돈을 마련하는 것이 힘든 시절이었습니다. 지금 생각해 보면 당시는 시대적으로는 IMF가 막 지난 시기라서 부동산 시장이 얼어붙어 집값이 많이 하락하였기 때문에 집 없는 서민들이 집을 살 좋은 기회라고 생각됩니다. 비록 가진 돈이 턱없이 부족하고 모자라지만 과장님의 충고를 듣고 한 달여의 시간이 흐른 후 용기를 내서 과장님께 재테크를 어떻게 해야 하는지 여쭈어보았던 기억이 납니다.

과장님께서는 집이 없는 지방공무원들은 무엇보다 먼저 집을 장만하는 것이 제일 큰 재테크라고 집을 살 것을 권유하셨습니다. 그런데 나에게는 달동네 다가구주택의 방 한 칸의 전세금이라는 아주 조그마한 돈밖에 없어서 도저히 집을 살 형편도 안 되고 집을 산다는 것은 돈 많은 사람들이 하는 것이 아니냐고 반문했던 기억이 납니다. 그런데 과장님께서는 당시 서울시에서 시행하는 택지개발 지구 내에 아파트를 사면 아파트 가격도 아주 저렴하고 집이 없는 서민들을 위해서 낮은 이자로 융자도 해 주고 있어서 집이 없는 서민들이 집을 장만할 수 있는 절호의 기회라고 말씀하셨습니다. 이미 이야기하였듯이 그 당시는 IMF가 막 지난 시기라서 일부 택지개발 지구에는 미분양 아파트들이 넘쳐 나고 있었으므로 적은 돈으로 집을 마련할 수 있다고 친절하게 그 지역을 알려 주시고 융자받는 방법은 물론 집을 사는 전 과정을 자상하게 알려 주셨습니다. 그리고 과장님께서 오랫동안 연구하고 공부하시던 부동산, 주식, 유통 등 경제와 관련된 구체적인 자료들까지도 저에게 주시면서 지방공무원들도 경제 공부를 시작하여야 하는 이유와 경제 공부를 어떻게 하는지 구체적으로 설명까지 해 주셨습니다. 그리고 지방자치단체에서 경제에 관한 공부하는 데 큰 도움이 되는 부서들까지도 자상하게 안내하여 주셨습니다. 본인도 과장의 직책을 담당해 보았는데 부서의 주무관들에게 업무적으로 부족한 부분을 채워 주고 인생에 관하여 훌륭한 조언을 해 주는 것이 얼마나 어렵고도 조심스러운 일인지 잘 알고 있기에 지금도 그 당시 과장님의 은혜는 정말 잊을 수가 없습니다. 필자는 과장님을 지금까지도 인생의 멘토로 모시면서 어려운 문제가 있으면 수시로 상의도 드리고 조언을 구하고 있습니다. 지금은 많은 시간이 흘렀는데 당시 과장님께서 후배 지방공무원을 사랑하시고 아끼셨던 따뜻한 마음을 지금도 온몸으로 전달되고 있고 글을 쓰고 있는 지금까지도 감사하게 생각하고 있습니다.

새내기 지방공무원들은 사회의 구성원으로서 어떻게 성장할 것인지 스스로 성장경로를 찾든지 인생 멘토에게 자문하든지 가능하다면 빠른 시간에 여건에 맞는 성장경로를 찾아서 이에 관한 공부를 열심히 한다면 아마도 10년 후에는 다른 지방공무원들과 엄청나게 큰 차이가 있을 것으로 확신합니다. 새내기 지방공무원 중에는 지방공무원은 평생직장이므로 매일 근무에만 충실하면 매달 정기적으로 월급이 나오고 노후에는 연금까지 나오니까 미래를 심각하게 생각할 필요가 없다고 생각하는 지방공무원들이 분명히 있을 것입니다. 물론 지방공무원은 평생직장일 수도 있겠지만 지방공무원도 사회의 구성원이라는 사실을 명심하시고 사고의 틀을 조금만 더 확장하여 생각해 본다면 미래에 관

154 　　　　　　　　　　　　　　　　　　　지방공무원 지침서

한 생각들이 아주 달라질 것입니다.

지방공무원으로 은퇴하신 많은 선배 지방공무원들을 만나 그들의 이야기를 들어 보면 좀 더 일찍 인생에 대한 뚜렷한 목표를 세우고 이를 이루기 위해서 열심히 노력했다면 더욱 좋았을 것이라고 후회스러운 말들을 너무도 많이 하고 계십니다. 새내기 지방공무원들은 가능하면 다양한 분야에서 계시는 인생 선배들의 조언에 항상 귀 기울이고 하루라도 빨리 관심이 있는 분야를 선정하고 이를 집중적으로 연구하고 노력한다면 아마도 훌륭한 지방공무원뿐만 아니라 당당한 사회의 구성원으로 성장할 수 있을 것입니다.

10. 인간관계

새내기 지방공무원들이 출발하는 시점에 어려움을 느끼는 것은 지방자치단체라는 낯선 환경에 처음으로 만나는 지방공무원과 원만한 관계를 만들어 가고 이들과 관계를 지속하는 것입니다. 이들은 지방공무원으로 근무한 경험이 없는 상태에서 새로운 지방자치단체라는 낯선 지방공무원과 새로운 관계를 만들어 가야 하기 때문일 것입니다. 지방자치단체에서 기간제나 다른 사유로 짧은 기간 동안 근무한 경험이 있는 일부 새내기 지방공무원을 제외하고는 지방자치단체라는 관료조직에 관한 체험을 한 경우는 거의 없을 것입니다. 그러므로 새내기 지방공무원들이 지방자치단체라는 조직에 빨리 적응하고 지방공무원들과 원만한 인간관계를 만들어 가는 것이 다소 어려울 수도 있습니다. 그럼에도 불구하고 지방자치단체라는 관료사회의 인간관계에 대해 솔직하게 알려 주거나 명확한 조언을 해 주는 사람들은 거의 찾아볼 수 없기에 지방자치단체에서 인간관계의 문제로 갈등을 겪고 있는 새내기 지방공무원들을 많이 보아 왔습니다.

지금은 과거에 비하여 개인주의적 성향이 뚜렷하게 나타나고 있고 지방자치단체에도 이러한 일들이 만연하고 있는 것이 사실입니다. 우리가 잘 알고 있는 것처럼 인간관계는 아주 상대적이고 개인적 성향에 따라서 아주 큰 편차가 있어서 누구에게나 일률적으로 적용이 가능한 아주 보편타당한 일반원칙을 제시하고 설명하는 것은 불가능한 일입니다. 그러므로 여기에서 이야기하는 것은 지극히 개인적인 견해이고 사람마다 각자 다른 의견이나 견해를 가질 수 있음을 미리 밝혀 두고자 합니다. 그렇다고 하더라도 새내기 지방공무원들에게 지방자치단체에서의 인간관계에 관하여 이야기하는 이유는 처음으로 지방공무원이라는 관료조직에 입문하여 근무하는 새내기 지방공무원들이 인간관계 문제로 마음의 상처를 많이 받고 힘들어하는 모습을 너무도 자주 보아 왔습니다. 본 단원에서는 새내기 지방공무원들이 실제로 지방자치단체에서 근무하면서 겪고 있는 인간관계의 어려움에 관하여 상담한 경험을 토대로 이야기해 보고자 합니다. 새내기 지방공무원들의 생생한 증언을 듣고 이를 충분히 이해한다면 지방자치단체에서 새내기 지방공무원들의 인간관계에 특별한 관심을 가지고 이에 대한 대책들을 적절하게 수립한다면 아마도 지방자치단체가 지금보다 더 성숙하는 계기가 될 것입니다.

새내기 지방공무원들이 지방자치단체에서 근무하면서 처음으로 경험하는 것은 지방자치단체에서 근거도 없이 떠도는 소문에 너무 민감하게 반응하는 것입니다. 새내기 지방공무원들이 근무하는 지방자치단체 환경에 익숙하지 않기 때문에 일상적으로 떠도는 소문에 대하여 객관적으로 평가를 하고 이를 올바르게 판단하지는 못할 것입니다. 이러한 일이 발생하는 사유는 상대적으로 근무경력이 짧은 새내기 지방공무원들이 지방자치단체 운영의 메커니즘을 충분히 이해하지 못할 뿐만 아니라 근거도 없이 떠도는 소문들을 객관적인 시각으로 보지 못하기 때문일 것입니다. 지방자치단체에서 떠도는 소문이 진실이라고 할지라도 자세하게 관찰해 보거나 조금만 다른 관점에서 생각해 본다면 아마도 자신과는 전혀 관계가 없거나 전혀 무시하고 근무하여도 아무런 지장이 없는 것들이 대부분일 것입니다. 그러나 새내기 지방공무원들도 지방자치단체라는 조직의 구성원으로서 근거도 없이 떠도는 소문을 쉽게 접할 수 있으므로 자신이 이를 전혀 의식하지 않고 근무하더라도 이에 관하여 자연스럽게 관심을 가지게 하는 분위기가 조성되는 것이 현실입니다. 그렇다고 하더라도 새내기 지방공무원들이 이러한 분위기에 민감하게 반응한다거나 지나치게 관심을 가질 필요가 없이 근무하는 것이 가능한데도 불구하고 이에 관하여 지나치게 민감하게 반응하고 있는 것이 현실입니다.

새내기 지방공무원들도 자신과 관계없는 소문은 쉽게 무시하고 가볍게 넘길 수도 있겠지만 자신과 관계되는 소문에 대해서는 무관심하거나 이를 전혀 무시하고 근무한다는 것이 어려울 수도 있을 것입니다. 새내기 지방공무원과 관계되는 소문들이 지방자치단체에서 공식적으로 어떻게 만들어지고 있는지 그 메커니즘을 정확하게 이해하게 된다면 이를 무시하고도 근무를 할 수가 있을 것입니다. 지방자치단체에서 지방공무원들 사이에 사적으로 만들어지고 있는 인간관계의 유형들은 너무나 다양하고 사람들마다 생각하고 있는 것들이 너무도 다를 수가 있으므로 이에 관하여 이야기하는 것이 불가능하므로 이에 대해서 별도의 언급은 하지 않겠습니다.

지방자치단체라는 조직은 지방공무원이라는 사람들로 구성되어 있으므로 지방자치단체에 새로운 지방공무원이 전입하면 조직의 질서가 새롭게 재편되고 이에 맞게 새로운 인간관계들이 만들어지는 과정이 일어나게 됩니다. 지방자치단체에 새로운 지방공무원들이 전입하면 함께 근무하게 될 상대방으로부터 다양한 평가를 받게 되므로 이 과정에서 소문들이 자연스럽게 만들어지게 됩니다. 예를 들어 지방자치단체에 단체장이 교체되더라도 새로운 단체장과 함께 근무한 경험들이 없어도 지방공무원들 사이에 새로 취임하는 단체장에 대한 소문들이 지방공무원들 사이에 급속하게 퍼져 나가는 과정들을 이해한다면 이를 쉽게 이해할 수가 있을 것입니다. 따라서 새내기 지방공무원들도 자신이 원하는 경우가 아니더라도 소문의 중심에 서게 되는 경우가 가끔 있습니다. 새내기 지방자치단체라는 관료조직에서 근무한 경험이 짧아서 그동안 만난 지방공무원들의 숫자가 상대적으로 적어서 다른 지방공무원이 그를 자세하게 알고 있는 경우가 아주 드물 것입니다. 새내기 지방공무원들이 지방자치단체에 발령받으면 근무하는 부서에서 이들에 대한 평가와 함께 다양한 소문들이 만들어지게 됩니다. 새내기 지방공무원에게 이러한 일이 발생하더라도 이를 통제할 수 없는 상황이라면 무시하고 근무하는 것이 가장 좋습니다. 소문을 만들어 내는 지방공무원들은 과거에 새내기 지방공무원들과 직접적으로 근무해 보지도 않았으므로 평소에 그들과 친하게 지내고 있던 동료 지방공무원들의 평가를 듣고 소문을 만들어 내는 것이 대부분입니다.

지방자치단체라는 조직은 스스로 자정능력을 가지고 있는 단체이므로 새내기 지방공무원에 관한 소문을 만들어 내는 사람들을 아주 객관적으로 평가하고 있습니다. 새내기 지방공무원들이 자신에 관한 소문에 아주 떳떳하다고 생각한다면 이러한 소문에 의연하게 대처하는 것이 당당한 멋진 모습이고 참신한 이미지로 평가될 수 있는 아주 좋은 기회가 될 수 있습니다. 새내기 지방공무원이 어떤 부서에 전입하여 근무를 시작하더라도 그 지방자치단체에서 평소에 잘 알고 지내거나 업무와 연관되어 직접 일했던 지방공무원의 숫자가 상대적으로 적은 것이 사실입니다. 따라서 새내기 지방공무원들은 그 부서에서 새로운 인간관계를 만들어 가면서 부서에 적응하는 과정을 겪게 될 것입니다. 부서에 전입한 새내기 지방공무원은 하나이지만 이들을 바라보는 부서원들은 다수일 것입니다. 새내기 지방공무원들에게도 개인적 성격이나 취향이 있으므로 전입한 부서에 자신의 취향이나 성격이 비슷한 사람들이 있는 반면에 여러 가지 면에서 아주 다른 사람들도 당연히 있게 마련입니다. 새내기 지방공무원은 성격이나 취향이 비슷한 사람에게 호감이 끌리게 되고 이들과 자연스러운 교감을 만들어지게 되므

　　　　　　　　　　　　　　지방공무원 지침서

로 이를 통하여 새로운 인간관계의 폭을 넓혀 가게 될 것입니다. 그럼에도 불구하고 새내기 지방공무원들과 취향이나 성격이 아주 다른 사람과 친밀하게 관계를 만들어 가는 데에는 다소 시간이 걸리거나 어려움을 겪는 일들이 많이 발생하게 될 것입니다. 새내기 지방공무원들은 이러한 지방공무원들과 조그마한 문제가 발생하여도 좋은 인간관계를 만들기가 어려워지고 이들로부터 심하게 마음의 상처를 받는 일이 생기게 되고 자신에 관하여 안 좋은 소문들이 만들어지고 널리 퍼지게 될 것입니다.

새내기 지방공무원들이 지방자치단체에서 인간관계를 만들어 가는 과정에는 개인적 취향이나 성격도 중요한 부분을 차지하겠지만 지방자치단체라는 조직은 지역주민들의 행복을 추구하기 위하여 일하는 조직체입니다. 지방자치단체라는 조직에서는 업무와 관련되는 일을 함께 추진하는 과정에서 선배나 동료 지방공무원들과 업무를 매개체로 하여 공식적인 공감대가 형성되고 이를 통해서 인간관계들이 만들어지는 것이 아주 일반적인 현상입니다. 새내기 지방공무원은 입문하기 전에는 이들을 전혀 알지 못하였고 지방자치단체라는 조직체에서 업무들을 함께 하는 과정을 알게 된 사이이기 때문입니다. 이렇게 업무들을 함께 추진하면서 형성된 끈끈하고 친밀한 인간관계는 지방공무원으로 근무하는 기간이 끝나도 상호 좋은 관계를 유지할 수도 있고 노후에 이를 더욱 발전시킬 수도 있을 것입니다. 왜냐하면 지방자치단체라는 조직체에서 오랫동안 동고동락을 하면서 지역사회 발전과 지역주민의 복지를 위해서 업무들을 함께 처리한 아주 끈끈한 관계이기 때문일 것입니다.

지방자치단체라는 조직에서 업무를 처리하는 과정이 어떻게 이루어지고 있는지 알게 된다면 지방자치단체에서의 인간관계 형성과정에 대하여 잘 이해할 수 있을 것입니다. 지방자치단체에서 중대한 문제가 발생하게 된다면 이를 신속하게 해결하기 위하여 Task Force Team을 만들고 팀원을 모집하게 됩니다. 새내기 지방공무원들도 Task Force Team을 꾸리는데 선배들의 도움으로 Task Force 팀원으로 합류하는 기회를 얻을 수 있게 됩니다. 새내기 지방공무원들이 이러한 일련의 과정들을 지속한다면 자신이 모르는 사이에 지방자치단체에서 유능하고 똑똑한 선배 지방공무원들과 인간적으로 끈끈한 유대관계가 만들어지게 됩니다. 이들은 선배 지방공무원들의 도움으로 조직에서 아주 유능하고 멋진 새내기 지방공무원으로 성장을 거듭할 것입니다. 그러므로 새내기 지방공무원들은 지방자치단체에서 업무 외적으로 떠도는 소문에 너무 민감하게 반응하지 말고 자신이 맡은 업무를 성실하게 수행하는 것이 무엇보다도 우선입니다. 업무를 처리하는 과정에서 자신의 업무처리 성향과 맞는 이들과 친밀한 공감대를 만들어 간다면 자연스럽게 업무적으로 끈끈한 관계를 맺게 되고 업무 외적으로 인간적인 유대관계도 맺을 수가 있으므로 상호존중하는 관계로 더욱 발전될 수가 있습니다. 새내기 지방공무원이 이를 계속 이어 나간다면 지방자치단체에서 원만한 인간관계를 형성하는 데 특별한 노력을 하지 않더라도 자연스럽게 만들어지므로 지방자치단체에서 인간관계 문제로 어려움들을 겪지 않아도 될 것입니다.

새내기 지방공무원들이 근무를 시작하는 초기에 인간관계 문제로 다소의 어려운 경험을 할 수는 있겠지만 일정한 시간이 지나고 나면 자신도 지방자치단체의 당당한 일원으로 성장하여 지방자치단체에서 근거 없이 떠도는 소문에 관하여 아주 객관적인 판단을 할 수 있는 능력들이 생기게 될 것입니다. 그리고 자신에게도 업무적으로 충분히 공감이 가는 좋은 동료, 선·후배 지방공무원들이 많이 생기게 될 것이므로 너무 의기소침하지 말고 새내기 지방공무원답게 당당하고 자신감 있게 근무하였으면 더욱 좋겠습니다. 새내기 지방공무원이 지방자치단체에서 업무 외적으로 사적 유대관계를 맺는 데 집중하기보다는 담당 업무와 관련된 일들을 성실하게 수행하는 과정에서 멋진 선·후배나 동료 지방공무원들과 공적으로 친밀한 관계를 맺은 다음 이를 계속 유지하면서 성실하게 근무하게 된다면 지방자치단체에서 인간관계의 문제로 특별한 어려움들을 겪지 않고 유능하고 인간성이 좋은 지방공무원으로 성장할 수가 있습니다.

11. 인생멘토

우리가 살아가고 있는 지금은 아주 빠르고도 다양한 변화들이 급속하게 일어남에 따라서 지방공무원들이 근무하는 여건에도 많은 변화가 나타나고 있습니다. 이러한 시대적 흐름에 따라서 지역주민들의 다양한 요구사항들을 적기에 반영한 지방행정을 추진해야 하므로 지방행정에서도 전문성을 요구하는 사항들이 점차 늘어나게 되고 지방자치단체에서도 전문성을 높이기 위하여 많이 노력하는 추세입니다. 이러한 시대의 흐름에 맞게 지방자치단체에서도 지역주민들의 다양한 요구사항들을 슬기롭게 해결하기 위하여 여러 가지 방안들을 검토하고 이를 적절하게 시행하여야 하는 시대를 살아가고 있습니다. 이러한 시대의 변화에 따라 지방공무원들에게도 지역주민들의 요구사항들이 점차 늘어나고 있습니다. 지방공무원들은 이들의 요구사항들을 지방행정에 즉각적으로 반영할 수 있도록 지방행정에서도 업무의 전문성을 높이고 있습니다. 새내기 공무원들도 이러한 시대적인 흐름에 빠르게 적응하기 위해서는 담당업무에 대한 전문성을 기르는 것이 필요할 것입니다. 그럼에도 불구하고 새내기 지방공무원들이 업무의 전문성을 기르기 위해서 어떠한 노력이 필요하고 어떻게 방향을 설정하여야 하는지 잘 모르고 있는 것 같습니다.

지방자치단체에는 아주 다양한 분야가 있고 입문하는 경로 역시 아주 다양하여 지방자치단체 구성원들을 자세히 분류해 보면 많은 다양성이 함께 공존하고 있다는 것을 쉽게 알 수가 있을 것입니다. 성향도 다르고 취향도 다양한 구성원들 사이에서 새내기 지방공무원들이 지방자치단체에 적응하는 방법들을 잘 몰라서 다소 어려움을 겪는 경우들도 분명히 있을 것입니다. 새내기 지방공무원들에게도 이렇게 빠른 시대의 흐름에 맞게 지역주민들이 만족할 만한 지방행정 서비스를 제공할 수 있는 능력 향상이 필요할 것입니다. 이러한 능력을 기르기 위해서는 담당업무에 대한 전문성이 요구되므로 이를 배양하기 위해서는 수시로 공부하는 자세가 필요할 것입니다. 이러한 시대를 살아가고 있는 새내기 지방공무원들은 급변하는 행정환경에 적합한 업무의 추진, 다양한 행사에 동원, 부서 동료들과의 업무협조 등으로 바쁘게 시간을 보내다가 보면 자신들도 의식하지 못하는 사이에 많은 시간이 유수처럼 흐르고 근무하는 기간만 늘어나고 있다는 것을 느끼게 될 것입니다. 새내기 지방공무원들이 조금만 시간을 활용하여 근무 기간들을 진지하게 회고해 본다면 어느 날 문득 '자신이 당초에 생각한 것들을 이루기 위해서 초심을 잃고 있지는 않는지?', '앞으로 경력관리를 위해서는 어떻게 하여야 하는지?' 등 위기의식들을 느끼게 될 때가 반드시 있습니다.

이러한 시대를 살아가는 새내기 지방공무원들은 담당하는 업무에 관하여 해결하기 힘든 문제들이 발생하거나 조직에서 인간관계의 문제로 애로사항이 생겼을 때 이를 슬기롭게 해결할 수 있도록 진심 어린 조언 해 줄 수 있는 인생의 멘토가 아마도 필요하지 않을까 생각합니다.

멘토의 중요성에 대하여 필자의 경험을 이야기해 보면 다소 도움이 될 것으로 생각됩니다. 필자도 새내기 지방공무원 시절에 담당하는 업무를 혼자 힘으로 도저히 해결하기 어려운 문제들이 산적해서 많은 애로를 겪고 있었습니다. 당시 제 능력으로는 이를 해결할 수 없을 만큼 큰 문제들이 있었는데 인생의 멘토인 선배 지방공무원의 도움을 받아서 아주 쉽게 이 문제들을 해결했던 경험들이 있습니다. 필자의 인생의 멘토는 새내기 지방공무원 시절에 근무하던 부서에서 팀장으로 모시던 상사가 업무적으로나 사적으로 문제들이 발생할 때마다 적절한 조언을 해 주셨습니다. 필자가 새내기 지방공무원 시절에 당시 업무능력으로는 도저히 감당할 수 없는 여러 가지 어려운 문제들이 발생할 때마다 이를 슬기롭게 해결할 수 있도록 시기에 맞게 적절한 방법들도 제시해 주셨습니다. 어느 때는 멘토이신 팀장님이 직접 제 문제들을 해결하여 주신 사례들도 많이 있습니다. 인생의 경험도 지방공무원으로 경력도 짧은 후배 지방공무원에게 업무에 관한 조언을 물론이고 직장인으로서 세상을 살아가는 방법에 대해서도 자상한 조언을 해 주셨습니다. 이러한 인연을 계기로 새내기 시절에 만난 팀장님을 오랜 세월이 지난 지금까지도 인생의 멘토로 모시고 필요할 때마다 다양한 지혜들을 구하고 있습니다.

　인생에서 좋은 멘토를 만나는 경로는 다양하겠지만 지방공무원들은 업무라는 아주 좋은 매개체가 있습니다. 새내기 지방공무원들은 이를 통해서 자신의 업무 스타일이나 인생철학이 통하는 분을 만날 수 있게 된다면 아주 행운아라고 할 수 있겠습니다. 이들과 지방공무원으로 근무하면서 친밀한 유대를 맺고 이를 계속 발전시켜 인생의 멘토로 모시는 것도 하나의 방법이 될 수도 있을 것입니다. 새내기 지방공무원에게 이러한 인생의 멘토가 있다면 어려운 일이 발생할 때마다 이들에게 조언을 구하고 삶의 지혜가 필요할 때면 수시로 찾아가서 상담을 요청한다면 후배 지방공무원들을 따뜻한 마음으로 격려해 주시고 오랫동안 쌓은 인생의 소중한 경험을 아낌없이 전수해 주실 것입니다. 인생의 멘토는 우리가 담당하고 있는 업무는 물론이고 직장인으로 어려움이 생길 때마다 부족한 부분을 넘치게 채워 주실 것입니다. 그리고 그동안 근무하시면서 경험했던 아주 소중한 업무에 관한 다양한 노하우들을 아낌없이 전수해 주실 것입니다. 새내기 지방공무원들도 인생의 멘토인 선배 지방공무원들이 터득한 지혜들을 아낌없이 이어받아서 담당업무에 적절히 활용한다면 다른 지방공무원들이 업무를 추진하는 과정에서 겪게 되는 시행착오들을 현저히 줄일 수가 있을 것입니다. 새내기 지방공무원들이 멘토로부터 이러한 도움들을 이어받게 된다면 담당하고 있는 업무들을 누구보다도 효율적으로 추진할 수 있어서 향후 지방공무원으로 근무하는 과정이 아주 순탄하게 진행될 것입니다.

인생의 멘토는 반드시 한 사람으로 한정하기보다는 분야별로 자신의 형편에 맞도록 다양한 사람들을 선정해서 이들과 친밀하고 끈끈한 유대관계를 맺고 이를 계속 이어 갈 수 있다면 더욱 좋을 것입니다.

새내기 지방공무원들이 유능한 직장인으로서뿐만 아니라 사회인으로 성장하기 위해서는 다양한 분야를 직접 경험해 보는 것도 필요하겠지만 그 과정에는 많은 어려운 문제들을 직면하게 될 것입니다. 그런데 새내기 지방공무원들이 짧은 시간에 이러한 능력들을 스스로 배양하는 것이 다소 어렵고도 힘든 일이 될 수도 있을 것입니다. 사회생활 초년 시기인 새내기 지방공무원들은 인생의 경험들이 상대적으로 적기 때문에 이 시기에 훌륭한 인생의 멘토를 만날 수만 있다면 어려운 문제들에 직면할 때마다 이들에게 조언을 구하고 이들의 지혜들을 적절하게 활용한다면 향후 훌륭한 사회인으로뿐만 아니라 지방공무원으로 성장하는 데 아주 큰 도움이 될 것입니다.

제2절

주무관 시기 : 여름(夏)

1. 조직이해

새내기 지방공무원으로 근무하는 시간이 흐르면 주무관들은 부서에서나 지방자치단체에서 중요한 위치를 차지하게 되는 주무관의 위치에 도달하게 됩니다. 담당하는 업무들은 부서에서나 국에서 아마도 중요하고 힘이 드는 업무가 대부분일 것입니다. 이렇게 중요하고 힘든 업무를 슬기롭게 수행하기 위해서 부서에서나 지방자치단체에서 다른 지방공무원들의 업무협조가 필수적입니다. 이 시기를 잘 지나게 되면 팀장으로 승진하여 보직을 받을 수가 있으므로 주무관들은 높은 근무평정을 받을 수 있는 다소 유리한 부서로 이동하기를 원하게 됩니다. 근무평정에서 다소 유리한 부서로 이동하기 위해서 때로는 동료들과 치열한 경쟁을 하여야 합니다. 그리고 일부 지방자치단체에서는 다면평가제도 등 다양한 평가를 수행하고 있으므로 이에 대해서도 특별히 신경을 써야 할 것입니다.

이 시기에는 주무관들이 처리하는 업무들은 중요하고 힘든 업무로 다른 부서에서 근무하는 지방공무원들과도 원만한 유대관계를 맺고 이들의 적극적인 업무협조를 받아서 수행할 필요가 있다는 이야기를 앞에서 한 바 있습니다. 일부 주무관들은 담당하고 있는 업무에 대한 어려움보다는 다른 지방공무원들과 인간관계로 인한 어려움으로 근무부서를 자주 이동하는 주무관들을 가끔 보게 됩니다. 이들의 공통점은 타인에 대한 이해가 부족하거나 자신의 이익을 먼저 앞세우고 지방공무원들과 상호협력하려는 마음이 다소 부족한 경우가 대부분일 것입니다.

  주무관들이 지방자치단체에서 좋은 인간관계를 만들어 가기 위해서는 어떻게 행동하여야 하는지 물어보면 주무관들은 관리자들과 친하게 지내고 이와 더불어 아부를 잘하는 것이라고 대답합니다. 그리고 같은 부서에서 근무한 경험들이 있거나 학연이나 지연 등 개인적인 친분을 적극적으로 이용하여 동료들과 자주 만나 다양한 형태의 사적으로 모임들을 갖는 것이라고 말들을 합니다. 아마도 이들은 사적 모임을 통해서 관리자들이나 동료들과 조직에서 계속 좋은 인간관계들을 만들어 갈 수 있다고 생각하는 것 같습니다.

  지방공무원들이 좋은 인간관계를 만들고 이를 원만하게 유지하기 위해서는 개인적인 친분을 이용한 사적인 모임을 자주 하는 것보다 먼저 담당하는 업무에 대한 전문가가 되는 길이 가장 빠르고 좋은 길이라고 말씀을 드립니다. 이렇게 이야기하면 일부 주무관들은 맡은 업무를 충실하게 하는 것이 지방자치단체에서 좋은 인간관계 형성하는 것과 무슨 상관관계가 있는지 의아하게 생각하고 도저히 이해할 수 없다는 반응을 나타내는 것이 일반적입니다. 어떤 주무관들은 자신들에게 더 많은 업무를 시키기 위하여 이야기하는 것으로 오해하는 경우들도 가끔 있었는데 이는 지방자치단체의 특성을 바르게 이해하지 못하는 현상들 때문이라고 생각합니다.

 지방자치단체는 당면한 현안들을 신속하게 해결하고 지역주민들의 실생활과 밀접한 업무들을 원만하게 처리하는 기관입니다. 지방공무원은 개인의 이익을 위하여 사업을 하는 기업조직과 다르게 공공의 이익을 추구하는 지방자치단체입니다. 그러므로 지방공무원들은 담당하는 업무처리 시 개인의 성향이나 가치관에 따라 사적인 감정들을 개입하여 업무들을 처리할 수 없도록 규정되어 있습니다. 그러므로 지방공무원들은 업무들을 처리하는 데 법령 등 규정들을 꼭 준수하도록 규제하고 있습니다. 주무관들이 지방자치단체의 특성을 잘 이해하게 된다면 지방자치단체는 일하는 조직이고 지방공무원은 조직을 구성하는 구성원 중 하나라는 사실을 쉽게 알 수가 있을 것입니다.
 지방자치단체라는 조직에서 주무관들이 맡은 업무를 소홀히 하거나 사적인 감정을 개입하여 업무를 공정하게 처리하지 않는다면 지방자치단체 신뢰는 떨어지고 주민들로부터 다수인 민원들이 제기됩니다. 담당 업무를 사적인 감정을 개입시키거나 공정하게 처리하지 않는다면 지역주민들에게 큰 피해가 돌아가게 되는 결과들을 초래하게 될 것입니다.

 주무관들이 지방자치단체의 주민들로부터 신뢰를 얻기 위해서는 언제나 공정하게 업무를 추진하고 주민들이 행복한 삶을 영위할 수 있도록 남김없이 힘을 쏟아야 하겠습니다. 이를 달성하기 위해서는 주민들의 요구사항들을 적절하게 지방행정에 반영하여 담당업무들을 시기에 맞도록 하여야 한다는 사실에 관해서는 별다른 이견이 없을 것입니다. 그럼에도 불구하고 일부 주무관들은 민선 시대를 맞이하여 주어진 일을 열심히 추진하기보다는 업무 외적인 곳에 관심과 에너지를 집중하는 소위 정치공무원들이 특별한 혜택을 더 많이 받고 있다는 이야기를 숨김없이 하고 있습니다.

우리가 말하는 소위 정치공무원들을 긴 호흡으로 주의 깊게 관찰해 보면 일순간은 잘나가는 것처럼 보이겠지만 계속 성공하는 정치공무원은 없다는 사실을 쉽게 알 수가 있습니다.

'세상에는 영원하고 불변의 것은 없다'라는 진리처럼 시대가 바뀌면 당연히 지방자치단체를 운영하는 사람들도 바뀌게 됩니다. 이러한 원리로 지방자치단체는 시간이 흐름에 따라 여건들이 바뀌게 되고 이를 운영하는 사람들도 바뀌게 되는 것이 세상의 당연한 원리이고 불변의 진리라고 생각합니다. 소위 정치공무원에게 한번 주어진 행운이 그들에게만 계속적이고 반복적으로 일어난다면 지방자치단체는 얼마나 불공평하고 불합리한 조직이겠습니까? 세상에서 '기본이 되는 원칙에서 벗어난 것들은 한 번은 성공할지 몰라도 영원히 성공하지는 못한다'라는 사실을 알고 있다면 주무관들이 지방자치단체라는 조직에서 어떻게 행동들을 해야 하는지 분명하게 알 수가 있을 것입니다.

너무나도 당연하고 평범한 세상의 이치를 올바르게 이해한다면 주무관 시절에 맡은 업무에 열과 성을 다하고 최선을 다한다면 아마도 부서에서도 인정받고 더 나아가 지방자치단체에서 인정받는 유능한 지방공무원으로 성장을 거듭할 것이 분명합니다. 이런 주무관들은 어떤 부서에서 결원이 발생하거나 승진할 기회들이 주어지면 함께 근무했던 동료들이나 관리자들의 적극적인 추천을 받아서 보직을 이동하거나 승진하는 기회를 쉽게 얻는 것이 너무도 당연한 결과이고 당연히 그렇게 되어야만 하는 것이 세상의 이치입니다.

앞에서 언급하였듯이 일부 주무관들은 관리자에게 아부를 잘하고 개인적인 성향에 맞는 동료들과 자주 사적으로 모임들을 갖는 것이 지방자치단체에서 좋은 인간관계를 만들어서 지방공무원으로 성공에 큰 도움이 되는 것으로 오해들을 하고 있는데 이것은 아주 잘못된 생각이니 지금 당장이라도 바꾸시면 좋겠습니다.

지방자치단체는 지역주민들을 위하여 일하는 지방공무원으로 구성되어 있으므로 사적으로 잦은 모임들을 통하여 친분을 쌓기보다는 지방자치단체에서 열심히 일하는 주무관으로 소문이 나면 관리자나 동료들이 유능한 지방공무원으로 인정하게 되므로 지방자치단체에서 다른 주무관들보다 빠르게 성장하는 지름길이라는 사실을 꼭 명심하시기 바랍니다.

2. 주무관 자세

새내기 지방공무원으로 일정한 기간이 지나면 승진하여 직급이 올라가고 업무에 대한 중요도와 난이도는 상대적으로 높아지게 될 것입니다. 근무하는 부서에서도 후배 지방공무원들이 생기는 등 새내기 지방공무원보다 상대적으로 어렵고 힘든 업무들을 추진하게 되는 등 책임감 있고 능력이 있는 실무자급 주무관의 위치에 도달하게 됩니다. 이러한 단계에 도달하면 상위직급에 있는 팀장, 과장들과 부서에서 중요한 업무나 현안이 되는 업무들에 관하여 토론을 할 수 있는 상대적으로 중요한 위치에 도달하게 될 것입니다. 지방공무원으로 경력이 짧은 주무관들이 업무적으로 어려움을 겪고 있을 때 이들에게 조언해 주는 등 후배 지방공무원들과 함께 고민도 하고 때로는 이들을 업무적으로 도와주는 위치에 도달하게 됩니다. 이 시기에는 우선 담당하는 업무에 관한 전문성을 높이도록 노력하여야 하는데도 불구하고 일부 주무관들은 담당업무에 대한 자신감 부족으로 자신이 당연히 처리하여야 할 업무들도 후배나 동료 주무관들에게 미루는 경우가 있습니다. 일부 주무관들은 힘든 업무들을 무조건 회피하기 위하여 부서를 옮기는 일들도 발생하고 민원이 많이 발생하거나 다른 주무관들이 담당하기를 싫어하는 업무는 여러 가지 이유를 대면서 무조건 회피하는 주무관들도 가끔 있는 것이 사실입니다.

책임자급 주무관들은 부서에서 상대적으로 중요한 업무를 추진한 실적들을 기반으로 승진하게 되면 지방자치단체에서 팀장이라는 직위가 부여되고 팀원들을 이끌게 되는 지방자치단체에서 허리와 같은 중요한 역할을 하게 됩니다. 이러한 직위를 잘 수행하기 위해서는 주무관 시절부터 자신이 맡은 업무에 대해서는 누구보다도 전문가 수준으로 처리할 수 있도록 업무능력을 배양하고 함께 근무하고 있는 동료 지방공무원들과도 원만한 관계를 갖는 것이 필수적이라고 하겠습니다. 지방자치단체에서는 자신에게 주어진 업무들을 슬기롭게 추진하기 위해서 부서에서는 물론 다른 부서에서 근무하는 주무관의 업무협조를 받아서 처리해야 하는 업무들이 너무도 많이 있습니다. 그러므로 자신이 담당하고 있는 업무들을 원만하게 처리하기 위해서는 부서의 다른 팀원이나 다른 부서에서 근무하는 주무관들과도 원만한 관계를 유지할 수 있도록 특별한 노력을 하여야 하겠습니다.

이들은 평소에도 지방자치단체에서 근무하는 다양한 직렬과 직종의 지방공무원들과도 원만한 관계망을 만들고 이들의 업무협조를 원활하게 받을 수 있도록 긴밀한 관계를 지속할 필요가 있습니다. 일부 지방공무원들은 다른 직렬이나 직종의 지방공무원들을 무시하거나 무관심하게 대하는 경우가 있는데 이는 아주 잘못된 근무 자세라고 할 수 있으므로 지금 당장이라도 이를 시정하였으면 좋겠습니다. 앞에서 이야기하였듯이 지방자치단체에서는 부서 사이에 유기적인 업무협조가 필요한 업무들이 대부분이기 때문에 책임자급 주무관들은 다른 직렬이나 직종의 지방공무원들과 끈끈한 관계를 바탕으로 담당하는 업무들을 원만하게 처리할 수 있는 능력을 배양한다면 지방자치단체의 발전에 크게 이바지할 수 있는 유능한 지방공무원으로 성장할 것으로 확신합니다.

일부 책임자급 주무관들은 과중한 업무 스트레스와 원만한 인간관계를 유지하지 못하여 지방자치단체에서 여러 가지로 어려움들을 겪고 있는 주무관들도 일부 있습니다. 이러한 사례들이 발생하지 않기 위해서는 새내기 지방공무원 시절부터 여러 가지 업무에 관한 다양한 경험을 쌓아서 이들을 원만하게 처리하는 능력들을 배양하고 어떤 유형의 업무들이 맡겨지더라도 회피하지 말고 자신 있게 추진할 수 있도록 평소에 업무처리 능력을 길러 업무처리에 관한 자신감을 가져야 하겠습니다. 이러한 자신감을 가지고 여러 유형의 업무들에 관한 경험을 쌓는 동안에 터득한 노하우들을 충분히 발휘해 후배 지방공무원들이 업무적으로 어려움에 있을 때 이들을 잘 이끌 수 있는 유능한 주무관들이 되어야 하겠습니다.

일부 책임자급 주무관 중 민원이 적게 발생하거나 상대적으로 처리하기 쉬운 업무만 찾아서 여러 부서를 자주 전전하는 주무관들이 가끔 있는데 이는 아주 잘못된 주무관의 자세이고 이들이 상위 직급으로 승진한다고 하더라도 후배 지방공무원들에게 업무에 관한 정확한 조언이나 길라잡이를 하지 못하고 우왕좌왕하는 모습들을 보게 될 것이 자명합니다. 이들은 자신은 물론이고 지방자치단체의 구성원들에게도 큰 손해를 입히게 될 것이므로 아주 안타깝고 애석한 일입니다. 지방공무원 입문기에서 이야기하였듯이 주무관들은 자신이 원하는 업무보다는 지방자치단체에서 중요하다고 평가하거나 꼭 필요한 업무로 다른 지방공무원들이 담당하기를 싫어하는 업무들을 용감하게 자원하여 담당해 볼 것을 강력하게 말씀드립니다. 책임자급 주무관 시절에 이러한 업무들을 직접 담당하고 누구나 어려워하는 문제들을 적극적인 해결해 본다면 아마도 자신의 업무역량은 아주 빠른 속도로 향상됨을 직접 경험하게 될 것이므로 이러한 직접적인 경험을 통해서 주무관 시절에 업무에 대한 자신감과 성취감을 동시에 느껴 보시기 바랍니다. 이러한 지방공무원은 지방자치단체에서도 유능하고 똑똑한 지방공무원으로 소문이 나게 됨과 동시에 역량 있는 지방공무원으로 성장하여 누구나 함께 근무하고 싶어 하는 지방공무원이 될 것이 자명합니다.

3. 보고서 쓰기

지방공무원으로 근무하는 동안에 보고서를 작성하는 업무는 주무관들이 일상적으로 접하는 업무인 동시에 이를 바르게 숙지하여야 하는 중요한 업무라고 할 수 있겠습니다. 현재 지방자치단체의 업무처리 시스템은 주로 계층제 형태로 단계적으로 결재하는 방법으로 운영되고 있으므로 보고서를 작성하는 것이 주무관들에게 다소 신경이 쓰이고 조금 어려운 업무 중 하나인 것이 사실입니다. 지방공무원들이 작성하는 보고서는 업무를 처리한 이후에 문제가 발생하면 책임 소재를 밝히는 데에 이용되기도 하고 단계별로 철저하게 검토하는 과정을 거치는 이유는 업무추진 시 발생할 수 있는 시행착오들을 최소화하는 데 있다고 하겠습니다. 이러한 과정을 거쳐서 보고서의 내용들을 철저히 검토하는 것이 업무추진에 효율성을 제고하고 지방행정에 대한 신뢰도 향상을 위함이고 합니다.

지방자치단체에서 업무들을 효율적으로 추진하기 위하여 작성하는 이렇게 중요한 보고서들을 잘 쓰려면 보고서는 보고를 받는 자의 관점에서 작성되어야 합니다. 그런데 일부 주무관들이 작성한 보고서를 검토해 보면 보고를 하는 자의 관점에서 작성한 보고서들이 대부분으로 관리자들이 보고내용들을 쉽게 이해 못하는 경우들이 자주 있습니다. 이는 주무관들은 그 업무에 대하여 상세한 내용들까지 충분히 숙지하고 난 이후에 보고서를 작성하게 되므로 추진 근거나 배경들은 생략하고 보고하고자 하는 내용들만 나열하고 있어서 보고받는 관리자들은 그 업무의 추진 근거나 배경들을 정확하게 인지하지 못한 상태에서 보고서를 읽게 되는 경우입니다. 보고를 받는 자 관점에서 작성된 보고서에는 추진 근거나 배경들을 명확하게 설명되어 있어서 관리자들이 그 업무가 어떤 사유로 어떻게 추진되고 있는지 명확하게 이해할 수 있게 될 것입니다. 이들이 쓴 보고서를 보면 보고하고자 하는 중요한 내용들을 육하원칙에 맞게 체계적으로 기술하고 있으므로 관리자가 쉽게 이해하고 이에 대한 적절한 대책들을 조언해 줄 수 있을 것입니다. 주무관들이 좋은 보고서를 작성하기 위해서는 먼저 보고를 받는 자의 입장들을 충분히 고려한 다음 이들에 맞도록 보고서들을 작성하면 좋겠습니다.

일부 주무관들이 보고서 작성 시 실수를 범하는 또 다른 사례가 있는데 이는 보고서를 작성한 배경이라든지 현재 문제가 되는 중요한 내용들은 전혀 언급하지 않고 오로지 조치사항 위주로 아주 간략하게 작성한 보고서입니다. 이렇게 작성한 보고서들을 검토하는 관리자들은 보고서를 검토한 다음 보고서 작성이 잘못되었으므로 주무관에게 보고서를 다시 작성하게 하는 등 아까운 시간을 낭비하는 사례가 자주 일어나고 있습니다.

이러한 일이 발생하면 주무관들은 업무를 해결하기 위한 시간도 부족한데 업무추진에 전혀 도움이 되지 않는 보고서를 작성하는 데 아까운 시간을 낭비한다고 불평들을 하기도 합니다. 이들은 관리자들이 보고서를 다시 작성하는 일로 주무관들을 아주 귀찮게 한다고 오해들을 하는 경우들을 많이 보아 왔습니다. 주무관들이 이러한 오해를 하는 것은 보고하는 자와 보고를 받는 자 사이에 상호이해가 부족했거나 보고서에 기본적으로 기술되어 있어야 하는 내용들은 빠지고 알맹이 없는 보고서가 작성되었기 때문입니다. 주무관들은 평소에 보고받는 자의 의도가 정확하게 반영한 보고서를 작성하기 위해서는 자신이 맡은 업무에 관하여 관리자들과 수시로 대화 등을 통하여 업무 추진상황에 대한 교감을 갖는 것이 좋겠습니다. 아울러 담당하고 있는 업무들을 결재권자들이 의도하는 방향으로 추진될 수 있도록 노력을 함께 기울인다면 더욱 좋겠습니다. 그리고 담당하고 있는 업무를 추진하는 과정에서 열과 성을 다하겠다는 적극적인 자세로 업무들을 추진한다면 누구에게나 인정받는 지방공무원으로 성장할 수 있을 것입니다.

본 단원에서 주무관들에게 보고서 작성 방법에 관하여 이야기를 하는 것은 보고서를 작성하는 목적을 명확하게 이해시키기 위해서입니다. 관리자들이 주무관이 어렵게 작성한 보고서들을 단계적으로 검토하는 것은 업무추진 시 어떤 민원이 발생할 여지는 없는지?, 사업추진으로 인하여 누가 혜택을 받는지?, 재원 확보는 가능한지?, 사업추진으로 법적인 문제는 없는지? 등에 관하여 결재단계별로 다각적인 시각으로 보고서 내용들을 철저하게 검토하는 것입니다. 주무관들은 보고서 작성 시에 보고받는 자들이 업무의 추진 배경 등을 포함하여 그 업무를 가장 빠르게 이해할 수 있도록 작성하여야 하겠습니다. 그리고 업무추진으로 인하여 발생이 예상되는 민원 사항 등이 있으면 이에 대한 대안도 함께 검토하여 보고서에 포함하여 작성하는 자세가 필요합니다.

좋은 보고서는 누구나 이해할 수 있도록 쉽게 작성되고 보고하고자 의도하는 중요한 사항들이 모두 포함된 보고서일 것입니다. 주무관들이 보고서를 작성할 때 보고서의 서론 부분에 해당하는 추진 배경이나 근거를 먼저 기술한 다음에 추진내용들은 육하원칙(5W1H)에 맞도록 체계적으로 기술한다면 이것이 좋은 보고서를 작성하는 방법입니다. 이러한 방법으로 작성되지 못한 보고서는 관리자들이 그 업무의 추진 근거 등을 정확하게 이해하지 못한 상태에서 추진 방향을 설정하기가 어려울 것이며 설령 그 업무를 추진 시 문제점들이 있다고 해도 이에 관한 적절한 대안을 제시해 줄 수가 없을 것입니다. 주무관들이 보고서를 작성할 때 보고자 관점에서 보고서를 작성하지 말고 관리자들이 보고서를 쉽게 이해할 수 있도록 보고를 받는 자의 관점에서 작성할 수 있도록 특별한 주의를 하여야 하며 그 업무에 대한 최종적으로 결정권을 가지고 있는 결재권자의 의도가 담기게 보고서를 작성하여야 합니다.

주무관들이 좋은 보고서를 작성하기 위해서 다른 지방공무원들이 작성한 보고서들을 철저히 분석하고 이를 벤치마킹해 보는 것이 좋습니다. 그런데 더 좋은 방법은 다른 지방공무원들이 작성한 보고서들을 분석하고 이를 참고는 하되 자신의 업무 스타일에 맞도록 적절하게 응용한 자신만의 고유한 보고서 작성 형식을 만들어서 이를 적절하게 보고서 작성 시 활용한다면 더욱 좋겠습니다. 좋은 보고서를 작성하기 위해서는 자신이 담당하고 있는 업무에 대하여 충분한 이해를 한 이후에 이를 기초로 작성된 보고서만이 상대방에게 공감을 줄 수 있다는 사실을 꼭 기억해 주시기 바랍니다. 관리자들마다 보고서 작성 시 중요하게 생각하는 사항들이 각자 다르므로 관리자들의 성향에 맞는 보고서를 작성할 수 있는 능력을 기르도록 노력하면 좋겠습니다. 주무관들은 보고서를 작성하기에 앞서 관리자들의 업무 성향을 잘 파악하고 이에 맞도록 보고서를 작성할 수 있다면 보고서 작성으로 인하여 발생하는 불필요한 시간을 낭비하지 않을 것입니다. 관리자들마다 각자 업무 취향에 따라 보고서를 작성하는 형식을 다르게 하는 경우가 있는데 이는 관리자들마다 보고서에서 강조하고자 하는 포인트들이 다르기 때문입니다. 관리자들마다 같은 사항에 관하여 보고서를 작성하더라도 보고서의 작성 형식이 다른 것은 자신의 업무 스타일에 맞게 보고서 배열순서를 조정한다든지 아니면 보고하고자 하는 내용에서 일정한 부분을 특히 강조한다든지 각자 자신의 업무 스타일에 맞게 보고서를 작성하고 있기 때문입니다. 관리자마다 같은 사물을 바라보더라도 사물을 바라보는 관점들이 달라서 보고서에서 강조하는 내용이 다를 수 있습니다. 주무관들은 관리자들의 업무 스타일에 맞게 보고서를 작성할 수 있는 능력을 기르는 것이 보고서 작성으로 시간을 허비하는 일이 발생하는 것을 예방할 수 있습니다.

　주무관 시절부터 관리자들의 관점에 맞도록 보고서를 작성하는 능력을 터득하게 된다면 어떤 업무에 관한 보고서를 작성하더라도 모든 관리자가 만족할 것입니다. 이러한 주무관들은 담당업무들을 관리자의 관점에서 바라볼 수 있게 되어 업무를 추진하는 능력이 비약적으로 발전하게 되고 좋은 보고서 작성으로 관리자로부터 인정받는 주무관으로 성장할 수 있을 것이 확실합니다. 주무관 시절부터 관리자들의 눈높이에 맞도록 여러 유형의 보고서들을 자유자재로 작성할 수 있는 능력을 배양하게 된다면 관리자들이 현재 진행하고 있는 업무들을 어떠한 관점으로 바라보고 이를 어떻게 해결해 가는지 잘 이해하게 될 것입니다. 관리자들마다 같은 사물을 다양한 시각으로 이를 해석하고 있다는 사실도 동시에 알게 될 것입니다. 주무관들도 관리자들의 관점을 벤치마킹하여 담당하고 있는 업무들을 여러 가지 관점으로 관찰하고 이를 검토하게 된다면 지방공무원으로서 업무추진 능력이 비약적으로 향상될 것입니다. 이러한 주무관들은 관리자들처럼 다양한 관점에서 사물들을 바라보게 되고 이를 통하여 사물의 본질을 명확하게 파악할 수 있게 되므로 업무의 핵심을 정확하게 짚어 낼 수가 있을 것입니다. 이러한 능력이 계속 발전한다면 아마도 지방자치단체에서 훌륭한 보고서를 쓰는 주무관으로 금방 소문이 날 것입니다. 어떤 업무에서나 정확한 보고서를 작성하고 이를 보고하는 능력이 있는 주무관들은 훌륭하고 유능한 지방공무원으로 성장할 수 있을 것입니다.

〈유형 1〉 신규 보고서

○○○ 보고서

(목적을 간략하게 기술)

□ 근거(배경)
　- 보고서를 작성하는 근거 규정
　- 보고서를 작성하는 배경
□ 보고내용
　○ 추진사항
　　- 주관부서 및 유관부서에서 추진할 내용을 기술
　○ 주요일정
　　- 추진사항에 맞게 단계별 및 부서별로 구분 작성
　○ 소요예산
　　- 보고내용을 추진하는데 필요한 예산을 산출
□ 기대효과
　○ 보고하는 내용으로 발생하는 효과를 기술
□ 행정사항
　○ 협조가 필요한 사항 등을 기술

※ A4용지 : 1~2장 이내로 작성

〈유형 2〉현황 보고서

○ ○ ○ 보고서

> (목적을 간략하게 기술)

□ 현황
- 보고서를 작성하는 현실태
※ 도표나 그래프로 활용하여 작성
□ 진행사항
- 5W1H를 상황에 맞게 활용하여 작성
□ 보고내용
○ 추진사항
- 주관부서 및 유관부서에 추진할 사항을 기술
※ 문제점이 있으면 대안도 함께 작성
○ 주요일정
- 추진사항에 맞게 단계별 및 부서별로 작성
○ 소요예산
- 향후 사업을 추진하는데 필요한 예산을 산출
□ 행정사항
○ 협조가 필요한 사항 등을 기술

※ A4용지 : 1~2장 이내로 작성

〈유형 3〉 개선 보고서

○ ○ ○ 보고서

(목적을 간략하게 기술)

□ 현황
   - 보고서를 작성하는 현재 상황
□ 문제점
   - 현황에 대한 문제점들을 기록
      ※ 가능하면 시각적으로 작성
□ 보고내용
   ○ 개선방안
      - 5W1H를 상황에 맞게 활용하여 작성
   ○ 추진사항
      - 주관부서 및 유관부서에 추진할 사항을 기술
   ○ 주요일정
      - 추진사항에 맞게 단계별 및 부서별로 작성
   ○ 소요예산
      - 문제를 해결하는데 필요한 예산을 산출
□ 기대효과
   ○ 문제해결로 발생하는 효과를 기술
□ 행정사항
   ○ 협조가 필요한 사항 등을 기술

※ A4용지 : 1~2장 이내로 작성

4. 보고요령

주무관들이 담당하고 있는 업무들을 추진하는 과정에서 계획을 수립하거나 공문서들을 작성하고 결재권자들에게 업무와 관련된 다양한 유형의 보고를 하게 될 것입니다. 일부 주무관들이 처리하는 업무 중에는 민원창구에서 민원 서류 발급 등 담당자 전결사항도 있겠지만 대부분 주무관이 작성한 문서들은 결재단계를 거쳐서 이를 보고하는 절차를 거쳐서 의사결정들을 하게 됩니다. 주무관들이 처음 공직에 입문하는 과정에 필수적으로 받아야 하는 신규교육이나 재직자를 상대로 하는 직무교육에서 보고서를 작성하는 방법에 대해서는 교육받고 있겠지만 보고요령에 대해서 교육기관이나 외부 전문가로부터 교육받는 경우가 드문 것이 사실입니다. 주무관들이 처리하는 업무 대부분은 문서를 작성하고 최적의 의사결정들을 하기 위하여 여러 형태로 보고하고 있지만 이에 대한 전문적인 교육이 없다는 것은 아주 아이러니한 현상입니다.

주무관들은 대부분 명확하고 간결하게 보고하는 요령에 대하여 체계적인 교육을 받은 경험들이 없기에 보고문서를 작성한 다음 보고 시기는 언제가 좋은지, 보고 방법은 어떻게 해야 하는지 등 고민하게 됩니다. 주무관들이 아무리 훌륭한 보고서를 작성하였다고 하더라도 이를 정확하게 보고하지 못한다면 업무 추진 시기를 놓치는 등 많은 문제가 일어나게 될 것입니다. 주무관들은 특별한 경우가 아니면 팀장이나 과장, 국장 등 결재권자들에게 보고하는 경우가 대부분일 것입니다. 그러므로 평소에 이들과 업무적으로 부담 없이 의사소통을 할 수 있는 신뢰를 만들고 이를 계속 유지하는 것도 필요하다고 하겠습니다.

 주무관들이 담당하고 있는 업무를 시기에 맞게 추진하기 위해서는 먼저 업무에 관한 내용들을 충분히 숙지하고 있어야 합니다. 그런 다음에 업무에 발생이 예상되는 문제점들이 있다면 이를 숨김없이 솔직하게 이야기하는 습관을 길러야 하겠습니다. 셋째로는 결재권자들과 업무추진에 대한 처리 방향을 논의하거나 대안들을 마련할 때 주무관들은 그 업무에 관하여 가장 잘 알고 있는 담당자이므로 자신의 의견을 충분히 개진하여 업무의 추진 방향 등이 바르게 설정될 수 있도록 업무에 대한 확고한 소신도 있어야 하겠습니다.

 팀장은 민원인과 접점에서 업무들을 처리하고 있으므로 업무에 대한 현장 감각도 있고 민원인들과 직접 상담 등을 통하여 업무에 관한 애로사항과 문제점들을 상세하게 파악하고 있습니다. 주무관들은 업무를 추진과정에서 발생하는 문제점과 애로사항에 대해서 팀장에게 수시를 보고드리고 이들을 해결하기 위하여 많은 토론을 하게 될 것입니다. 팀장들은 주무관들과 업무에 대하여 수시로 의견들을 교환하므로 의사결정 과정에서 주무관들이 자신의 견해를 분명히 밝히지 않는다면 주무관이 별도의 의견이 없는 것으로 간주하여 처리하는 경우가 가끔 있습니다. 주무관들은 팀장에게는 보고형식에 구애받지 않고 수시로 보고하되 업무추진 시 문제점이 있다면 가장 효율적인 대안들을 마련하는 과정에서 자신의 견해를 분명히 밝히는 태도가 아주 중요하다고 하겠습니다.

특히 주무관들이 어떤 업무를 신규로 추진하는 경우 먼저 그 업무에 대한 추진 배경이라든지 추진 근거에 대하여 충분히 이해한 이후에 보고서를 작성하여야 합니다. 업무에 어떤 문제의 발생이 예상된다면 이를 상세하게 보고하여 결재권자가 상황을 정확하게 파악한 다음에 이에 대한 대안을 함께 검토하도록 하는 것이 좋겠습니다. 그러므로 주무관들이 대안들을 충분히 검토하였다면 예상되는 문제점들과 이에 대한 대안들에 관하여 간략하고도 명확하게 보고하는 요령들을 습득하는 것이 필요합니다. 그럼에도 불구하고 일부 주무관들은 이러한 절차를 소홀히 하는 경향이 있는데 이는 아주 잘못된 주무관의 보고 자세라고 할 수 있겠습니다.

부서장은 부서에 여러 가지 현안을 동시에 해결하여야 하므로 주무관들이 보고하는 업무에 대하여 완벽하게 이해 못 하는 경우들도 가끔 있을 수 있습니다. 이는 주무관들은 자신의 업무가 부서에서 가장 중요하다고 생각하고 보고하고 있겠지만 부서장들을 부서에서 업무들의 경중을 비교하여 업무들마다 비중을 다르게 인식하고 있습니다. 주무관들이 업무보고 시 이러한 일들이 발생하지 않도록 하기 위해서는 업무에 대한 추진 배경이나 추진 근거 등을 상세하게 보고하여 부서장이 그 업무를 충분히 이해한 연후에 업무의 내용을 쉽게 숙지하고 업무추진으로 인하여 발생이 예상되는 문제점들이 있다면 구체적으로 보고를 하는 것이 상대방을 충분히 배려하는 보고요령이라고 하겠습니다.

일부 부서장들이 보고받는 업무의 추진 배경 등을 충분히 이해하지 못한 상태에서 주무관들이 작성한 보고서의 내용만을 검토하고 현지의 상황을 정확하게 판단하지 못하여 잘못된 의사결정을 하여 민원이 발생하기도 합니다. 부서장에게 이러한 문제가 발생하지 않도록 하기 위해서는 먼저 주무관들은 보고하는 업무의 추진 배경 등에 관하여 충분히 설명하여야 하겠습니다. 다음으로 추진하고자 하는 업무가 지방자치단체의 다른 업무들과 어떠한 연관성이 있는지, 업무를 추진하면 발생이 예상되는 문제점들은 무엇이 있는지 등 이를 종합적으로 정확하게 보고하여야 하겠습니다.

결재권자인 부서장들은 같은 업무에 대하여도 실무자인 주무관들과 바라보는 관점이 다를 수 있기에 업무에 대한 문제점들의 해결방안들도 주무관과 아주 다르게 구상하는 것은 너무도 당연한 일이라고 할 수 있습니다. 왜냐하면 부서장들은 실무자급 주무관들과 다르게 문제해결을 위한 방향을 결정하는 것은 정치적인 이해관계도 동시에 고려하여 결정하기 때문입니다. 주무관과 부서장들은 현안에 관하여도 너무나 다른 시각으로 이를 조명하기에 주무관들은 업무에 대하여 완벽하게 숙지하고 이해한 다음에 결재권자에게 이를 자세하게 보고하여야 부서장들이 문제점들을 정확하게 이해하고 이에 대한 명확한 해결책을 제시할 수가 있을 것입니다.

부서장들과 주무관들이 사물을 바라보는 관점이 다를 수 있기에 결재권자들에게 문제해결을 위한 대안들을 작성하여 보고할 시 특히 정당한 근거를 제시하면서 보고하되 자신의 의견도 명확히 밝히는 것이 좋겠습니다. 그렇게 하여야만 결재권자들은 보고자의 입장을 충분히 이해한 다음에 이에 합당한 의사결정들을 할 것입니다.

아주 가끔은 현안에 대한 해결방안을 제시할 때 주무관들이 사견이나 근거가 부족한 대안들을 가지고 보고하는 경우가 있는데 이는 아주 잘못된 보고 자세입니다. 정확한 근거를 제시하지 못하고 주무관의 생각대로 보고하는 것은 자제하여야 하고 반드시 근절되어야 하는 일이라는 것을 명심하시기 바랍니다.

5. 보람찾기

새내기 주무관으로 일정한 기간이 흐르면 지방자치단체에서 여러 부서 근무를 경험해 볼 수 있는 기회들이 주어지게 되므로 근무하는 부서마다 다양한 업무들을 접할 수 있게 될 것입니다. 지금은 여러 분야에서 급속한 변화들이 일어나고 있으므로 지방행정도 이에 발맞추어 주민들의 요구사항들이 점차 늘어나는 추세입니다. 주무관들은 이러한 시대적 흐름에 맞게 잘 적응하면서 지방공무원으로 생활하는 곳에도 보람을 느낄 수 있도록 적성에 맞는 업무를 발견하는 일은 과거의 근무환경에 비하면 더욱 필요한 시대입니다. 지방자치단체에서 근무하는 동안에 보람을 느끼면서 즐겁게 일을 할 수 있는 업무를 찾는다면 아주 운이 좋은 사람이라는 말을 여러 번 이야기하였습니다. 지방공무원으로 근무하면서 이러한 업무들을 찾는 방법은 다양하겠지만 전공을 하였거나 평소에 특별히 관심을 가지는 업무를 선정한다든지 여러 부서에서 경험했던 업무 중에서 업무적성에 맞고 보람을 느낄 수 있는 업무들을 발견하는 등 다양한 방법들이 있을 수 있을 것입니다.

옛말에 '자기의 일을 즐기는 자는 누구도 대적할 수 없다'라는 말이 있듯이 주무관들도 담당업무를 의무감으로 하는 것보다는 적성에 맞는 업무를 즐기면서 보람되게 추진한다면 주민들에게도 만족할 만한 행정서비스를 제공할 수 있어서 지방공무원으로 근무하는 만족도는 아주 높아질 것입니다. 이를 통하여 지방자치단체 행정서비스의 질은 더욱 향상될 것입니다.

필자의 지방공무원 초기에 다단계 판매로 인하여 큰 문제들이 발생하여 이를 신속하게 해결하는 것이 사회적으로 큰 관심사가 되고 있었습니다. 이 업무를 담당하는 중앙부서에서는 이 문제를 슬기롭게 해결하기 위해서 유통관련법을 새롭게 제정하여 시행을 한 바 있습니다. 그 당시에는 새롭게 시작되는 다단계판매업과 통신판매업 등록업무는 민원이 많고 아주 거친 민원인들로 인하여 모두가 담당하기를 싫어하는 업무였습니다. 당시 필자는 지방공무원 초년병 시절로 부서에서 주어지는 업무들을 불평 없이 묵묵히 수행하여야만 하는 위치에 있었습니다. 그런데 지방공무원으로 기간이 짧은 새내기가 부서에서 가장 어렵고 힘들어하여 누구나 담당하기를 싫어하는 다단계판매업과 통신판매업 등록업무를 최초로 담당하게 되었습니다.

그 당시 과장님께서 부서에서 가장 어렵고 힘든 업무를 지방공무원 생활도 짧은 주무관에서 맡기는 것이 다소 미안하다고 하시면서 용기를 가지라고 진심으로 격려해 주셨습니다. 새로운 법령이 제정되어 시행하는 과정에서 다소의 시행착오들이 있었으나 중앙부서의 업무담당자와 긴밀한 유대를 갖고 이를 슬기롭게 해결을 한 바 있었습니다. 이 과정에서 어렵고 거친 민원인들을 만나서 이를 해결하는 과정들은 많이 어렵고 힘이 들었습니다. 그럼에도 불구하고 비교적 짧은 시간에 이러한 문제들을 원만하게 해결하고 보니 민원인들은 물론 관련된 업체들도 모두 만족하는 결과들을 도출하였을 때 이전에는 느낄 수 없었던 또 다른 업무에 대한 보람을 느낄 수가 있었습니다.

다음에는 근무부서를 옮겨서 서울신용보증재단 설립업무를 담당하는 추진반으로 발령받게 되었습니다. 서울신용보증재단 설립하는 추진반에서는 짧은 기간에 많은 업무들을 경험하게 되었습니다. 추진반에서 근무하는 동안에 재무 업무가 어떤 성격의 업무인지 정확하게 이해하게 되면서 재무 업무에 관하여 특별한 관심을 가지게 되었습니다. 서울신용보증재단 설립업무를 무사히 마친 후에 팀장님의 추천으로 재무 업무와 관련이 있는 중소기업육성 지원업무를 담당하는 부서로 발령이 났습니다. 중소기업육성 지원을 주로 하는 부서에서는 앞에서 근무했던 부서와 비교해서 업무 분위기와 업무의 내용도 아주 다르고 업무처리 시 숙지하고 있어야 하는 규정들도 많이 있었습니다. 중소기업에 자금을 지원하는데 관련된 규정들을 정확하게 숙지하고 실제로 중소기업에 자금을 지원하는 데에는 많은 차이점이 있었다는 사실을 고백합니다. 왜냐하면 자금지원과 관련되는 규정들이 너무 자주 변동이 되어 이에 맞도록 융자지원을 하고 지원업체들을 관리하여야 하기 때문입니다. 중소기업에 지원하는 기금의 규모도 크고 대출이율에 잦은 변동이 있어서 이를 효율적으로 관리하는 것이 또 다른 어려움 중 하나였습니다. 중소기업육성자금을 관리하는 시스템도 아주 복잡하였고 이를 제대로 관리하는 것이 더 어려움이 있었으나 이를 계기로 기금

업무에 대한 전반적인 업무 프로세스를 정확하게 이해하는 계기가 되었습니다.

중소기업육성기금 지원업무를 담당하고 상당한 시간이 흘러 당시 함께 근무했던 과장님과 동료 지방공무원들의 적극적인 도움으로 기금업무에 관한 이해도가 조금씩 향상되었습니다. 그런데 당시는 IMF 시기로 우리나라 전체가 어려움에 직면한 상황이라서 모든 국민이 허리띠를 졸라매던 시절입니다. 이러한 상황에서 자금으로 어려움을 겪고 있는 중소기업에 신속하게 자금을 지원하여 이들의 어려움을 덜어주는 것이 이 시기를 빠르게 극복하는데 지방공무원으로서 할 수 있는 일이라고 생각하니까 중소기업지원 업무에 대한 특별한 애착이 나도 모르게 생겨나서 아주 신바람이 나게 업무를 수행했던 기억이 납니다.

기금을 지원하는 업무는 지방자치단체의 한정된 부서에서만 기금이 조성되어 있으므로 그 부서에서만 이를 관리하고 있었습니다. 기금지원업무를 담당하고 있는 부서에서도 기금에 관한 업무를 직접 경험하는 것이 그 업무를 담당하는 담당자에게는 아주 행운일 수도 있습니다. 그런데 가끔은 기금지원 업무에 관한 의문이 생겨서 이를 문의하려고 하여도 기금업무를 담당했던 지방공무원의 숫자가 적어서 기금업무를 제대로 공부하고 싶어도 문의할 지방공무원들이 없어서 기금업무를 완전하게 숙지하는 데에는 다소의 어려움이 분명히 있을 것입니다.

당시 근무부서에서 어려운 업무들이 많이 있었으나 기금 규모가 크고 지원하는 기업체들도 많아서 이를 효율적으로 관리하는 일은 다소 복잡하였습니다. 기금지원과 관련된 지원정책이 자주 바뀜에 따라서 지원이율과 대상이 자주 변동하여 이를 정확하게 숙지하고 이를 착오 없이 수행하는 데 어려움이 많이 있었습니다. 기금의 규모가 3,000억 원으로 당시는 IMF 직후라서 자금난으로 어려움을 겪고 있는 중소기업에 자금을 지원하는 업무가 아주 중요하게 인식되어 사회적으로도 큰 관심을 받던 업무였던 것으로 기억납니다. 당시 과장님께서는 그 자치단체에서 기금을 포함한 예산업무를 총괄하셨던 분으로 예산업무에 관해서는 누구보다도 해박한 지식을 가지고 계셨을 뿐만 아니라 예산통으로 소문이 났음에도 불구하고 주무관들이 예산업무에 대해서 문의하면 아주 자상하고 친절하게 가르쳐 주셨습니다. 예산업무에 대한 높은 식견을 가지고 계셨으나 후배 지방공무원들을 아주 사랑하고 아끼셨던 존경스러운 선배 지방공무원이셨습니다. 그 부서는 IMF 직후 어려운 중소기업들을 신속하게 지원하기 위한 다양한 시책들을 시급하게 처리해야 하는 업무들로 넘쳐 나고 있었습니다. 이렇게 과중하고 눈코 뜰 사이도 없이 바쁜 중소기업 지원업무로 그 부서에서 근무하는 다수의 지방공무원이 과로하여 그 부서를 떠나갔습니다. 지방공무원들 사이에서 근무하기를 싫어하는 부서로 인식하고 있었지만 '하늘이 무너져도 솟아날 구멍이 있다'라는 속담이 있듯이 당시 과장님께서는 기금업무에 해박한 지식을 가지고 계셨고 과장님이 알고 계시던 기금업무에 대한 지식을 아낌없이 전수해 주셨습니다. 당시 과장님께서는 근무 시작 전에 중소기업육성 지원업무를 담당하는 지방공무원들과 매일 한 시간씩 업무에 관한 연찬을 통해서 기금을 포함한 예산업무 전반에 대하여 자신이 알고 있는 지식들을 자세하게 전수해 주셨습니다. 기금을 포함한 예산업무에 대한 노하우들과 다양한 기법들도 함께 아낌없이 후배 지방공무원들에게 알려 주셨습니다.

지금 생각해 보면 당시 과장님께서는 IMF 극복이라는 큰 사회문제들을 해결하기 위하여 부서에 산적한 현안들을 처리하기 위한 방향들을 설정하고 각종 언론보도 사항에 대한 보고서들을 작성하느라 아주 바쁘고 힘이 드셨을 것입니다. 그런데도 한 번도 싫은 내색을 하지 않으시고 후배 지방공무원들이 중소기업육성 지원업무에 관하여 궁금하여 질문을 하거나 미숙한 업무처리에도 짜증을 한 번 내지 않고 자상하게 중소기업 지원업무 전반에 대하여 업무의 정수들을 아낌없이 전수해 주셨습니다. 당시에는 중소기업 지원업무로 조금 고생은 하였으나 국가의 경제위기를 슬기롭게 극복하는 데 일조하였다고 생각하니 조금은 뿌듯한 기분이 들고 아울러 보람도 느끼고 있는 것도 사실입니다.

지금도 그 당시를 생각하면 정말 고맙고 존경스러운 과장님으로 기억하고 있으며 공직생활이 끝나도 영원히 기억해야 할 고마운 선배 지방공무원이라고 생각합니다. 우리 공직사회에서도 지방공무원으로 근무하는 과정에서 어렵게 익힌 업무들에 관한 다양한 노하우들을 아무런 보상도 없이 자상하게 전수해 주신 훌륭한 선배 지방공무원이 많이 계셨습니다. 이러한 선배 지방공무원들의 자상한 지도와 배려 덕분에 지방자치단체가 현재처럼 발전될 수 있었다고 생각되며 지금도 그때의 고마움을 잊을 수가 없습니다. 그 부서에서 근무한 이후에 지방자치단체를 옮겨서 근무한 기초지방자치단체에서 선배 지방공무원들의 배려로 예산업무 팀장으로 3년 동안 근무를 할 수가 있었습니다.

　본인의 경험담을 장시간 이야기하였으나 주무관들은 자신이 원해서 업무를 담당했든지 타인의 추천으로 업무를 담당하였든지 그 업무가 적성에 맞는다는 생각이 든다면 주무관들은 그 분야에 관하여 계속 관심을 가지고 이를 충분히 익히는 계기가 되도록 그 업무에 특별한 관심을 가지고 꾸준히 지방공무원 생활을 열정적으로 하였으면 더욱 좋겠습니다. 적성에 맞는 업무나 관심이 있는 업무를 담당하기 위해서는 주무관 시절에 여러 가지 업무들을 경험하고 이들을 추진하는 데 열과 성을 다하여 주시기 바랍니다. 이러한 과정에 여러 가지 업무들을 경험하다가 보면 다른 지방공무원들보다 일찍이 업무적성에 맞는 업무들을 발견하는 행운을 얻을 수가 있을 것입니다. 업무적성에 맞는 업무를 발견하면 그 업무에 관한 모든 것을 완벽하게 숙지하겠다는 자세를 가지고 자신이 특별한 노력을 기울인다면 아마도 그 업무의 전문가로서 아주 색다른 경험을 하는 동시에 보람도 느끼게 될 것입니다. 이러한 경험들이 점차 쌓이면서 지방자치단체에서 그 업무의 전문가로

성장하게 된다면 업무추진으로 인한 보람도 느끼게 되고 동시에 지방
자치단체에서도 아주 필요하고 유능한 지방공무원으로 성장할 수 있
다는 사실을 꼭 기억하시기 바랍니다.

6. 재원확보

주무관들은 지방자치단체에서 다른 지방공무원보다 상대적으로 비중이 있는 업무들을 주로 담당하게 될 것입니다. 그런데 가끔은 본인이 담당하는 업무들을 수행하는 과정에서 재원 부족의 문제로 주요한 업무들의 추진 시기를 놓치는 경험을 가끔 할 것입니다. 왜냐하면 지방자치단체에서 당해 연도에 활용할 수 있는 재원은 한정되어 있는데 추진해야 할 일들은 산적해 있으므로 항상 재원 부족의 문제로 고민을 많이 하게 됩니다.

대부분 지방자치단체에서는 가용재원의 부족으로 지역주민들의 일상생활과 밀접하게 관련한 사업들이 있는데도 불구하고 재원 부족으로 꼭 필요한 사업들을 적기에 추진하지 못하는 일들이 자주 발생하게 됩니다. 주무관들이 담당하고 있는 업무에서 전혀 예측하지 못하는 돌발 상황이 일어나면 이를 신속하게 해결하는 데 추가적인 재원들이 필요하게 될 것입니다. 전혀 예측하지 못한 사업추진에 필요한 추가 재원들을 적기에 확보하지 못하여 지역주민들이 원하는 시기에 이를 완수하지 못하여 더 큰 피해를 발생하게 하는 안타까운 일들이 발생하곤 합니다. 지역주민들이 원하는 지방자치를 제대로 시행하기 위해서는 지방자치단체에 거주하는 주민들이 필요로 하는 사업들을 적기에 추진할 수 있도록 가용재원들을 충분히 확보하는 것이 무엇보다 중요하다고 하겠습니다.

 지방자치단체에서는 매년 주기적으로 반복하거나 사전에 예측이 가능한 사업들은 추진 시기에 맞게 그 사업의 타당성 등을 검토한 이후에 예산업무를 담당하는 부서의 협조를 얻어서 사업계획을 수립하게 되면 이를 근거로 사업추진에 필요한 재원을 수월하게 확보할 수가 있으므로 사업이 필요한 시기에 맞게 시행할 수가 있을 것입니다. 그러나 사전에 예측할 수 없는 중대한 문제가 갑자기 발생하면 이를 해결하기 위한 대책들을 마련하는 것이 쉽지만은 않을 것입니다. 설상가상으로 이 문제를 해결하는 데 많은 재원이 필요한 상황이 발생한다면 더욱 난감한 상황이 발생하게 될 것입니다. 이러한 예측할 수 없는 상황이 갑자기 발생하면 그 문제를 신속하게 해결하기 위하여 지방자치단체에 유관부서 관계자로 Task Force Team을 구성해 여러 가지 방안들을 검토할 것입니다. Task Force Team에서는 문제 발생의 원인을 정확하게 규명한 다음에 이에 적절한 해결방안들을 마련하는 과정에서 재원이 필요하게 되면 재원을 어떻게 확보할 것인지 연구하게 될 것입니다. 지방자치단체에서 지역주민들의 실생활과 밀접한 사전에 예측할 수 없는 일이 발생하면 이를 해결하는 데 일시에 많은 재원이 필요하게 되므로 이때 예비비가 충분하다면 이를 활용하면 되겠습니다. 그러나 예비비를 사용할 수 없거나 예비비 재원이 부족하면 시급한 문제해결을 위한 추가 재원들을 '어떻게 하면 효율적으로 마련할 수 있을까' 하고 다양한 방법들을 연구하게 됩니다.

지방자치단체에는 가용할 수 있는 재원은 한정되어 있는데 지역주민들이 필요로 하는 사업들이 너무도 많이 산적해 있는 것이 현실입니다. 따라서 지방자치단체에서는 활용이 가능한 재원들을 효율적으로 사용하기 위하여 지역주민들이 원하는 사업들의 시급성과 중요도를 고려하여 사업의 우선순위를 정하고 이에 맞도록 재원들을 적절하게 배분하고 있습니다. 이 과정에서는 개별단위 사업마다 사업을 추진해야 하는 사유와 사업의 시급성을 고려하여 사업의 우선순위가 높은 사업순으로 재원들을 배분하고 있습니다.

재원이 풍부한 일부 지방자치단체를 제외한 지방자치단체들은 재원부족으로 당장 지역주민들의 실생활과 관련되어 시급하게 추진해야 할 사업들을 적기에 추진하지 못하는 안타까운 상황들이 발생하고 있습니다. 주민들이 당장 시행을 원하는 사업들은 넘쳐 나고 있지만 가용할 수 있는 재원의 부족으로 사업들을 적기에 추진하지 못하여 민원이 발생하는 사례가 종종 있습니다. 지방자치단체에서 주요한 업무를 담당하는 주무관들이 지방자치단체의 가용재원이 부족한 현실만 탓하고 지역주민들이 시급하게 시행을 원하는 사업들을 방치하고만 있을 수는 없을 것입니다. 지방자치단체에서 근무하고 있는 지방공무원들은 가용할 수 있는 재원들을 많이 확보할 수 있도록 다양한 아이디어를 발굴하여 필요한 재원들을 적기에 확보하고 주민들이 원하는 사업들을 시기에 맞게 추진할 수 있으면 더욱 좋겠습니다. 재원 부족의 문제들을 해결하기에 앞서 주무관들은 지방자치단체에서 제공하고 있는 예산편성 지침과 자금 운용 지침을 꼭 숙지하고 자금의 흐름에 관해서 누구보다도 해박한 지식을 갖도록 각자 공부하여야 하겠습니다. 지방자치단체에서 근무하다가 보면 일부 주무관들은 지방자치단체에서 이루어지고 있는 예산편성 과정과 자금의 흐름에 관하여 아주 무관심하거나 이에 관련된 지식수준이 아주 낮은 것을 가끔 목격하는 데 이는 아주 잘못되었고 꼭 시정해야 할 주무관의 자세라고 할 수 있겠습니다. 왜냐하면 예산이나 자금은 사용할 수 있는 용도가 정해져 있으나 사전에 필요한 절차를 거친다면 예산전용이나 이용 등을 적절하게 이용하여 시급한 재원들을 충분히 확보하는 방법들이 너무도 많이 있습니다. 그러므로 주무관들은 지방자치단체의 재원 흐름을 누구보다도 정확하게 이해할 수 있도록 철저히 공부하시길 당부드리겠습니다.

중앙정부에서는 지방자치단체보다 예산을 편성하는 주기가 빠르다는 것을 주무관들은 다 아실 것입니다. 재원이 부족한 지방자치단체에서는 중앙정부로부터 필요한 예산들을 많이 확보하기 위해서는 중앙정부의 예산편성 주기에 맞도록 자료들을 꼼꼼히 작성하고 시기에 맞게 제출하여 중앙부서의 예산을 많이 확보하는 데에는 남다른 노력이 필요로 하게 될 것입니다. 중앙정부로부터 사업에 필요한 예산을 적기에 확보하기 위해서는 중앙정부로부터 예산을 확보할 수 있는 사업들을 사전에 발굴하고 이에 대한 충분한 사업검토와 사업비 산출 근거를 꼼꼼히 산출하여 중앙부서의 업무담당자들을 설득하는 노력을 함께 기울여야 합니다. 이러한 과정을 통하여 중앙정부로부터 필요한 예산을 확보하면 지방자치단체에서는 지역주민들이 필요로 하는 사업들을 시기에 맞게 추진할 수 있으므로 재정 형편이 다소 어려운 지방자치단체일지라도 주민들이 원하는 사업들을 시기에 맞게 추진할 수가 있을 것입니다.

지방자치단체에서 중앙정부로부터 필요한 재원을 확보하는 방안으로 중앙부서의 예산서를 꼼꼼히 검토해 보면 일부 사업은 일정 규모의 사업비를 포괄사업비로 편성한 것들이 있습니다. 이렇게 편성된 포괄사업비의 일정한 부분은 지방자치단체에 균등하게 나누어 주겠지만 나머지 사업비는 사업의 시급성과 필요성 등을 고려하여 사업비가 필요한 지방자치단체별로 차등하게 배분할 수 있는 사업비입니다. 이러한 포괄사업비를 많이 확보하기 위해서는 중앙정부에서 포괄사업비가 편성된 사업에서 사업비를 확보하기 위해서는 그 지방자치단체에서 사업을 추진해야 하는 당위성 등을 충분히 설명하고 중앙정부 업무담당자들을 설득할 수만 있다면 포괄사업비에서 지방자치단체에서 필요한 재원들을 확보하는 방법도 있습니다.

지방자치단체에서 근무하면서 꼭 추진해야 하는 사업이 있는데도 불구하고 재원이 부족하여 사업을 추진하기 어려운 경우 사업이 있는 경우에 필요한 재원들을 확보하기 위해서 필자가 주무관 시절에 경험했던 이야기를 하면 더 쉽게 이해가 될 것 같아서 간략하게 소개하고자 합니다. 광역자치단체에 근무할 때 필자가 맡은 업무에서 사업추진은 꼭 해야 하는데 재원이 부족한 사업이 있으면 매년 중앙부서의 예산서들을 철저히 분석하였습니다. 먼저 재원의 확보가 필요한 사업과 관련이 있는 예산이 중앙정부의 예산서에 편성되어 있는지 확인한 다음 사업명과 사업금액들을 모두 확인하고 이를 자세하게 정리하였습니다. 다음으로 사업내용들을 철저히 비교 검토한 다음 지방자치단체와 관련된 사업들이 있으면 지방자치단체에서 시급하게 추진해야 하는 당위성과 필요성에 관한 자료들을 철저히 준비하고 중앙정부 업무담당자를 방문하여 설명하는 과정을 가졌습니다. 이를 통하여 중앙부서 업무담당자들에게 사업의 취지 등을 충분히 설명하고 이들을 설득한 결과 다른 지방자치단체보다 월등히 많은 사업비를 확보하고 지방자치단체에서 필요한 사업들을 시기에 맞게 추진한 경험들이 많이 있습니다. 필자가 담당했던 업무와 관련한 중앙부서의 예산서를 분석해 보면 중앙부서에서 어떤 사업들을 중점적으로 추진하고 있는지 쉽게 파악을 할 수 있었습니다. 그리고 중앙부서에서 어떤 사업들을 새롭게 구상하고 있는지도 쉽게 알 수 있어서 담당하고 있던 업무에 관한 참신한 아이디어를 얻거나 새로운 사업들을 발굴하는 데 아주 큰 도움이 되었습니다. 지방자치단체에서 근무하는 주무관들도 담당하는 업무에 대한 재원이 부족하다면 이러

지방공무원 지침서

한 방법을 활용하며 사업에 필요한 재원들을 확보할 수 있으니 업무에 참고하시기 바랍니다. 그리고 현재 담당하고 있는 업무에 대한 새로운 아이디어를 벤치마킹할 필요가 있는 경우에도 이를 적극 활용해 본다면 아마도 새로운 아이디어를 얻는 데에도 많은 도움이 될 것입니다.

지방자치단체에서 근무하는 일부 주무관들은 예기치 못한 긴급한 상황이 발생하면 이를 해결하는 데 필요한 재원을 시급하게 확보하지 못하여 크게 낙심하거나 특별한 노력도 하지 않고 미리 포기하는 사례들도 있습니다. 하지만 담당 주무관이 미리 포기하지 않고 이 문제는 자신이 꼭 해결하고야 말겠다는 굳은 의지가 있다면 주변에 도움을 주는 사람들이 너무도 많이 있다는 사실을 직접 경험하게 될 것입니다. 긴급한 상황을 해결하기 위한 재원을 적기에 확보하기 위해서는 그 사업의 시급성 등에 관한 자료들을 자세하게 작성하고 중앙부서를 방문 업무담당자들과 직접 면담하여 사업의 시급성 등을 설명하고 그 사업에 필요한 재원을 확보하려고 노력을 한다면 이를 충분히 해결할 수 있는 길이 반드시 열린다는 것을 직접 경험해 보시기 바랍니다. 이러한 경험을 통하여 주무관 시절에서부터 지방자치단체에서 사업추진이 꼭 필요한데 재원이 부족하여 사업을 추진하기 어려운 사업이 있더라도 미리 포기하지 않고 사업을 추진할 수 있는 재원을 확보할 수 있는 다양한 방법들을 알고 있다면 재원확보 문제로 지방자치단체에서 추진이 어렵다고 느껴지는 사업들도 쉽게 해결하는 능력이 생길 것입니다.

이러한 노력을 통하여 주무관들의 업무역량도 일취월장하고 이를 통하여 업무에 대한 큰 성취감을 맛볼 수 있을 것입니다.

이러한 주무관들은 지방자치단체에서 어떤 업무를 맡기더라도 주어진 업무를 능숙하게 처리할 수 있어서 그 지방자치단체에서 유능한 지방공무원으로 소문이 나고 다른 주무관들보다 지방자치단체에서 상대적으로 비중이 있는 업무들을 담당하게 될 확률이 아주 높다고 하겠습니다. 이러한 주무관들은 일정한 기간이 흐른 이후에 관리자로 승진하여 근무할 때도 담당하는 업무에 필요한 재원들을 적기에 확보하지 못하여 사업추진이 어려운 경우나 예상하지 못한 사고의 발생으로 이를 시급하게 해결할 때 필요한 재원의 확보에 문제가 발생하더라도 조금도 당황하지 않고 당당하게 이러한 문제들을 슬기롭게 해결해 낼 수 있을 것입니다. 이렇게 능력이 있는 주무관들은 업무능력도 뛰어나고 적극적인 업무 자세로 그 지방자치단체에서 다른 주무관들보다 승승장구할 것으로 확신합니다. 아울러 지방자치단체에서 필요한 사업들을 적기에 추진할 수 있으므로 그 지방자치단체에서 거주하고 있는 지역주민들의 지방행정에 대한 만족도는 더불어 올라가게 될 것입니다.

그리고 지역주민들이 원하는 사업들을 적기에 추진하게 되므로 이 지역사회는 비약적으로 발전하게 될 것이 분명합니다. 이렇게 능력이 출중한 주무관들은 자신의 발전은 물론이고 그 지방자치단체의 발전에도 크게 이바지할 것이라고 확신합니다.

7. 업무개선

　지방자치단체에서 근무하는 주무관들은 담당업무 처리와 함께 다른 부서에서 추진하는 업무에 협조하는 일과 예기치 않게 돌발적으로 발생하는 어려운 문제들을 해결하기 위한 비상근무 등으로 자신이 감당하기 어려울 만큼 다양한 업무들을 수행하게 될 것입니다. 따라서 주어진 담당업무를 시기에 맞게 처리하는데 시간이 아주 부족하다고 호소하는 주무관들이 의외로 많이 있습니다. 이러한 어려운 여건에서도 현재 담당하고 있는 업무들은 차질 없이 추진하여야 하는 것이 지방자치단체에서 근무하고 있는 지방공무원의 숙명이라는 생각이 들곤 합니다. 이러한 어려운 상황들을 슬기롭게 헤쳐 나아가기 위해서는 맡은 업무에 대하여 조금만 업무개선을 할 수만 있다면 시간이 아주 절약되고 과거보다 수월하게 근무를 할 수 있는 환경이 조성될 수 있을 것입니다. 주무관들이 담당하는 업무의 처리 과정들을 효율적으로 개선하기 위해서 업무 내용들을 하나하나 주의 깊게 살펴보면 의외로 업무에 개선할 사항들이 많이 있다는 것을 어렵지 않게 발견하게 될 것입니다.

　현재처럼 다양한 업무들이 전산화가 되지 않았던 시절에는 많은 인원을 투입하여 처리하여야만 가능했던 업무들도 현재는 전산화의 영향으로 소수의 인원으로 예전보다 빠르게 많은 업무량을 소화할 수 있는 시대가 도래하였습니다. 주무관들은 이러한 시대에 근무하는 만큼 각종 전자기기의 도움을 받아서 담당하고 있는 업무를 적극적으로 개선하려는 노력을 기울인다면 아마도 많은 업무들을 개선하는 데 큰 도움을 받을 수 있을 것입니다. 다음으로 담당하고 있는 업무들을 개선하는 방법으로 주무관들에게 이야기하고 싶은 사항은 지방자치단체에서 담당업무와 관련한 부서의 지방공무원들을 적극적으로 활용해 볼 것을 권하고 싶습니다. 지방자치단체에서 부서 이기주의가 있을 수 있겠지만 유관부서의 업무담당자와 좋은 협업 관계를 만들어 간다면 아마도 담당업무를 효율적으로 개선하는 데 많은 도움을 받을 수가 있을 것입니다. 지방자치단체에서는 복합적인 종합행정을 주로 추진하고 있기에 이러한 복합적인 업무들은 여러 분야의 지방공무원들이 함께 협력하여 추진하여야만 지방행정의 목적을 제대로 달성할 수 있으므로 지방자치단체에서 근무하고 있는 지방공무원들의 직렬과 직종은 아주 다양합니다. 그러므로 지방자치단체에는 다양한 분야에서 전문가들이 많이 있어서 어떠한 문제가 발생하더라도 이들의 도움을 받아서 쉽게 해결할 수 있는 장점들이 많이 있다는 사실을 꼭 기억하시기 바랍니다.

주무관들이 담당하는 업무에 전산화가 필요하다면 전산 업무를 담당하는 주무관에게 그 업무처리에 관한 전 과정을 상세하게 설명을 할 수 있어야 합니다. 전산 업무를 담당하는 부서에서 근무하고 있는 지방공무원들은 전산 업무에 대해서는 전문가들이지만 지방자치단체에서 추진하는 모든 업무에 대해서 상세하게 알 수는 없을 것입니다. 따라서 담당하고 있는 업무에서 전산화를 통하여 업무처리 프로세스를 개선하고자 하는 의지가 있다면 전산 업무를 담당하는 주무관을 만나서 자신이 담당하고 있는 업무에 관한 처리 과정을 상세하게 설명한 다음 개선을 하고자 하는 분야가 있으면 이를 정확하게 이야기하고 업무협조를 구하면 될 것입니다. 전산 업무에 대한 전문가인 주무관은 업무담당자들의 자세한 설명을 듣고 그 업무에 관한 전산화가 가능한지 가능하다면 어떻게 하면 좋을지 등 적절한 대안을 제시할 것입니다. 아무리 전산 분야에 관한 전문가일지라도 다른 지방공무원들의 업무를 개선하기 위해서는 우선 그 업무의 목적과 처리 과정을 충분히 이해하고 있어야만 상대방에게 충분히 도움을 줄 수가 있을 것입니다. 그러므로 어떤 업무처리 과정을 효율적으로 개선하기 위해서는 그 업무의 성격과 내용들을 정확하게 숙지하고 있어야만 가능한 일이기 때문입니다. 이러한 전제조건하에서 업무개선을 하고자 하는 주무관들의 의견들을 충분히 반영한 업무개선이 될 수가 있을 것입니다. 그러므로 자신이 담당하고 있는 업무들을 개선하고자 하는 의지가 있는 주무관은 전산 업무를 담당하는 주무관과 여러 차례 만나서 업무협의를 거치는 것이 좋겠습니다. 이러한 업무협의 과정을 통하여 업무 내용에 관하여 상호 충분한 의견을 교환한 다음에 업무를 개선하려는 이유와 개선하려는 방향 등을 상의하면 되겠습니다. 전산 업무를 담당하는 지방공무원도 상대방이 원하는 방향으로 업무를 개선하는 데 도움을 주기 위해서는 그 업무를 개선하고자 하는 사유와 방향을 정확하게 이해하고 있어야만 가능할 것입니다.

현직에 근무할 때 어떠한 과정으로 업무개선을 하였는지 사례를 들어서 설명하면 쉽게 이해할 수 있을 것입니다. 그 당시에는 사회적으로 복지 사각지대에 계시는 분들이 큰 어려움을 겪고 있다는 뉴스가 크게 보도된 적이 있었습니다. 지방자치단체에서 이들을 신속하게 발굴하고 지원하는 문제가 아주 중요한 과제로 대두하는 일들이 발생하였습니다. 당시에 근무하던 지방자치단체에서도 복지 사각지대에 계시는 분들을 신속하게 발굴하여 그들에게 적절한 도움을 주는 것이 제일 주요한 과제였습니다. 따라서 지방자치단체에서도 이를 아주 비중 있게 다루고 이를 중점적으로 추진한 바 있습니다. 그럼에도 불구하고 그 업무를 담당하는 주무관들이 넓은 지역에 산재하여 계시는 분들을 발굴하는 데 많은 시간이 소요될 뿐만이 아니라 힘이 들었습니다. 담당업무를 맡은 인원은 제한이 되어 있는데 그분들에게 신속하게 접근하는 방법들을 찾는 것이 아주 시급한 상황이었습니다.

처음에는 이분들을 발굴하는 실적이 아주 저조하였는데 그 원인을 분석해 보니 지방자치단체에서 이와 관련한 업무를 추진하는 담당자들이 각자 맡은 업무에만 전념하고 상호 업무협업이 제대로 이루어지지 않았기 때문이라는 결론에 도달하게 되었습니다. 이러한 문제들을 신속하게 해결하여 복지 사각지대에 계시는 분들을 빠르게 발굴하기 위하여 전산 업무, 주민등록 업무, 저소득자 관리업무, 통계업무, 주민자치센터를 담당하고 있는 주무관들과 함께 여러 차례 합동회의와 토론을 거쳐서 복지 사각지대 해소를 위하여 관련한 업무를 수행하는 담당자들의 의견을 듣고 이를 종합하여 업무처리 프로세스를 새롭게 개발할 수가 있었습니다. 새롭게 개발한 방법을 활용하여 짧은 시간에 복지 사각지대에 계시는 분들을 빠르게 발굴하는 데 많은 기여를 한 바 있습니다. 아울러 그 업무처리 프로세스가 다른 지방자치단체에서 가장 많이 벤치마킹하는 사례로 선정되어 많은 포상을 받은 경험들이 있습니다. 혼자서 하면 어렵고 힘든 업무들도 지방자치단체에서 활용이 가능한 자원과 인력들을 최대한 활용하여 함께 노력한다면 어렵게 느껴지는 업무들도 쉽게 해결할 수 있는 동시에 많은 시간과 경비가 절감될 수 있습니다. 이를 통하여 지방자치단체에 대한 주민들의 만족도는 더욱 높아질 것입니다.

지방자치단체에서 근무하는 주무관들이 어렵고 힘든 업무가 있다면 지방자치단체에서 그 업무와 관련된 동료 지방공무원의 도움을 받으면 업무를 쉽게 개선할 수 있을 것입니다. 이를 위해서는 동료 지방공무원들과 상호 협업하겠다는 자세를 가지고 업무들을 처리한다면 아마도 업무처리 과정들을 개선하는 데 많은 도움을 받을 수가 있을 것이라고 확신합니다. 이러한 경험을 한 번만 해 보면 다음에는 쉽게 이러한 시도를 할 수 있게 될 것이고 이렇게 개선된 업무의 처리 속도나 성과에서도 놀랄 만한 업적을 쌓을 수 있을 것입니다.

주무관들이 지방자치단체에서 다양한 업무들을 수행하느라 담당하는 업무에 개선사항을 찾을 시간적 여유가 없다면 다른 지방자치단체에서 시행하고 있는 업무처리 프로세스와 비교 검토해 보면 아마도 차이점들을 쉽게 발견할 수 있을 것입니다. 이러한 비교를 통하여 같은 업무의 처리 과정에서 나타나는 유사점과 상이점을 비교하여 비교표를 만들어 본다면 현재 담당하고 있는 업무에 관한 개선할 사항이 무엇인지 분명하게 알 수 있게 될 것입니다. 아울러 담당하고 있는 업무의 처리 과정에 관한 개선사항을 발견함과 동시에 담당업무를 처리하는 데 새로운 아이디어도 발굴할 수 있는 계기가 될 수 있을 것입니다. 이러한 과정을 통하여 다른 지방자치단체에서 시행되고 있는 우수한 사례를 받아들이고 이를 담당하는 업무에 적절하게 적용한다면 아마도 그 지방자치단체에서 업무 처리능력이 탁월하고 유능한 주무관으로 소문이 나게 될 것입니다.

주무관들은 담당하고 있는 업무를 개선하기 위하여 자체적인 노력도 필요하겠지만 업무추진 시 불합리한 점이나 개선할 사항이 있으면 중앙부서나 광역지방자치단체의 업무담당자들에게 적극적으로 건의하는 노력도 필요하다고 생각됩니다. 왜냐하면 중앙부서나 광역지방자치단체 공무원들이 기초지방자치단체에서 발생하는 모든 사항을 고려한 업무지침들을 마련할 수 없기에 지방자치단체에서 시행이 가능한 보편적인 업무지침을 마련하고 이를 시달하는 경향이 있으므로 중앙부서에서 시달하는 업무지침이 지방자치단체의 실정에 맞지 않는 사례가 발생하게 됩니다. 이러한 일이 발생하면 업무지침에서 불합리한 점이나 개선할 사항들을 중앙부서에 건의하여 이것이 개선될 수 있도록 적절한 조치를 하여야 할 것입니다. 중앙부서에서도 각 지방자치단체에서 건의한 내용들을 종합한 결과 업무에 개선할 사항이 있다고 판단하면 업무처리 프로세스 등을 개선하여 시행하게 될 것입니다.

중앙부서나 광역지방자치단체에서 시행한 업무지침이 자신이 근무하는 지방자치단체에 이를 적용하는데 불합리한 내용들이 있으면 주저하지 말고 적극적인 자세로 건의하는 노력이 필요하다고 하겠습니다. 이를 통하여 업무처리 지침도 개선되고 그 지방자치단체의 실정에 맞는 지방행정을 추진할 수 있어서 일거양득입니다. 그리고 지방자치단체에 거주하는 주민들에게 양질의 행정서비스를 제공할 수 있어서 지방행정에 대한 지역주민들의 만족도는 올라갈 것입니다. 주무관들이 맡은 업무를 개선하기 위해서 조금만 노력한다면 그 업무는 혁신적으로 개선될 것이고 지역주민들에게는 큰 이익으로 돌아가게 되므로 자연스럽게 좋은 평가를 받는 계기가 될 수 있으므로 적극적인 자세로 자신이 맡은 업무를 개선하는 데 노력을 기울였으면 좋겠습니다.

8. 감사대비

지방자치단체에서 근무하는 주무관들이 담당업무들을 처리하는 데 법령 등 근거가 되는 규정들을 철저히 준수하고 업무들을 추진하고 있습니다. 담당업무 처리 시 규정들을 잘 준수하고 있는 주무관들에게 사무감사로 인하여 발생하는 문제에 관하여 이야기하는 것을 아이러니하게 생각할 수도 있을 것입니다. 왜냐하면 지방자치단체에서 추진하는 모든 업무는 법령 등 규정이 있으므로 이를 꼭 준수하고 담당업무를 처리하도록 명하고 있기 때문입니다. 주무관들 대다수는 담당업무들을 처리하는 과정에서 당연히 법령 등 규정들을 철저히 준수하고 있는데도 불구하고 일부 주무관들은 담당업무를 처리하기에 앞서 법령들을 철저히 확인하는 절차를 거치지 않았다거나 업무담당자의 고의나 착오로 이를 준수하지 못하는 경우가 발생하고 있습니다. 이러한 일들이 발생하게 되면 주무관들에게는 여러 가지로 어려운 문제들이 발생하게 되므로 주무관들은 맡은 업무를 처리하기에 앞서 담당업무와 관련된 법령들을 정확하게 적용하고 있는지 충분히 검토한 연후에 업무들을 처리하겠다는 자세로 근무하면 좋겠습니다.

지방공무원들이 법령 등 규정을 준수하지 못하는 사유들이 여러 가지가 있겠지만 그중에서도 가장 흔하게 발생하고 있는 사유들을 알아

보고자 합니다. 첫째로 주무관들이 담당하고 있는 업무와 관련된 법령들이 제정된 이후에 시간이 지남에 따라 사회적 여건들이 변화하게 되면 이를 반영하여 관련된 법령이 개정되게 됩니다. 그런데 일부 주무관들은 담당업무를 처리하는 과정에서 실수하는 경우가 있는데 이는 업무처리와 관련된 법령들이 개정된 사실을 모르고 전임자가 처리한 내용들을 답습하여 처리할 때 자주 발생하곤 합니다. 최근에 개정된 법령들을 확인하지 않고 전임자가 처리했던 것과 같이 개정 전의 법령들을 적용하여 담당업무들을 처리하게 되면 문제들이 당연히 발생하게 됩니다. 주무관들이 최근에 개정된 법령들을 적용하지 않고 과거의 법령들을 잘못 적용하게 되면 민원인에게 올바른 민원 업무처리가 되지 않을 것입니다. 이렇게 되면 민원인에게는 피해를 주게 되고 향후 사무감사가 있으면 지적을 받는 일이 발생하는 것은 너무도 당연한 일입니다.

주무관들이 이러한 실수를 하지 않기 위해서는 담당업무와 관련된 최신 법령들을 수시로 확인하는 습관들을 길러야 하겠습니다. 평소에 담당업무와 관련된 법령들을 수시로 확인하고 업무를 처리하겠다는 습관을 기른다면 이러한 실수가 발생하는 것을 사전에 충분히 예방할 수 있습니다.

둘째로 주무관들이 사무감사와 관련하여 관심을 가져야 하는 사항은 강행규정과 임의규정을 철저히 구분하여 업무들을 처리하는 습관을 길러야 합니다. 강행규정을 위반한다면 이는 법령을 위반하여 업무를 처리하는 것이므로 사무감사에서 지적받는 것이 너무도 당연하고 동시에 규정에 따라 처벌받게 될 것입니다. 이러한 일이 발생하면 승진 등 여러 가지 면에서 자신에게 불리한 일들이 발생하게 됩니다. 만약 승진 시기가 도래하여 승진 대상자 명부에 올랐더라도 일정한 수준 이상의 처벌을 받게 되면 한동안 승진이 보류된다든지 급여에도 영향을 미치는 경우들이 발생할 수도 있습니다. 이러한 일들이 발생하면 주무관들은 담당업무를 처리하는데 고생은 고생대로 하고 그 결과에 대하여 책임지는 매우 안타까운 일들을 겪게 될 것입니다. 그렇게 되면 그 주무관의 사기는 땅에 떨어지게 되고 개인 신상에도 아주 불리하게 작용하는 경우가 많이 있으니 강행규정과 관련되는 업무처리 시 각별한 주의가 요구된다고 하겠습니다.

주무관들이 처리해야 할 업무가 너무 많은 관계로 시간 부족 등으로 자신에게 주어진 모든 업무를 완벽하게 처리한다는 것은 다소 어려울 수도 있겠습니다. 그러나 담당업무 추진 시 강행규정을 근거로 처리해야 하는 업무가 있다면 앞에서도 이야기하였듯이 이를 위반하여 업무를 처리한다면 사무감사에서 지적받는 것은 너무도 당연하고 이와 더불어 신상 관리에도 아주 불리하게 작용하는 일이 발생하게 되니 특히 주의하시기를 당부드리겠습니다. 강행규정과 관련하는 업무들을 추진하는 경우 여러 가지 사유로 시간이 다소 부족하더라도 최신 법령 등 규정들을 꼭 찾아보고 이를 확인한 이후에 업무를 처리하여야 하겠습니다. 이러한 자세로 강행규정과 관련되는 업무들을 처리하여야만 지방공무원으로 근무하는 기간에 신상 관리에도 아주 도움에 될 것입니다. 그럼에도 불구하고 강행규정을 위반하여 업무를 처리한 결과 민원인들에게 재산상의 피해를 주는 일들이 발생하여 소송으로 이어지는 경우가 있으니 강행규정과 관련된 업무들을 처리하는데 주의하시기를 다시 한번 당부드리겠습니다.

셋째 지방자치단체에서 근무하는 주무관들은 많은 분야에서 임의규정을 근거로 업무들을 처리하고 있습니다. 그런데 일부 주무관들은 임의규정은 지키지 않아도 되는 규정으로 잘못 인식하고 이러한 자세로 업무를 처리하는 사례가 있었습니다. 임의규정에 관하여 이러한 인식 하에 임의규정과 관련한 업무들을 자의적으로 판단하고 해석한 다음 자신이 마음대로 처리할 수 있다고 다소 오해하기도 합니다. 그러나 임의규정을 적용하는 업무들을 처리할 때도 명확한 타당성과 분명한 사유가 있어야 하는데도 불구하고 일부 주무관들이 아주 잘못된 생각을 가지고 임의규정이 적용되는 업무들을 처리하는 경우들이 많이 있습니다. 이러한 인식으로 임의규정을 적용하는 업무들을 처리하게 되면 사무감사 시 업무를 처리한 명확한 사유와 타당성 등을 제시할 수가 없으므로 지적받게 될 것이 자명합니다. 주무관들이 임의규정을 적용하여 처리해야 하는 업무들은 처리하는 분명한 사유와 타당성을 명확하게 기술하고 위임전결 규정을 준수하여 최종 결재권자의 결재를 득한 이후에 업무를 처리하여야 한다는 사실을 꼭 명심하시기 바랍니다.

지방공무원들이 처리하는 모든 업무는 규정들을 준수하고 그 업무를 추진하는 합당한 논리가 있어야 합니다. 강행규정과 관련된 업무들의 규정들을 꼭 준수하시고 임의규정과 관련된 업무들도 분명한 사유와 타당성을 가지고 업무들을 처리하시기 바랍니다. 강행규정을 근거로 처리하는 업무는 규정들이 개정되지는 않았는지 확인하는 습관을 기르고 임의규정과 관련된 업무처리 시에도 누구나 인정할 수 있는 타당한 논리와 합리적인 이유를 제시할 수 있도록 하여야 하겠습니다.

마지막으로 주무관들이 사무감사와 관련하여 절대로 하지 말아야 하는 것이 있습니다. 강행규정과 관련된 업무를 처리하는 경우 가끔 부정한 청탁이나 압력들을 받는 일들이 있는데 이러한 경우에 어려움이 있겠지만 강행규정을 위반하여 업무를 처리하는 우를 범하지는 말았으면 아주 좋겠습니다. 지방공무원으로 근무하는 동안에 어떠한 부정한 청탁이나 압력에 대해서도 꿋꿋하게 아주 단호한 대처를 하겠다는 자세로 근무한다면 지방공무원으로 더 바라는 것이 없겠습니다. 만약에 부정한 청탁이나 압력에 굴복하여 담당업무를 처리한다면 이를 관리하는 동안에는 일시적으로 피해 가거나 위기를 모면할 수 있겠지만 인사발령 등으로 자신이 담당업무와 멀어지게 되면 누구도 그 책임을 대신하여

짊어지거나 보호해 주지 않는다는 사실을 꼭 명심하고 업무를 처리하시기 바랍니다. 지방공무원들이 이러한 것에 연루되어 지방자치단체를 떠나거나 신분상 아주 불리한 조치를 받은 사례들을 말하지 않아도 너무도 잘들 아실 것이므로 더 이상 언급하지 않겠습니다.

지방공무원 생활은 긴 마라톤에 자주 비유되곤 하는데 마라톤을 해 본 사람이라면 마라톤을 뛰는 과정에 숨이 차서 일시적으로 심한 고통이 와서 잠시 쉬고 싶은 유혹들이 있을 때마다 이를 과감하게 이겨 내고 오직 목적지만 바라보고 우직하게 뛰어가겠다는 신념으로 뛰어가다가 보면 자신도 모르는 사이에 원하는 목적지에 도달하는 기쁨을 맞이한 경험들이 있을 것입니다. 우직하고 꾸준하게 뛰어 마침내 목적지에 도달한 마라토너처럼 앞날이 창창한 주무관들은 일시적으로 찾아오는 달콤한 유혹들은 과감하게 물리치고 은퇴하는 시점에 사랑하는 가족들과 동료들의 큰 축복 속에서 은퇴하는 기쁨을 누리시기를 바랍니다. 일시적인 유혹이나 순간적인 실수로 인하여 불행하게도 지방공무원 생활을 마감하는 지방공무원의 사례를 별도로 언급하지 않더라도 언론보도나 지방공무원들에게 많은 이야기를 들을 수가 있었을 것입니다. 주무관들도 인간이기 때문에 일시적으로 달콤한 유혹이나 부당한 압력에 굴복하여 잠시 마음을 빼앗길 수도 있으니 항상 조심하고 근무를 하시기 바랍니다. 다시 한번 강조하지만 그러한 유혹들은 지방공무원 생활에 전혀 도움이 되지 않고 언젠가는 자신에게 아주 불리하게 작용하여 큰 피해를 준다는 사실을 깊이 명심하고 이러한 유혹을 과감하게 배척하여 당당하고 멋진 지방공무원으로 생활할 수 있는 지혜들을 가지기를 간절히 기원합니다.

9. 보도자료

지방자치가 활성화됨에 따라 주무관들이 어렵게 생각하는 업무 중에 하나는 보도자료를 활용하여 자신들이 담당하고 있는 업무들을 효과적으로 홍보하는 것입니다. 지방자치단체에서도 홍보의 효과를 극대화하기 위하여 다양한 홍보 매체들을 활용하고 있습니다. 관선 시대에는 지방공무원들이 담당업무를 추진하는 과정에서 업무와 관련된 규정들을 제대로 준수하고 추진과정에 큰 문제가 발생하지 않으면 담당업무들을 잘했다고 칭찬받던 시절도 있었습니다. 지방자치가 활성화되기 전에는 지방공무원들은 홍보업무를 중요하게 생각하지 않았으므로 홍보를 어떻게 하여야 하는지 고민하지도 않았고 어떻게 하면 홍보 효과가 극대화되는지 큰 관심이 없었던 것이 사실입니다.

그런데 민선 시대가 시작되고 지역주민들의 알권리의 충족에 관한 욕구들이 점차 높아짐에 따라 홍보업무의 중요성이 크게 부각되고 있습니다. 이에 따라 지방자치단체장들도 홍보업무를 중요하게 생각하고 지방자치단체에서도 홍보업무를 전담하는 부서를 신설하는 등 이에 적극적으로 대처하고 있습니다. 요즈음은 홍보 매체가 잘 발달되어 있으므로 이를 활용한 홍보 방법에도 많은 변화가 있었습니다. 이러한 시대적인 흐름에 맞게 지방자치단체에서도 이것을 효과적으로 활용하는 다양한 방법들이 연구되고 있고 이를 적극적으로 활용한 다양한 홍보기법이 개발되고 있습니다.

지방자치단체에서도 홍보 매체의 발달과 더불어 이를 효과적으로 활용하여 홍보 효과를 극대화할 수 있도록 홍보업무를 전담하는 부서를 신설하거나 기존조직을 보강하려고 노력하고 있습니다. 따라서 다른 지방자치단체에서 시행하는 우수한 홍보기법들을 벤치마킹하고 있고 조직에서도 홍보 분야에 관심이 있는 주무관들을 홍보부서에 배치한다거나 대학 등에서 홍보와 관련한 전공을 이수한 인재들을 적극적으로 발굴하여 홍보업무 전문가로 양성하고 있습니다. 어떤 지방자치단체는 홍보에 관한 업무들을 외부에 위탁하거나 홍보업무 전문가들을 외부에서 영입하여 홍보업무를 전담시키는 지방자치단체도 있습니다.

이러한 시대적 흐름에 발맞추어 지방자치단체에서 근무하는 주무관들이 담당업무를 규정에 맞게 처리하는 것은 물론이고 담당업무를 처리하는 과정이나 처리한 이후에 그 결과들을 주민들에게 널리 알리는 것이 너무도 당연한 시대가 되었습니다. 그리고 추진한 업무들에 대하여 지역주민들로부터 객관적인 평가를 받아야 하는 등 지방행정 환경에도 너무도 급격한 변화들이 일어나고 있다는 사실을 정확하게 직시하고 있어야 하겠습니다.

과거에는 주무관들이 담당업무만 열심히 처리하면 된다는 생각으로 업무들을 추진하였으나 지방자치가 활성화한 시대에는 주무관들은 물론이고 지방자치단체 단체장들도 주민들로부터 실시간으로 업무성과에 관하여 실시간으로 평가받고 있습니다. 이렇게 빠른 피드백으로 주민들의 실생활과 밀접한 업무들은 더욱 신중하고 신속하게 추진하고 있습니다. 따라서 주민들의 실생활과 밀접하게 관련된 업무들은 주민들로부터 실시간으로 피드백을 받는 환경이 잘 조성되어 있으므로 지방자치단체장들이 홍보업무에 더욱 신경을 쓰는 것은 너무도 당연하다고 하겠습니다. 아울러 업무가 종료된 이후에는 지역주민들에게 업무처리 결과들을 투명하게 공개하여 누구나 알 수 있도록 조치하여야 하는 시대에 살고 있음을 깊이 명심하여야 하겠습니다. 이러한 시대에 근무하는 주무관들은 지방자치가 활성화하면 할수록 홍보업무는 더욱 중요시될 업무라는 사실을 정확하게 알고 있어야 한다고 생각합니다. 주무관들이 담당하는 업무에 관한 계획수립 단계에서부터 어떻게 전략적으로 이 업무를 홍보할 것인지도 함께 고민해야 할 것 같습니다. 주무관들이 홍보에 자신이 없으면 계획단계부터 홍보업무를 전문적으로 담당하고 있는 주무관에게 홍보전략에 관하여 사전에 자문 받는 것도 하나의 방법이 될 것 같습니다. 홍보를 전문적으로 하는 전문가의 홍보전략에 맞게 홍보하고자 하는 내용들을 알차게 구성한다면 아마도 자신이 원하는 방향으로 홍보가 될 것입니다.

　그런데 일부 주무관들은 담당하고 있는 업무를 홍보하는 것을 다소 부담스럽게 생각하는 경향이 있는데 이는 자신들이 추진하고 있는 업무들이 대외적으로 알려지게 되면 주민들로부터 혹독한 평가를 받는 것이 두렵기 때문이기도 할 것입니다. 담당자들이 이러한 대외적인 평가를 받는 위험성 때문에 담당업무를 대외적으로 알리는 것에 다소 부정적이거나 부담을 느끼는 것은 당연하다고 하겠습니다. 그러므로 주무관들이 담당업무 홍보에 대하여 아주 소극적으로 대처하는 경향들이 있습니다. 그럼에도 불구하고 요즈음 지방자치단체에 근무하고 있는 주무관들이 공감하는 사항으로 홍보업무의 중요성이 날로 높아지고 있다는 사실을 누구나 인정하고 있을 것입니다. 주무관들이 일상생활을 하는데 과거처럼 매장을 직접 방문하여 물건을 구매하지 않고 인터넷을 통하여 물건들을 비교한 후에 상대적으로 유리한 조건으로 제품들을 구매하고 있습니다. 이런 생각을 자신들이 근무하고 있는 지방자치단체에 적용해 본다면 홍보의 중요성에 대하여 쉽게 이해를 할 수 있습니다. 이러한 시대를 살아가고 있는 주무관들이 홍보업무를 잘하기 위해서는 보도자료를 어떻게 써야 하는지에 고민하는 것은 너무도 당연한 일입니다. 주무관들이 조금만 노력한다면 어렵게만 느껴졌던 보도자료를 쓰는 일에 관한 고민이 쉽게 해결되는 경험을 하게 될 것입니다. 옛말에 '천 리 길도 한 걸음부터'라는 말이 있듯이 주무관들이 보도자료를 잘 쓰기 위해서는 보도자료를 잘 쓰는 방법들을 하나하나 차분하게 숙지해 나가면 되는 것입니다.

주무관들이 보도자료를 잘 쓰기 위해서는 우선 업무에 관한 내용들을 상세하게 숙지하고 있어야 합니다. 주무관들이 담당업무에 대하여 충분히 이해하고 난 다음에 보도자료를 써야 이를 읽는 상대방에게도 공감을 줄 수 있다는 사실을 깊이 명심하시기 바랍니다. 담당업무에 관한 기사를 쓰기 위해 언론사 기자들이 주무관들에게 업무의 내용들을 문의하면 막힘없이 답변할 수 있는 능력들을 길러야 하겠습니다.

언론사 기자들은 여러 지방자치단체를 순회하면서 취재하거나 지방자치단체에서 배포하는 보도자료들을 받아서 기사들을 쓰고 있습니다. 기자들이 지방자치단체를 취재하거나 지방자치단체에서 제공하는 보도자료들을 비교하는 과정에서 다른 지방자치단체와 다르게 특색이 있는 내용이 있으면 이에 대하여 문의하는 것이 당연한데 기자들과 주무관들은 오해하는 일들이 발생하기도 합니다. 언론사 기자들은 주무관들이 담당하는 업무나 지역의 특성들을 정확하게 이해하고 있지 못하는 경우가 있어서 특색 있는 내용들을 다소 부정적인 시각으로 바라보고 주무관들을 혹독하게 취재하는 경향들이 있습니다. 이러한 일이 발생하면 주무관들은 취재기자들을 아주 부정적인 시각으로 바라보거나 귀찮은 존재로 생각하기 쉽습니다.

아주 일부 언론사 기자들은 지방공무원들을 아주 부정적인 시각으로 접근하거나 고압적인 자세로 취재하는 경향도 일부 있는 것이 현실입니다. 이런 경우에는 주무관들도 아주 단호하고 소신 있게 답변하거나 이에 대하여 적절히 대처하시기 바랍니다. 담당업무에 관하여 틀린 내용들을 엉터리로 보도하거나 아주 악의적인 감정을 가지고 과장되게 허위 왜곡 보도를 하는 경우 언론중재위원회 제소하는 방법들이 있으니 기죽지 말고 당당하게 대응하시기 바랍니다. 주무관들은 담당업무에 관해서는 누구에게나 당당할 수 있도록 업무와 관련된 규정들을 철저히 준수하여 업무들을 처리하고 평소에도 담당업무에 관하여 완벽하게 숙지하고 답변할 준비가 되어 있어야 하겠습니다.

둘째 주무관들이 보도자료를 잘 쓰기 위해서는 보도자료의 작성 형식을 준수하되 누구나 쉽게 이해할 수 있도록 알기 쉬운 용어들을 사용하여 작성하여야 하겠습니다. 그리고 일부 주무관들이 작성한 보도자료를 보면 홍보업무를 전담하는 부서에서 제공하고 있는 보도자료의 표준형식에 맞게 어려운 행정용어들을 나열만 하는 형식으로 작성된 경우들이 많이 있습니다. 이러한 보도자료는 홍보하고자 하는 내용들이 표준형식에 맞지 않는데도 불구하고 보도자료를 작성 형식에 지나치게 집착하거나 어려운 행정용어들을 남발하는 경우 자주 발생합니다. 그러나 가능하면 보도자료 작성 시 홍보하고자 하는 내용들을 충분히 홍보할 수만 있다면 표준형식을 준수하여 작성하는 것이 좋습니다. 그런데 너무 표준형식에 집착하여 보도자료들을 작성하게 되면 홍보하고자 내용들을 정확하게 표현할 수 없는 경우가 있을 수 있는데 이때에는 이를 적절하게 응용하여 홍보하고자 하는 내용을 정확하게 표현할 수 있도록 표준형식을 조금 변형하여 사용하는 능력들을 기른다면 더욱 좋겠습니다.

셋째 주무관들이 보도자료를 작성하는 데 유의하여야 하는 사항이 있습니다. 일부 주무관들이 작성한 보도자료를 읽어보면 지방공무원에게 익숙한 행정용어를 자주 사용하거나 외국어를 혼용하여 어려운 용어들을 남발하는 경향들이 있습니다. 이러한 보도자료를 읽는 주민들은 홍보내용을 쉽게 이해하지 못하거나 왜곡하여 받아들이는 경우가 있을 수 있습니다. 그러므로 주무관들은 알기 쉬운 용어들을 사용하여 보도자료를 작성하되 맞춤법이나 띄어쓰기를 철저히 준수하여 자신들이 의도하는 홍보 효과를 거둘 수 있도록 각별한 주의가 요구됩니다.

넷째 보도자료 작성 시 보도자료의 제목을 특히 신경을 써서 결정하여야 하는데 일부 주무관들이 이를 다소 경시하는 태도를 보이고 있습니다. 처음으로 보도자료를 접하는 지역주민들이 보도자료 제목만으로는 보도하고자 하는 내용들을 쉽게 떠올리지 못하거나 외국어를 혼용한 정체불명의 제목들을 선정하는 경우에는 많은 문제가 있다고 하겠습니다. 주무관들은 지역주민들이 홍보하고자 하는 내용을 쉽게 이해할 수 있도록 보도자료의 제목을 선정하는 데 특별히 유의하시면 좋겠습니다. 우리나라에도 60여 개국에서 온 외국인들이 산재하여 전국에 거주하는 현실이므로 지방자치단체마다 홍보 시에 이들을 위하여 각별한 마음을 기울이는 것이 너무도 당연한 현상이라고 할 수 있겠습니다. 우리나라에서는 오래전부터 외국인이 현지에 빠르게 정착할 수 있도록 지방자치단체마다 다양한 노력을 집중하고 있습니다. 이와 더불어 지방자치단체마다 다문화가정이 현지에 빠르게 적응할 수 있도록 지방행정에서도 보도자료 작성 시 언어 선택에도 신중하게 고려하여 이들이 지방행정을 이용하는 데 불편함이 없도록 각별한 관심을 기울이고 있습니다. 그리고 이들이 거주하고 있는 지방자치단체에서 잘 정착하고 일상생활에 불편함이 없도록 지방자치단체에 근무하고 있는 주무관들이 앞장을 서야 하겠습니다.

다섯째로 보도자료 제목을 결정한 이후에는 보도할 내용들을 육하원칙(5W1H)을 준수하여 작성하고 홍보하고자 하는 사항들은 누구나 알기 쉬운 용어를 선택하여 보도자료를 작성하여야 하겠습니다. 주무관들이 중점적으로 알리고자 하는 사항들이 있다면 이를 쉽게 구별할 수 있도록 시각적인 효과가 나타나도록 작성하면 되겠습니다. 주무관들이 강조하고자 하는 사항들을 시각적으로 명확하게 구분이 되도록 표시하여 보도자료를 읽는 주민들이 이를 쉽게 구별할 수 있도록 표현하는 것이 가장 좋은 방법입니다.

여섯째 지역주민들은 지방자치단체에서 부서별로 추진하는 업무에 관한 개별적인 정보가 아니라 그 업무와 관련한 종합된 정보를 한꺼번에 얻기를 원하고 있습니다. 지방자치단체의 홍보업무를 담당하고 있는 부서에서는 가능하다면 지방자치단체에서 홍보업무와 관련되는 자료들이 있으면 이를 종합하여 종합적인 보도자료를 작성하여 홍보를 할 수 있도록 주무관들에게 적절한 교육을 하는 방안들을 고민해 주시기 바랍니다.

마지막으로 지방자치단체의 보도자료는 주무관의 관점에서 작성되기보다는 보도자료를 읽는 지역주민들의 입장을 고려하여 작성될 수 있도록 각별한 주의를 기울여야 하겠습니다. 지역주민들은 관련된 내용들이 종합된 종합적인 정보를 한꺼번에 얻기를 원하고 있습니다. 지방자치단체에서는 종합행정을 주로 추진하고 있으므로 보도자료도 어떤 업무들을 총망라한 종합적으로 보도자료를 작성하는 것이 홍보 효과가 크다고 하겠습니다. 주무관들은 보도자료를 읽는 지역주민들의 입장을 고려하여 보도자료를 작성하겠다는 자세로 홍보업무에 접근하게 된다면 홍보업무에 대한 남다른 견해를 갖게 되고 홍보업무에 대한 전문가로 거듭날 수 있습니다.

10. 부서이동

지방공무원들의 최대의 관심사는 승진이라고 할 수 있는데 승진은 자신에게나 가족들에게도 큰 축복이 되는 일입니다. 지방공무원이라면 승진에 특별한 관심을 기울이고 승진 시기가 도래하면 누구나 승진할 수 있도록 각별한 노력을 다하게 될 것입니다. 주무관들이 승진하면 직급이 올라가고 매월 받는 보수도 올라가게 되므로 직장인으로서 일거양득이라고 할 수 있겠습니다. 승진은 주무관들에게 아주 중요하고 뜻이 있는 날이겠지만 오직 승진만을 목적으로 근무하게 된다면 너무 재미가 없고 무미건조한 지방공무원 생활이 될 것이 뻔합니다. 그럼에도 불구하고 지방공무원들도 직장인이기 때문에 지방공무원으로 생활하는 과정에서 업무에 보람을 느끼는 동시에 이에 따른 보상으로 승진하는 기회가 주어진다면 아주 금상첨화라고 할 수 있겠습니다. 그러므로 주무관들은 담당하고 있는 업무가 어떤 종류의 것이건 애착심을 가지는 동시에 긍정적인 자세로 맡은 업무들을 성실하게 수행하여야 하겠습니다. 이러한 자세로 근무에 충실한 주무관들에게는 주변의 동료나 관리자들의 도움을 받아서 승진하는 기회가 주어지게 되므로 지방공무원으로서 큰 축복이라고 할 수가 있겠습니다.

일부 주무관들은 오직 승진에만 목적을 두고 승진에 다소 유리한 부서만을 찾아서 여러 부서를 저울질하거나 외부인을 통하여 인사청탁을 하는 경우가 많이 있습니다. 이들은 담당업무에는 전혀 관심이 없이 오직 승진만을 목적으로 지방공무원 생활을 하기에 업무적성이 어떤 것인지 정확하게 알 수가 없을 것입니다. 이들은 당연히 적성에 맞는 업무들을 찾지 못했을 것이고 어떤 업무에서도 전문가 수준에 도달하지 못했을 것이 확실합니다. 이들은 어떤 업무를 담당하든지 그 업무에 관한 애착심이 없으므로 업무를 추진하는 과정에서 조그마한 만족감도 느끼지 못하게 되고 또한 담당 업무추진 시 미숙한 업무처리로 업무에 대한 스트레스가 아주 심한 경우를 자주 목격하였는데 그때마다 아주 안타까운 생각이 들곤 하였습니다. 오직 승진에만 목적을 두는 주무관들은 부서에서도 자존감이 상대적으로 낮아 동료들의 눈치를 보는 등 사기가 저하되어 있고 자신들의 업무역량도 최대한으로 발휘할 수 없게 됩니다. 이러한 안타까운 일들이 발생하지 않도록 하기 위해서는 주무관들은 가능하면 빠르게 업무적성에 맞는 업무 군을 정한 다음 같은 업무 군 내에서 한 분야를 선택하고 그 분야에서 적성에 맞는 업무를 찾으면 될 것입니다. 이러한 과정을 통하여 적성에 맞는 업무를 찾은 다음에는 그 업무에 집중하여 그 업무의 전문가로 성장하게 된다면 경력관리에 아주 도움이 되고 지방공무원으로서도 보람이 있는 생활을 할 수 있게 될 것입니다.

지방공무원들은 같은 부서에서 약 3년 정도 근무한다고 가정하면 도

중에 공직을 그만두는 경우를 제외하고는 약 30년 정도 근무하게 되므로 적어도 10여 개의 부서에서 근무 경험을 쌓을 수 있게 됩니다. 주무관들이 관심을 가진다면 여러 부서에서 다양한 업무들을 경험할 수 있으므로 그 기간에 충분히 적성에 맞는 업무들을 찾을 수가 있을 것입니다. 지방자치단체에 근무하면 대부분 오랫동안 근무하게 되므로 지방공무원으로 생활은 42.195km를 달려야 하는 마라톤에 비유하기도 합니다. 지방공무원으로 근무하는 동안에 다양한 경험을 쌓는 기회가 많이 있으므로 주무관들은 너무 단기간의 실적이나 성과에 연연하지 말고 긴 호흡으로 인내심을 가지고 성실하게 근무한다면 자기도 모르는 사이에 좋은 결과들이 스스로 찾아올 것입니다. 고속도로를 통행하다 보면 사고 등으로 다소의 정체 구간들이 있을 때 그 구간만 지나면 소통이 원활해지게 되고 국도에 비해 빠른 속력으로 운전하여 목적지에 도착할 수가 있을 것입니다. 고속도로에서 다소의 정체 구간은 있었으나 그 정체 구간을 지나 묵묵히 고속도로를 이용하여 목적지에 도착했을 때가 일시적으로 정체하는 구간이 있을 때 이를 피해서 국도 등으로 우회하여 목적지에 도착한 운전자보다 먼저 목적지에 도착했던 경험들이 있을 것입니다.

지방자치단체에서 큰 역할을 담당하게 될 주무관들은 가능하다면 빠르게 업무역량을 최대한으로 발휘할 수 있는 분야를 찾아서 성실하게 근무하기를 권하고 싶습니다. 그럼에도 불구하고 일부 주무관들은 우선 근무하기 편하고 승진에 다소 유리한 부서들을 불나방처럼 찾아다니고 있는데 이는 아주 잘못된 주무관의 자세라고 강력하게 말씀을 드리겠습니다. 왜냐하면 이들은 적성에 맞는 분야에서 근무한 경험이 없으므로 다른 주무관들에 비해서 업무의 '주특기'를 찾아볼 수 없는 것은 너무도 당연한 일입니다. 이러한 주무관들은 업무에 관한 자신감이 상대적으로 낮고 조직 생활에서 올바른 정체성을 갖기 힘들 것입니다. 이런 주무관들은 지방공무원들이 흔히 말하는 특정 분야에 대한 '주특기'가 없으므로 어떤 부서의 특정한 업무에 결원이 발생하더라도 같이 근무하자고 권유하는 동료나 관리자들이 없는 것은 너무도 당연한 일입니다. 설령 자신이 그 업무를 담당하기를 희망하더라도 그 부서에서 받아 주지 않는 불행한 일이 발생하게 됩니다. 주무관들에게 이러한 비극이 발생하지 않도록 하기 위해서는 자신의 업무역량을 가장 잘 발휘할 수 있는 분야를 적극적으로 찾아서 경험한 다음 그 분야에서 '주특기'를 꼭 만들도록 특별히 노력하여야 하겠습니다. 그렇게 노력하면 자신도 모르는 사이에 지방자치단체에서 특정한 업무의 전문가라는 소문이 나게 될 것입니다. 그리고 어떤 부서에서 그 업무를 담당하는 자리에 결원이 발생하게 되면 동료들이나 관리자들의 추천을 통해서 그 부서로 이동하여 그 업무를 담당하게 될 것입니다. 이러한 과정을 반복하게 된다면 그 주무관은 그 업무에 관한 지식이 날로 늘어나고 지방자치단체에서 아주 필요한 인재로 성장하게 될 것입니다.

주무관들이 어떤 업무를 담당하든지 처음에는 다소 어렵고 힘이 들 겠지만 여러 가지 업무들을 경험하는 동안에 적성에 맞는 분야를 찾으면 될 것입니다. 그 분야에서 특별한 관심과 인내심을 가지고 꾸준히 노력한다면 처음에는 다소 어렵고 미숙했던 업무들도 어느새 익숙해지는 경험을 하게 될 것입니다. 주무관들이 관심 있는 분야를 발견하게 된다면 처음에는 그 분야에서 근무할 기회를 가질 수 있도록 동료들이나 관리자들에게 적극적으로 의사를 표명하시기 바랍니다. 이러한 과정을 거쳐서 같은 분야에서 두 번 이상 근무하는 경험을 쌓아 나간다면 자신도 모르는 사이에 그 분야의 전문가로 성장해 있을 것입니다. 이러한 과정들을 반복하게 된다면 그 지방자치단체에서 특정 업무에 대한 전문가로 소문이 나게 될 것입니다. 그렇게 되면 지방자치단체에서 그 업무에 관한 궁금한 사항이 있으면 당연히 그 주무관을 찾게 될 것입니다. 그 주무관은 동료들이 업무적으로 궁금한 사항에 관한 업무 지도를 하거나 관리자들의 질문에 답변하는 과정에서 그 분야에 관한 전문지식들을 더 많이 쌓을 수 있게 되므로 그 분야에서 전문가로 성장을 거듭할 것이 명약관화합니다. 어떤 부서에서 그 업무를 수행할 주무관이 필요하게 되면 동료들이나 관리자들의 적극적인 추천으로 그 부서로 이동하는 것은 너무도 당연하다고 하겠습니다. 주무관들의 근무부서 이동은 이러한 과정을 거쳐서 이루어지는 것이 아주 이상적이고 자신의 발전과 승진에 아주 유리하다는 것을 명심하시기 바랍니다.

지방자치단체의 장래를 책임지게 될 주무관들은 일시적으로 어려움이 있거나 흔하게 회자하는 여론 동향에 따라 마음에 상처받는 일이 생기더라도 좌고우면하지 말고 성실하게 근무하기를 거듭하여 당부합니다. 그리고 뚜렷한 주관을 가지고 당당하게 자신의 업무역량을 가장 잘 발휘할 수 있는 분야를 적극적으로 발굴하여 그 분야의 전문가로 성장하면 미래에는 반드시 좋은 날이 꼭 온다는 사실을 믿고 성실하게 근무하시기 바랍니다.

11. 신상관리

주무관들이 추진하는 사업은 지역주민들의 실생활과 밀접하게 관련된 경우가 대부분으로 지역주민들은 주무관들이 추진하는 사업들마다 주의 깊게 살펴보고 사업들을 추진하는 과정은 물론 결과에 관심을 기울이고 있다는 사실을 꼭 명심하여야 하겠습니다. 지방자치단체에는 선출직 단체장이나 의원들도 무소속인 경우를 제외하고 정당에 소속되어 있어 뚜렷한 정치 성향이 있다는 사실을 잘 알고 있을 것입니다. 지역에 거주하는 지역 유지들도 지방자치단체에서 추진하고 있는 각종 사업뿐만 아니라 행사 등 지방자치단체에서 추진하고 있는 업무에 관심을 기울이고 있으며 이들은 지방자치단체에서 시행하는 행사에 참여하거나 간접적으로 도움을 주고 있습니다.

지방자치단체에 근무하고 있는 주무관들은 그 지방자치단체가 소재하는 지역에 거주지를 두고 지방공무원으로 근무하는 주무관들이 많이 있을 것입니다. 지방자치단체에는 지방공무원과 선출직 공무원, 지역 유지들이 같은 지역에서 생활하므로 주무관들의 행태에 따라 때로는 불필요한 오해를 불러서 일으키는 경우들도 가끔 있습니다. 주무들은 언제나 공정한 잣대로 담당업무들을 처리하는 것이 정당한데도 불구하고 일부 주무관들은 선출직이나 지역 유지들과 개인적인 친분으로 담당업무를 왜곡하여 추진하여 불필요한 분란을 일으키거나 문제를 더욱 확산시키는 경우가 비일비재합니다.

주무관들이 담당업무를 추진하는 동안에 절차적 공정성을 준수하고 의사결정 과정을 투명하게 공개하여야 이러한 오해가 발생하지 않을 것입니다. 일부 주무관들이 담당업무를 처리하는데 개인적인 친분을 업무와 관련시키거나 지방공무원의 양심에 배치되는 행동을 하는 경향도 가끔 있는 것이 사실입니다. 이러한 주무관들은 특히 학연이나 지연에 의한 관계망을 만드는 데 특별히 관심을 기울이고 있고 업무실적을 올리는 데에는 전혀 관심이 없으므로 지방자치단체에서 사적인 관계망을 만드는 일에만 열을 올리는 것을 가끔 볼 수가 있습니다. 이들은 당연히 지방자치단체에서 많은 문제를 일으키게 되고 동료 지방공무원들로부터 따돌림을 당하게 될 것이 자명합니다. 그러므로 주무관들은 담당하는 업무들을 추진하는 동안에 쌓은 업무실적을 바탕으로 신상 관리를 하여야 한다는 사실을 꼭 명심하시기 바랍니다.

지방자치단체는 기관의 업무를 모든 지방공무원이 서로 협력하고 맡은 분야에서 최선을 다하여 업무들을 추진하기 위하여 조직된 단체입니다. 입문기에서 이미 이야기한 것처럼 지방자치단체가 원활하게 운영되기 위해서는 부서별로 담당하고 있는 업무들을 무리 없이 추진하여야 하므로 주무관들도 근무하고 있는 부서에서 담당하고 있는 업무들을 책임감이 있고 성실하게 추진하여야 하는 것은 너무도 당연하다고 하겠습니다. 주무관들마다 부서에서 담당업무를 원활하게 추진한다면 지방자치단체 전체 업무들이 유기적으로 잘 돌아가게 될 것입니다. 주무관들이 담당하고 있는 업무들을 소신 있게 추진하기 위해서는 어떤 분야에 전문지식이 많이 있거나 그 분야의 업무들을 처리한 경험들이 많이 쌓여서 자신만의 특유한 주특기가 있으면 더욱 좋겠습니다. 이러한 주무관이 되기 위해서는 업무적성에 맞거나 특별히 관심이 있는 분야가 있다면 그 분야에 특별한 관심을 가지고 이에 집중하고 특별한 노력을 기울일 필요가 있겠습니다. 이를 통하여 자신들의 위상이 올라가게 되고 조직발전에도 크게 이바지할 수가 있을 것입니다.

현재 지방공무원 인사시스템은 계층제와 직위분류제를 혼용하여 운용하고 있으므로 어떤 부서에 결원이 발생하면 인사 부서에서는 전보 대상들을 상대로 그 부서에서 근무하고 싶은 희망자를 받게 되며 특별한 사유가 없다면 희망자를 우선하여 배치하게 될 것입니다. 요즈음 추세를 보면 주무관들이 지방자치단체에서 근무하기가 상대적으로 편하다거나 근무평정을 받기 쉬운 특정부서로 몰리는 현상들을 자주 볼 수 있습니다. 이러한 현상들이 발생하게 되면 인사 부서에서는 당연히 여러 가지 사항들을 고려하여 인사발령을 하게 되므로 먼저 인사 부서에서는 지방공무원들의 큰 관심 사항인 승진에 있어서 형평성을 유지하기 위해 지방공무원들 사이에 근무평정 등을 고려하여 인사발령을 하게 될 것입니다. 다음으로 근무평정에서 특별히 고려할 사항들이 없다면 같은 분야에서 근무한 경력이 있는 지방공무원을 우선하여 인사발령 대상자로 검토하게 되고 특별한 문제가 없다면 그 대상자 중에서 선발하여 배치하는 것이 일반적인 절차입니다. 쉽게 이야기하면 재무과 계약팀에 결원이 발생했다고 가정할 때 특별한 사유가 없다면 계약업무에 정통한 지방공무원들을 선발해서 인사발령 대상자로 검토할 것입니다. 계약팀장이 공석이 되어 인사발령이 필요한 경우에는 과거에 계약업무담당 주무관으로 근무한 경력이 있는 팀장이 있다면 그 팀장을 우선으로 인사발령 대상자로 고려한 다음 본인의 의사를 수렴한 이후에 특별한 사유가 없으면 그를 계약팀장으로 발령하게 될 것입니다. 이러한 인사발령 과정을 자세히 살펴보면 주무관 시절 어떠한 분야에서 근무하였고 그 분야에서 탁월한 업무실적을 올리는 것이 주무관의 신상 관리에 아주 중요하다는 사실을 쉽게 알 수가 있을 것입니다. 주무관 시절에 어떤 분야의 전문가로 성장하는지에 따라서 향후 주무관들이 근무할 부서는 물론 보직에도 많은 영향을 미친다는 사실을 쉽게 알 수 있을 것입니다.

　주무관들과 지방공무원의 신상 관리에 관하여 이야기해 보면 같이 근무하는 관리자에게 아부를 잘하고 다음으로 동료 지방공무원들의 비위를 거스르지 않고 잘 지내는 것이 자신의 신상 관리를 아주 잘하는 것이라고 오해하는 주무관들이 많이 있습니다. 이러한 사고를 갖는 주무관들은 과거에 같은 팀이나 부서에서 근무한 경험이 있거나 자신과

코드가 맞는 관리자들이나 동료 지방공무원들과 사적으로 모임을 자주 갖는 것이 자신의 신상 관리를 바르게 하는 것으로 오해하고 이것에만 집중하는 것을 자주 목격할 수가 있습니다. 이러한 주무관들은 오직 사적인 모임을 통해서 개인의 신상 관리에만 신경을 쓰고 담당하고 있는 업무는 아주 소홀히 하는 것은 당연한 사실이므로 그때마다 아주 안타깝다는 생각이 들었습니다. 주무관의 신상 관리는 관리자들과 사적인 유대관계에 의해서 결정되기보다는 지방공무원으로 근무하면서 평소에 어떤 업무를 주로 담당하였고 어떤 분야의 전문가로 성장하는가에 따라서 자신의 신상 관리가 결정된다는 사실을 정확하게 알고 있어야 하겠습니다. 주무관들은 가능하면 빨리 적성에 맞거나 특별히 관심이 있는 분야를 찾아서 그 분야의 전문가로 거듭나도록 노력하는 것이 자신의 신상 관리에서 제일 중요하다는 사실을 거듭 거듭하여 강조해서 말씀을 드리겠습니다. 일부 주무관들은 '본인은 지방자치단체에서 아는 사람이 없어서, 일반적으로 흔히 말하는 연줄이 없어서, 혹은 고향이 특정한 지역이라서 불이익을 받는다'라고 자조 섞인 이야기들을 자주 하는 것을 너무도 많이 들을 수가 있었습니다. 물론 주무관들이 하는 말이 전혀 근거가 없는 말은 아니라는 사실을 이미 잘 알고 있습니다. 제가 기회가 있을 때마다 말씀드리는 것은 한 번의 행운이 영원히 주무관들을 미래를 보장해 주지 못한다는 사실을 깊이 생각해 본다면 아마도 이러한 말들을 아주 다르게 해석할 수가 있을 것입니다.

지방공무원 지침서

가끔은 주무관들이 적성에 맞는 업무가 있어도 그 업무를 담당할 수도 없고 근무하기를 희망하는 부서가 있어도 그 부서로 근무지를 옮길 수 없다고 하소연을 많이 하는데 이는 아주 잘못된 주무관들의 업무 자세라는 말씀을 꼭 드리고 싶습니다. 주무관 인사에서 일부는 학연이나 지연 등을 고려하여 인사발령을 하는 경우가 있다는 사실을 인정하고 이를 전적으로 부정하지는 않겠지만 현실을 탓하기보다는 적극적인 자세로 적성에 맞는 업무가 있으면 그 부서장에게 면담을 요청하고 그 업무를 맡고 싶다는 의사를 밝히든지 인사업무담당자와 상담을 통하여 의사를 분명하게 표시한다면 희망하는 업무를 맡을 기회가 충분히 주어진다는 사실을 꼭 말하고 싶습니다. 주무관들에게 꼭 부탁하고 싶은 것은 오로지 불평만 하고 있을 것이 아니라 한 번만이라도 좋으니 꼭 이러한 시도를 해 보시기 바랍니다. 처음에는 다소 어렵고 두렵게 느껴지겠지만 한 번만 시도해 보면 다음에는 아주 쉽게 이러한 시도를 할 수 있다는 사실을 꼭 명심하시기 바라며 앞으로 근무 기간이 창창하게 남아 있는 주무관들이 지방자치단체서 멋지고 당당한 주무관으로 근무했으면 좋겠습니다.

주무관들이 이러한 과정을 통해서 적성에 맞는 업무를 맡고 그 업무에서 자신의 업무능력을 충분히 발휘하게 된다면 아마도 그 업무를 수행하는 자리에 결원이 발생하면 같은 업무를 멋지게 수행한 경력이 있는 그 주무관을 그 부서의 업무담당자로 우선하여 추천하게 될 것이므로 자신이 특별한 노력을 하지 않더라도 원하는 분야에서 근무를 할 수 있는 기회를 충분히 얻을 수 있게 되고 이를 통해서 그 업무의 전문가로 성장하게 될 것입니다. 이렇게 이야기하면 일부 주무관들은 인사원칙에 의거 같은 부서를 연속 근무하기 어렵다고 이야기를 하는데 이는 신상 관리에 관하여 아주 오해하는 부분입니다. 지방자치단체는 주민들을 위한 업무를 추진하는 조직체이므로 어떤 부서에 결원이 발생하여 지방공무원을 배치해야 하는 상황이 발생하면 그 업무를 추진할 수 있는 업무역량이 충분히 되고 그 부서원들과 원만한 관계를 잘 유지할 수 있는지를 고려한 다음에 인사 배치하고 있다는 사실을 꼭 명심하시기 바랍니다.

　주무관들이 신상 관리를 잘하기 위해서는 주무관의 적성에 맞는 업무를 맡으라는 것이지 반드시 같은 부서에 연속해서 근무하라고 이야기하는 것은 아닙니다. 지방자치단체에서 한 부서의 업무 성격은 대체로 업무맥락은 일치하겠지만 팀별로 차이가 있다는 사실을 누구나 알고 있습니다. 예를 들면 기획예산과에도 기획팀, 예산팀, 법무팀, 규제개혁팀 등 지방자치단체마다 형편에 맞게 다양하게 구성되어 있겠지만 팀별로 담당하는 업무 성격에서 많은 차이점이 있다는 것을 금방 알수가 있습니다. 만약에 주무관들이 예산업무에 관심을 가지고 그 업무를 담당하고 싶다면 기획예산과 예산팀에서 지방자치단체의 예산업무를 총괄을 할 수도 있겠지만 만약에 다른 부서에 근무한다고 가정하더라도 그 부서에도 기금업무를 포함한 예산과 관련된 업무들이 있다면 그 업무를 담당하면 될 것입니다. 그 부서에서 기금업무를 포함한 예산과 관련된 업무를 담당하고 이를 충분히 익힌다면 그 주무관은 예산업무 전문가로 성장할 수가 있을 것입니다. 그 주무관이 업무적성에 맞는 업무를 수행하는 과정에서 누구보다도 탁월한 업무실적을 올린다면 동료 지방공무원이나 관리자들의 도움으로 지방자치단체에서 예산업무를 총괄하는 예산팀에서 근무할 수 있을 것입니다. 그러므로 주무관들은 평소에 관심이 있고 업무적성에 꼭 맞는 분야를 찾아서 그 분야의 전문가로 성장하는 것이 신상 관리를 가장 잘하는 방법입니다. 주무관들은 관리자들과 사적인 관계망을 이용하는 신상 관리에서 벗어나 지금부터라도 지방자치단체에서 어떤 분야에서 전문가로 성장할 것인지 진지하게 고민하시기 바랍니다.

관리자들도 예외가 없이 일정한 시기가 되면 공직을 마감하는 시기를 맞이하므로 설령 마음에 맞는 관리자들과 오랫동안 근무하고 싶어도 근무를 할 수가 없으므로 관리자와 사적인 친분을 통한 신상 관리에는 한계가 있다는 것을 누구나 쉽게 알 수가 있을 것입니다. 지금부터라도 올바른 신상 관리를 하고 싶은 주무관들이 있다면 적성에 맞는 업무를 찾아서 그 업무의 전문가로 성장하고 지방자치단체를 위해서 헌신하는 것이 가장 빠르고 확실한 길이라는 것을 거듭 말씀드리고 싶습니다.

12. 역량계발

　지방자치단체에서 근무하는 주무관들은 원하든지 원하지 않든지 조직이 운영하는 시스템에 적응해 가면서 담당하고 있는 업무들을 수행하게 됩니다. 지방자치단체가 원활하게 운영되기 위해서는 매년 기본적으로 추진해야 하는 업무들이 의외로 많이 있는데 이러한 업무들은 조직 운영에 기본이 되는 업무들이기 때문에 지방자치단체에 근무하는 지방공무원들이라면 함께 참여하여 이를 수행하여야 하는 업무들이라고 하겠습니다. 주무관들은 지방자치단체가 운영하는 시스템이라는 큰 울타리 속에서 매년 반복적으로 추진하는 업무를 함께 하고 자신이 담당하는 업무들을 별도로 추진하다가 보면 지방자치단체라는 울타리에서 반복적인 일상생활에 매몰되기가 쉬운데 이러한 생활을 계속 반복하게 되면 다소 매너리즘에 빠지게 되고 자기 계발을 소홀히 하는 등 아까운 시간만 보내고 있는 자신을 발견하게 될 것입니다.

　예를 들어 설명한다면 매년 한 해의 시작을 알리는 신년회, 을지훈련, 특별한 사유 발생으로 인한 비상근무, 끝을 알리는 종무식이라는 큰 사이클이 매년 반복하게 됩니다. 그리고 자신이 담당하는 업무들을 추진하다가 보면 일 년이라는 시간이 너무도 빨리 지나가는 것을 느끼게 될 것입니다. 이렇게 매년 정기적으로 실시하는 업무와 담당하는 업무를 추진하다가 보면 때로는 시간이 부족할 만큼 바쁘게 지방공무원 생활을 하기도 하고 때로는 휴가를 즐기는 등 다소 한가한 시간을 보내다가 보면 어느새 일 년이라는 시간이 훌쩍 지나간 것을 느끼게 될 것입니다.

필자도 주무관 시절에 '내가 지금 무엇을 하고 지내고 있으며 어떻게 살아야 좋은 삶인지, 미래는 어떻게 준비해야 하는지?' 이에 대한 해답을 얻고자 많이 고민했던 기억이 납니다. 주무관들은 외부의 충격이 다소 미미한 지방자치단체에서 유수같이 빠르게 흐르는 시간에 자신을 맡기고 미래에 대한 큰 고민이 없이 일상생활을 한다면 지방공무원으로 근무하는 데 큰 보람도 느끼지 못하고 무의미하게 아까운 시간만 허비하게 될 수도 있을 것입니다. 이런 매너리즘에 빠지지 않기 위해서는 주무관들에게 여유 시간이 허락된다면 주말 등을 이용해서 자신이 관심이 있는 분야를 선정한 다음 그 분야에 특별한 애착을 기울이고 집중하여 연구하면 좋겠습니다. 이러한 노력을 통하여 그 분야의 전문가로 성장하게 된다면 아마도 개인의 발전은 물론 근무하는 지방자치단체에도 큰 도움이 될 것입니다.

우리가 이미 알고 있는 일만 시간의 법칙은 '누구나 한 분야에 꾸준한 관심을 가지고 집중적으로 노력한다면 목표가 모두 이루어진다'라는 내용인 것 같습니다. 필자도 지방공무원 생활을 하면서 대학원을 졸업하는 과정을 되돌아보면 얼떨결에 대학원에 등록하고 일주일에

두 번 근무 시간이 끝나고 저녁 시간을 이용하여 학교에 가는 것이 아주 부담스러웠습니다. 다른 지방공무원들이 대학원을 졸업하는 것을 보면서 아주 쉬운 일로 알았었는데 직접 경험하여 보니까 지금 생각해 보면 아주 힘든 시간이었던 것 같습니다. '뜻이 있는 곳에 길'이 있듯이 대학원에 다니면서 우여곡절도 많았는데 주변 동료들의 도움과 교수님들의 양해 덕분에 대학원을 무사히 마칠 수가 있었습니다. 그렇게 대학원을 다니고 졸업을 해 보니 내가 너무 늦게 대학원 공부를 시작한 것을 많이 후회한 때도 가끔 있었습니다. 그 이유는 조금 더 일찍이 대학원 공부를 시작했더라면 아마도 제가 평소에 관심을 두는 분야에 관하여 대학원에서 더 심도 있게 공부하고 이를 실무에 적용했더라면 아마도 근무하는 지방자치단체 주민들의 복지향상에도 많은 도움을 줄 수가 있었을 것이라는 생각이 들었습니다. 일부 주무관들은 자기 계발하는 과정에서 본의 아니게 동료들에게 피해 주는 경우를 자주 목격하였는데 이는 매우 좋지 않은 지방공무원의 근무 자세라 할 수 있겠습니다. 이는 자신들이 담당해야 할 업무들을 동료들에게 전가하고 이들의 아까운 시간을 빼앗고 있기에 자기 계발이 필요한 주무관들은 주말 여유 시간이나 평일에도 근무 시간이 종료된 이후의 자투리 시간을 활용하여 자기 계발하겠다는 마음을 갖는 것이 선결되어야 하겠습니다.

대학원에 다니면서 느낀 점은 지방공무원들은 담당하는 고유한 업무영역들이 있기에 학업 중 보고서를 작성하거나 졸업 시 논문을 쓰기

지방공무원 지침서

로 한 경우에도 연구 분야를 결정하는 데 아주 유리한 점들이 많이 있다는 것을 알 수가 있었습니다. 지방자치단체에서 근무하고 있는 주무관이라면 맡은 업무들을 수행하느라 시간적인 여유가 없을 것이지만 관심이 있는 분야가 있다면 자투리 시간을 활용하여 대학원에 진학하여 박사과정까지 이수할 수 있으면 그 분야의 전문가로 성장할 수 있을 것입니다. 이러한 주무관들은 자신이 공부하며 터득한 전문지식들을 후배 지방공무원들에게 전수해 줄 수도 있고 근무하는 지역사회 발전에도 크게 이바지할 것입니다.

선배 지방공무원은 지방공무원으로 근무 기간에 관심이 있는 특정한 분야를 선정하고 자기 계발을 한 결과 그 분야에서 전문가의 반열에 오른 지방공무원들이 너무도 많이 있습니다. 어떤 선배 지방공무원은 행정직임에도 불구하고 부동산과 관련된 분야에 특별한 관심을 가지고 지방자치단체에서 부동산과 관련이 많은 도시계획과, 건축과, 부동산정보과, 세무과 등 부동산과 관련된 업무들을 주로 다루는 부서에서 근무를 희망하여 약 15년 동안 그 분야에 관한 실무지식과 경험을 쌓으면서 대학원도 부동산과 관련된 학과로 진학하여 대학원 과정을 무사히 마치고 박사학위를 취득한 이후에 대학에서 교수로서 후학들에게 지식을 전하기도 하였습니다. 이 선배 지방공무원은 대학에서 은퇴한 이후에도 부동산과 관련이 있는 분야의 연구를 계속하시고 부동산과 관련된 책들을 출간하고 틈틈이 부동산과 관련된 강연도 하고 계십니다. 이 선배 지방공무원의 사례에서 보듯이 지방공무원으로 근무하는 동안 특정한 분야를 선정한 다음 그 분야를 집중적으로 연구하고 공부한 결과 행복한 노후 생활로 이어지고 있는 좋은 사례들입니다.

다른 선배 지방공무원 중에는 내근보다 외근을 특히 좋아하셨던 아주 특별한 분이 계셨는데 이 선배는 다소 무미건조하게 느껴질 수 있는 지방공무원 생활에서 활력을 찾고자 전혀 문외한이었던 부동산 경매를 공부하기로 마음먹고 무작정 부동산 경매에 대하여 강의하는 학원에 등록 수강하는 등 부동산 경매 공부를 아주 열심히 하셨습니다. 이 선배 지방공무원도 그 분야에 대하여 아주 열심히 공부한 결과 부동산 경매에 관한 탄탄한 실력을 바탕으로 부동산 경매 실전 투자로 많은 재산도 모으셨고 시간이 날 때마다 물건 확인을 위해 전국을 다니면서 투자에 관한 정보도 얻고 임장활동 시 가족 여행도 병행하여 나름대로는 지방공무원 생활을 아주 보람 있게 하셨던 선배 지방공무원이었습니다.

주무관들도 자신들이 담당하는 업무들도 많이 있겠지만 근무 시간 중에는 누구보다도 열심히 열과 성을 다하여 업무를 추진하고 주말 등 여유 시간을 활용하여 자기 계발에 시간을 투입하고 노력한다면 공직 생활이 끝난 이후에도 보람 있는 인생을 살 수가 있을 것입니다.

주무관 중에는 맡은 업무가 너무 과중하여 자기 계발에 투자할 시간적 여유가 없다고 하소연하는 주무관들이 아마도 분명히 있을 것입니다. 시간이 없다고 불평하기에 앞서 자신에게 주어진 시간을 어떻게 활용하고 있는지 다시 한번 꼼꼼히 점검해 보는 시간을 갖는 것이 좋습니다. 지방공무원으로 근무하면 시간이 항상 부족하다고 느끼겠지만 여유 시간을 활용하는 방법들은 지방공무원들마다 너무도 다를 수가 있고 언제 어디서나 시간이 부족하다고 불평하는 사람들은 '누구에게나 주어지는 하루 24시간을 얼마나 알차게 활용하는가에 따라서 아주 달라질 수 있다'라는 사실을 인정해야 할 것입니다. 성공한 사람들은 대부분 자기 계발을 위하여 하루 5시간 이상 잠을 자는 분들이 드물다고 하고 이들은 자투리 시간이라도 생기면 '책을 읽거나 관심 있는 분야의 전문가를 만나 조언을 구하는 등 자기 계발을 위하여 자투리 시간을 적절하게 활용한다'라고 말을 하고 있었습니다. 이들의 공통점은 시간이 부족하다고 불평하지 않고 주어진 시간을 최대한으로 쪼개어서 활용한다는 공통점이 있다는 것입니다.

주무관들도 자신이 맡은 업무를 당연히 열심히 수행하여야 하겠지만 맡은 업무가 적성에 맞는다고 생각이 되고 그 분야에 관하여 심도 있는 공부를 해 보고 싶은 생각이 들 때면 지금 당장 그 분야에 관한 공부를 시작하였으면 좋겠습니다. 처음에는 출발이 다소 미약하고 준비가 덜 된 상태에서 시작하였을지라도 목표를 달성하겠다는 마음을 굳게 가진다면 그 과정에서의 어려움들은 인내심으로 충분히 극복할 수 있으므로 관심이 있는 분야에 관하여 자기 계발을 꼭 하겠다는 굳은 의지만 있다면 전문가에게 조언을 구하거나 인생 멘토의 도움을 받아서 어려운 점들을 하나하나 해결해 가면 될 것입니다. 주무관들은 시작도 하기 전에 시간이 없다고 실망하거나 다소 어려움들이 있다고 시작도 하기 전에 미리 포기하지 말고 굳은 의지로 즉각 실행에 옮긴 다음 인 내심을 가지고 꾸준히 노력한다면 미래에는 반드시 좋은 결과가 있을 것입니다.

13. 계약업체

지방공무원은 근무하는 동안에 다양한 업무를 접하게 되고 이를 수행하는 경험을 하게 되고 조직 운영을 위한 물품을 공급받거나 지역주민들을 위한 공사를 시행하는 경우 업체들과 계약을 하게 될 것입니다. 지방자치단체에서 이러한 업무를 추진하는 주무관들은 조직에서 상대적으로 중요한 위치에 있으므로 다른 지방공무원에 비하여 비중이 있는 업무들을 주로 다루게 됩니다. 이러한 업무들을 추진하는 과정에서 업체들과 계약을 맺고 사업들을 추진하게 되며 주무관들이 담당하는 업무에서 장기계약이 필요한 업무들은 관련된 업체들과 긴밀한 관계를 상당한 시간 동안 계속하고 많은 예산도 집행하게 될 것입니다. 이러한 주무관들은 대부분 지역발전은 물론 주민들에게 큰 편익을 제공하는 주민 밀착형 업무들을 주로 담당할 것입니다.

주무관들이 집행하는 계약금액이 소액이거나 업무 특성상 특별한 기술을 필요로 하거나 특정한 업체와 사업을 추진해야 하는 경우가 아니라면 지역에 소재지를 둔 업체들과 수의계약으로 사업들을 추진하게 될 것입니다. 지역에 소재하는 업체들과 수의계약으로 사업을 추진하면 이들은 지역 사정에 밝고 지리적으로도 가까운 곳에 있어서 사업추진도 빠르고 사업추진 시 하자가 발생하더라도 즉시 시정을 할 수 있는 장점들이 있는 것이 사실입니다. 그런데 이러한 장점들이 있는데도 불구하고 지역에 소재한 업체들과 개인적인 친분이 있거나 학연이나 지연으로 연결이 되는 경우 수의계약으로 담당업무를 추진 시 가끔 부작용이 발생하기도 합니다. 주무관들이 계약업무를 추진하는 경우 계약업무와 관련된 규정들을 엄격하게 적용하고 이를 위반하지 않도록 각별한 주의를 기울여 계약업무를 추진하여야 하겠습니다. 우리가 이미 잘 알고 있는 것처럼 지방공무원들이 계약과 관련된 규정들을 잘못 적용하여 사회적으로 큰 물의를 일으킨 사례들을 너무도 많이 알고 있고 주변에서도 흔하게 목격할 수 있습니다.

요즈음 지방자치단체에는 민선 단체장과 의원들이 함께 근무하고 있는데 이들은 무소속인 경우를 제외하고 정당에 소속되어 있으므로 지역에서 이들의 정치적인 이해관계는 다양하게 얽혀 있다는 것을 누구나 잘 알고 있을 것입니다. 주무관들이 이러한 정치적인 소용돌이에 들어가지 않기 위해서는 계약업무 추진과정에 계약과 관련된 규정들을 엄격하게 적용하여야 계약업무의 추진으로 인한 어려움을 당하지 않을 것입니다. 주무관들이 계약과 관련된 규정들을 제대로 적용하지 않아서 추진하는 사업들이 정상적으로 추진되지 못하는 경우들도 종종 발생하고 있으니 각별한 주의를 하시기 바랍니다.

주무관들이 추진하는 사업들의 재원들은 지역주민들이 낸 세금으로 마련되었으므로 사업을 추진하는 과정에서 계약업무의 기본원칙을 엄격히 준수하여 주민들이 낸 세금이 낭비되지 않도록 하여야 하겠습니다. 위에서도 이미 이야기하였듯이 계약과 관련된 규정들을 잘못 적용하여 지역사회에서 정치적 소용돌이에서 헤어나지 못하는 지방공무원들의 사례들이 너무도 많이 있으므로 이에 대해서는 별도로 언급하지 않겠습니다. 주무관들은 계약금액이 큰 사업들을 시행하는 경우 계약과 관련된 규정들을 정확하고 엄격하게 적용하는 것이 사업을 정상적으로 추진할 수 있는 지름길이라는 사실을 꼭 명심하시고 계약업체가 누구이든지 공정하고 공평하게 계약법령을 적용하여야만 경제적 피해를 주지 않는다는 사실을 꼭 기억하시기 바랍니다.

주무관들이 계약업무를 추진하는 과정에서 불법이 존재하면 사후에 반드시 이에 상응하는 대가를 치르게 되고 이에 대한 책임도 감당해야 하는 것은 너무도 당연한 사실입니다. 이러한 불미스러운 사태가 발생하지 않도록 주무관들은 계약과 관련된 규정들을 완벽하게 숙지하고 이를 집행하도록 노력하여야 하겠습니다. 주무관들은 평소에 계약업무와 관련된 규정들을 철저히 공부하고 계약업무를 추진 시에는 지방자치단체에서 계약과 관련된 업무에 정통한 동료 주무관들에게 조언을 구하는 것도 아주 좋은 방법일 것입니다. 주무관들이 이미 알고 있듯이 계약업체 사이에 경쟁이 아주 치열하므로 만약에 계약 관련 규정을 잘못 적용하게 되면 경쟁업체에서 당장 민원을 제기할 것이고 최악의 경우 경쟁업체로부터 피해보상 소송이 제기될 수 있으니 주무관들은 계약업무 추진 시 관련한 규정들을 완벽하게 숙지하고 공정하게 업무를 처리하여야 하겠습니다.

주무관들은 계약업체와 관계에서 우선 계약과 관련된 원칙과 규정들을 철저히 준수한 다음에 이들과 인간적인 관계를 유지하면 좋겠습니다. 상호 이러한 신뢰 관계가 지속하게 된다면 지역에 소재한 업체들에도 도움을 줄 수가 있고 지역사회 발전에도 큰 도움이 될 수도 있을 것입니다. 사업금액이 일정한 금액 이상이면 공개경쟁 입찰을 통해서 계약업무를 추진하여야 하는데 입찰 공고 시에 지역 제한을 두는 것은 많은 제약요인이 있으므로 지역에 소재한 영세한 업체가 낙찰할 확률이 아주 낮다고 하겠습니다. 그렇더라도 지역 외에 소재지를 둔 낙찰한 업체가 그 지역에 소재한 업체들과 상생하는 방법들이 있으면 서로 상생할 수 있도록 협조하는 방안을 제시하는 것도 아주 좋은 방법일 것입니다.

주무관들이 계약을 체결하고 이를 집행하는 과정에 다양한 사업자들과 만나서 업무적으로나 업무 외적으로 유대관계를 맺기도 하는데 일부 주무관들은 계약업체들과 잘못된 유대관계로 인하여 관리 감독을 다소 소홀히 하는 경향도 있는데 이는 아주 잘못된 업무 자세라 할 수 있습니다. 주무관들이 추진하는 사업들은 지역주민들의 실생활과 밀접한 관련이 있는 주민 밀착형 사업들이 대부분이므로 당초에 계획한 설계에 맞도록 시공되도록 철저한 관리 감독을 하여야 하겠습니다. 주무관들이 계약업무를 추진하는 과정에서 다양한 상황들이 발생할 수가 있는데 계약을 체결할 당시에는 전혀 예측할 수 없는 돌발적인 상황이 계약업무를 집행하는 과정에서 발생하면 상황에 맞도록 적절한 설계변경 등을 통하여 이에 맞도록 대처하는데 처음 계약서에 기재된 내용 이외에 추가하여 계약업체에 요구할 사항이 있다면 계약업무와 관련된 원칙들을 준수하고 계약금액을 조정하는 등 적절한 조치를 하여야만 계약업체가 불이익을 받지 않을 것입니다.

계약업무는 상호 신뢰 관계를 바탕으로 이루어지는 업무이므로 주무관들은 언제나 친절하고 공정하게 계약업무를 집행하여야 하며 계약업무를 추진 시에는 누가 뭐라고 하더라도 계약업무와 관련된 규정과 원칙을 꼭 숙지하고 이를 철저히 준수하시기 바랍니다. 그렇지 않으면 사후에 큰 책임을 질 수가 있으므로 앞에서 이야기한 내용들을 철저히 숙지하고 이를 준수할 수 있도록 각별한 주의를 기울여 주시기 바랍니다.

제3절

관리자 시기 : 가을(秋)

1. 조직운영

지방자치단체에는 조직을 운영하기 위하여 매년 정기적이고 반복적으로 추진하여야 하는 업무들이 있으므로 이들의 추진상황을 정기적으로 보고하게 하거나 수시로 점검하는 회의들이 많이 있습니다. 지역사회에서 수시로 발생하고 있는 문제들을 원만하게 해결하기 위하여 여러 부서 관계자들과 합동회의들을 개최하고 이들을 신속하게 해결할 수 있는 최적의 방안들을 찾을 수 있도록 그때마다 회의를 통하여 이를 해결하고 있습니다. 이러한 과정을 통하여 문제들을 해결한 다음에는 감사부서를 통하여 처리결과에 관한 점검을 통하여 업무처리 시에 잘된 점과 다소 미흡했던 점들이 있는지 철저히 사후 평가하게 될 것입니다. 이러한 과정을 통하여 잘된 점은 더욱 발전시키고 다소 미흡했던 사항들이 있으면 이를 보완할 수 있는 대책들을 철저하게 수립할 것입니다. 지방자치단체에서는 정기적으로 추진하는 업무와 수시로 발생하는 문제들이 동시에 일어나고 있으므로 이들을 원만하게 해결하기 위하여 여러 부서의 업무협조가 원활히 이루어질 수 있도록 수시로 지도 점검하여 조직 운영의 효율성을 높이고자 다양한 노력을 할 것입니다.

지방자치단체에는 연중업무 계획 수립, 계절별 비상근무, 행정사무

감사, 예산편성과 결산 등 매년 반복적이고 주기적으로 추진해야 하는 주요한 업무들이 너무도 많이 있습니다. 지역에서 재난이나 재해가 발생거나 각종 전염병 발생과 같은 발생 시기를 특정할 수 없는 특별한 상황이 긴급하게 발생하면 이에 맞게 적절한 업무들을 추진하게 될 것입니다. 그리고 정권이 바뀌거나 단체장이 교체되면 새로운 정책들을 검토하게 되고 이를 추진하는 적절한 대책들을 수립하느라 많은 시간과 노력을 투입하고 있습니다.

지방자치단체에서 매년 주기적으로 반복하는 일은 조직을 기본적으로 운영하는 일과 밀접하게 관련이 있으므로 일부 팀이나 부서에서 조금만 그 업무들을 소홀히 추진하여도 조직 전체로 파급효과가 발생하게 됩니다. 관리자들은 매년 반복적이고 정기적으로 추진하는 사업들의 추진 시기를 놓치지 않도록 각별한 주의를 기울여야 하고 이러한 업무들의 추진상황을 수시로 점검할 필요가 있겠습니다. 그럼에도 불구하고 일부 팀장이나 과장 중에는 업무계획의 수립이나 예산편성 등 매년 반복적으로 추진하고 있는 업무들을 주무관들에게만 일임하고 이에 관하여 전혀 관심을 기울이지 않는 경우가 가끔 있습니다. 팀장이나 과장의 이러한 무관심으로 인하여 일부 주무관들도 매년 반복되는 일에 관하여 아주 소홀하게 추진하여 조직 전체로 문제가 비화하는 경우들이 있으므로 팀장이나 과장들은 이러한 일들이 발생하지 않도록 특별히 주의를 기울여야 하겠습니다.

지방자치단체에는 수시로 발생하는 현안을 원만하게 해결하기 위해서는 지방행정 역량을 집중하여야만 이러한 문제들을 신속하게 해결할 수 있는 것들이 대부분입니다. 그러기 위해서는 팀장이나 과장들은 주무관들의 업무능력과 적성에 맞도록 적정하게 업무들을 배분하여야 할 것입니다. 그럼에도 불구하고 평소에 업무들을 책임감이 있게 열심히 추진하는 주무관들에게만 업무를 집중하여 배분하고 업무를 다소 소홀히 하는 주무관들에게는 상대적으로 적게 배분하는 경향이 있는데 이는 아주 잘못된 사례들이라고 하겠습니다. 왜냐하면 지방자치단체는 업무를 효율적으로 추진하기 위하여 구성된 조직체이므로 각자 맡은 역할을 충실하게 수행하여야만 조직이 원활하게 운영될 것입니다. 그런데 일부 주무관들에게 업무들이 집중하게 되면 업무의 과부하가 일어나고 지방자치단체 운영 시스템이 제대로 작동하지 못하게 될 것이므로 팀장이나 과장들을 주무관들의 업무역량에 맞도록 적절하게 업무들을 배분하여 이러한 이들이 발생하지 않도록 각별한 주의를 기울여야 하겠습니다.

그리고 업무들이 종료된 이후에는 업무를 열심히 한 주무관들에 대해서는 이에 상응하는 보상을 부여하는 방안을 꼭 시행하여야겠습니다. 지방공무원들 대부분은 맡은 바 업무들을 열심히 수행하고 있겠지만 일부 주무관들은 자신에게 맡겨진 업무조차도 소홀히 하여 다른 주무관들에게 큰 피해를 주는 것이 현실입니다. 만약에 팀장이나 과장이 담당업무를 소홀히 하는 주무관들과 열심히 업무를 하는 주무관들과 같은 대우를 하게 된다면 열심히 일하는 주무관들의 사기는 바닥으로 추락하게 되고 조직의 운영에도 아주 큰 악영향을 미치게 될 것이 자명합니다.

팀장이나 과장은 주무관들이 최소의 노력으로 최대의 성과를 도출할 수 있도록 수시로 주무관들의 사기를 북돋아 주어야 하겠습니다. 그리고 부서에서 발생하는 현안들을 신속하게 해결하기 위해서 부서에서는 물론 지방자치단체 전체에 업무협조가 필요한 경우들도 많이 있는데 이에 관해서도 각별한 관심을 가져야 하겠습니다. 팀장이나 과장은 평소에도 모든 면에서 솔선수범하고 부서에서 업무와 관련하여 지방공무원들이 적극적으로 업무에 협력할 수 있도록 상호 협력하는 분위기를 조성하는 것이 필요합니다. 그러기 위해서는 팀장이나 과장들은 주무관들이 맡은 업무에 집중할 수 있도록 충분히 배려하고 업무 배분도 주무관들 사이에 형평에 맞도록 적절하게 배분하여야 하겠습니다. 팀장이나 과장들이 이러한 자세로 근무한다면 아마도 부서에서 아무리 어려운 문제들이 있더라도 주무관들 사이에 원만한 업무협조가 이루어지고 업무처리 속도는 더욱 빨라져 발생한 문제들을 신속하게 해결할 수가 있으므로 업무에 대한 만족도는 더욱 올라가고 부서 전체의 사기도 진작될 수가 있을 것입니다.

이러한 분위기에 편승하여 팀장이나 과장들은 항상 주무관들을 특별하게 배려하고 부서에서 화합을 도모한다면 아마도 주무관들은 일치단결하여 무엇이든 해결할 수 있다는 자신감도 생겨나고 아무리 어려운 문제가 발생해도 이를 슬기롭게 해결할 수가 있을 것입니다. 하나의 작은 성공은 더 큰 성공을 이루기 위한 디딤돌이 된다는 사실을 깊이 명심하고 주무관들이 각자 맡은 역할을 충실하게 수행할 수 있도록 많은 배려를 하여야 하겠습니다. 팀장이나 과장들이 매사를 공정하게 판단하고 주무관들을 공평하게 배려한다면 주무관들의 사기는 더욱 올라가게 되고 어떠한 어려운 과제들이 생겨나더라도 한마음 한뜻으로 그 문제들을 반드시 해결할 수 있다는 믿음이 생겨날 것입니다. 이러한 믿음을 바탕으로 주무관들이 한마음으로 단합하게 된다면 그 부서는 아주 강한 조직으로 거듭나게 되고 아울러 지역주민들에게 만족할 만한 지방행정 서비스를 제공할 것입니다.

2. 직원관리

지방공무원으로 성장기를 지나 완성기에 도달하면 지방자치단체에서 팀장이나 과장의 직위에서 직원들을 관리하거나 팀이나 부서를 책임지게 될 것입니다. 이 시기에는 많은 일들을 추진하여야 하고 부서나 지방자치단체에서 중요한 현안이 되는 업무들을 직접 추진하는 등 지방자치단에서 중추적인 역할을 담당하게 될 것입니다. 팀장이라는 직위는 실무자인 주무관과 과장의 중간자적 위치에서 팀원 사이에 갈등이 있다면 이를 원만하게 조정하고 팀원들을 잘 이끌어서 팀의 업무들을 원만하게 수행하여야 하는 책임이 있습니다. 팀장은 우선 팀의 모든 업무를 완전히 숙지하고 있어야 하겠으며 민원인들이 팀의 업무들에 대해서 궁금한 사항들을 문의하면 이에 대하여 가장 정확하게 답변을 할 수 있는 능력이 있어야 하겠습니다.

그럼에도 불구하고 일부 팀장은 그 직위에 보임되면 그때부터 결재권자라고 자신의 위상을 과시하면서 실무에서 완전히 손을 떼고 모든 업무를 주무관들을 통해서 처리하고 권위를 과시하는 경우가 있습니다. 이와 더불어 팀장이 팀의 주요 업무의 방향도 설정하지 않고 팀에서 현안이 되는 업무의 계획서 작성까지도 주무관들에게 미루는 팀장들도 일부 있는 것이 사실입니다. 팀장으로 지방공무원 생활을 마감할 경우가 아니라면 실무에서 완전히 손을 떼고 오로지 결재만 해서는 곤

란하고 앞으로 과장, 국장 등 더 높은 직위로 승진한다면 더 어렵고 힘든 업무의 추진 방향을 직접 설정하고 이를 주도적으로 처리하여야 추진하는 일들이 산적해 있을 것입니다. 그리고 담당하고 있는 업무에 큰 문제가 발생하거나 민원이 발생하게 되면 이를 원만하게 해결하는 책임이 함께 주어지는 것은 너무도 당연합니다. 이러한 일들을 원만하게 해결하기 위해서는 담당업무에 관한 상세한 내용까지 완벽한 숙지를 하고 있어야 함은 물론 그 업무와 관련된 다른 전문지식도 함께 숙지하고 있어야 하므로 팀장이라는 직위를 원만하게 수행하기 위해서는 늘 공부하는 자세로 근무하여야 하겠습니다. 팀장은 팀원들의 의견들을 원만하게 조율하고 현안이 되는 업무의 처리 방향을 신속하게 설정하고 이를 직접 추진하여야 하는 아주 중요한 위치에 있습니다. 자신에게 주어진 팀장직무를 원활히 수행한다면 향후 상위직급으로 승진하면 더 높은 직위에서 감당해야 하는 어려운 문제들이 발생하더라도 조금도 당황하지 않고 차분하게 이를 원만하게 처리할 수 있게 될 것입니다.

팀장에서 과장으로 승진을 하게 되면 부서장 직위가 부여되고 담당하는 업무의 내용과 강도에서 아주 많은 차이가 있을 것입니다. 팀장은 부서장과 협의하여 팀의 업무를 원만하게 처리할 수 있겠지만 부서장인 과장은 부서의 담당업무에 관한 처리 방향들을 직접 결정하고 집행하는 위치에 있게 되므로 과장의 업무추진 방향에 따라서 그 부서에서 담당하는 업무의 추진 결과에는 아주 많이 차이가 발생하므로 과장의 잘못된 정책 방향의 설정은 그 파급효과가 지방자치단체 전체에 퍼져 나갈 수 있으므로 언제나 신중하게 의사를 결정하고 이를 집행하여야 할 것입니다. 과장은 부서의 지방공무원들을 올바른 방향으로 이끌어야 하는 것이 무엇보다도 중요하다고 하겠습니다. 왜냐하면 함께 근무하는 지방공무원들의 개인적인 성향도 아주 다르고 업무처리 능력에도 상당한 차이가 있으므로 부서의 지방공무원들을 오케스트라 지휘자처럼 조화로운 조율을 통하여 멋진 하모니가 만들어지도록 이끌어 가야 하는 책임자의 위치에 있기 때문입니다. 이러한 하모니를 만들기 위해서는 과장은 부서의 지방공무원들 개개인의 업무능력과 적성에 맞도록 적절하게 업무들을 배분하고 부서원들이 상호협력하는 분위기를 조성하여야 하겠습니다.

처음 과장으로 발령받으면 부서에서 중요한 업무의 정책 방향을 설정하고, 부서원들의 업무역량을 결집하여 업무성과를 조기에 달성하려고 많이 고민하게 될 것입니다. 아울러 부서에서 현안이 되는 업무를 파악하고 이에 대한 문제점들을 철저하게 검토한 다음에 적절한 해결방안을 마련하기 위하여 동분서주할 것입니다. 과장으로 발령을 받은 초기에 의욕이 앞선 나머지 현안에 대한 문제점들을 제대로 파악하지 않은 채 이를 무리하게 해결하려고 시도하다가 예상치 못하게 큰 문제들을 일으키기도 합니다. 초임 과장은 전임자들이 고민했던 현안을 철저하게 검토한 다음에 팀장이나 주무관들의 의견을 충분히 경청하고 이에 대한 적절한 대안들을 마련하는 것이 돌발상황이 발생하는 것을 예방할 수 있습니다. 초임 과장이 자칫 의욕이 넘쳐서 전임자들이 처리했던 업무들을 정확하게 분석하지도 않고 단기간에 큰 성과를 거두기 위하여 무리하게 업무들을 추진하다가 보면 부서의 주무관들은 물론 민원인들과도 큰 충돌이 발생할 수도 있으니 특별히 주의하시기 바랍니다. 현재 근무하는 팀장이나 주무관들도 전임 과장님과 부서의 현안에 대하여 함께 고민하고 이를 슬기롭게 해결하려는 다양한 시도를 하였을 것입니다. 민원인들과도 그 문제를 원만하게 해결하기 위하여 여러 가지 의견 교환을 하는 등 피나는 노력이 있었을 것입니다. 그럼에도 불구하고 초임 과장이 팀장이나 민원인들과도 사전에 충분한 의견교환 없이 전임 과장님이 추진했던 방향들은 아주 무시하고 전혀 새로운 방향으로 현안을 해결하려고 시도한다면 지방자치단체에 큰 문제들이 발생할 수 있으니 신중하게 접근하여 이를 해결하려는 노력이 필요하겠습니다.

초임 과장은 언제나 전임자와 항상 같은 방향으로 현안들을 해결하라는 것은 절대로 아니니 조금도 오해하지 않았으면 좋겠습니다. 초임 과장이 오랫동안 해결하지 못한 현안들이 발생한 이후에 여건의 변화 등을 고려하여 전임자와 다른 각도에서 이를 조망해 볼 필요성이 있습니다. 부서에서 해결이 안 된 채로 장기간 현안이 되는 업무들은 전임자들도 많이 고민하고 이에 대한 다양한 해결책을 모색하였겠지만 해결하지 못한 난제들일 것입니다. 이러한 현안을 재검토하는 시점에 그동안 업무와 관련된 규정들이 개정되지는 않았는지 주변 여건에 변화가 있었는지 등을 자세하게 조사한 이후에 전임자들과 조금만 다른 각도에서 이들을 심도 있게 검토해 본다면 의외로 쉽게 해결방안을 찾는 경우들이 너무도 많이 있습니다.

초임 과장이 주변 여건의 변화나 규정의 개정 등을 참고하여 부서에서 오랫동안 미해결된 문제에 대한 종합적인 대책들을 수립하였다면 자신의 판단이 정확한지 전임 과장에게 다시 한번 검증을 받는 것도 좋은 방법이 되겠습니다. 왜냐하면 전임 과장도 그 문제에 대하여 많은 고뇌를 하고 해결책들을 찾기 위하여 고민하고 여러 가지 대안들을 검토하였기 때문에 후임 과장이 제시한 대책들을 바르게 검증을 할 수 있을 뿐만 아니라 후임 과장이 전혀 생각하지 못했던 더 좋은 해법도 제시하여 줄 수 있을 것입니다.

지방공무원들은 대부분 순환보직으로 근무부서를 이동하게 되므로 다양한 지방공무원들과 함께 근무하는 경험을 하게 될 것입니다. 이미 부서장 보직을 경험했던 과장들이 새로운 부서로 전보 시에 특히 주의해야 할 일이 있는데 이는 전 부서에서 함께 근무했던 지방공무원들과 친소관계 여부를 새로운 부서에서도 적용하는 경우가 가끔 있습니다. 새로운 부서로 전보를 받은 과장은 '새 술은 새 부대에 담아야 한다.'

라는 자세로 업무에 임해야 할 것입니다. 왜냐하면 현재 근무하고 있는 부서는 전에 근무했던 부서와 환경도 다르고 지방공무원들의 업무 처리 능력과 담당업무 성격에도 너무도 많은 차이가 있기 때문입니다. 신임과장은 이 점을 마음속에 깊이 새기고 새로운 부서 지방공무원들의 업무성과를 최대한으로 발휘하도록 노력하여야 하겠습니다.

신임과장은 부서원들의 팀 배치 시 부서의 업무 성격에 맞도록 주무관을 적재적소에 배치하는 것이 아주 중요합니다. 왜냐하면 주무관의 업무적성도 다양하고 업무에 대한 경험들도 상당히 많은 차이가 있으므로 업무적성 등을 고려하여 조화롭게 팀 배치를 하여야 할 것입니다. 그럼에도 불구하고 일부 과장들은 주무관의 업무처리 능력을 직접 검증하지도 않았음에도 불구하고 외부의 여론만 참고하여 부서원들의 팀 배치를 하는 경우가 너무도 흔하게 일어나고 있는데 이는 아주 잘못된 사례라고 말할 수 있습니다. 과장들이 주무관들의 업무능력을 직접 검증해 보지도 않은 채로 여론이나 외부의 반응을 근거로 배치한다면 아마도 부서를 원만하게 운영하고 업무성과를 높이는데 큰 장애요인이 될 것입니다.

지방공무원들은 자신의 기준으로 다른 지방공무원들을 판단하고 평가하는 경우가 대부분이므로 과장은 지방공무원들의 여론이나 외부 평가에만 의존하지 말고 시간을 두고 주무관들과 업무를 추진하는 동안 그들의 업무능력을 객관적으로 평가하고 개별 상담을 통하여 그들의 성향들을 제대로 파악한 이후에 팀 배치하거나 업무를 배분하여도 늦지 않을 것입니다. 일부 과장들은 주무관의 업무능력보다 학연이나 지연을 우선시하여 업무의 배분을 하거나 팀에 배치하는 등 주무관들을 아주 차별적으로 대우하는 경우가 있는데 이러한 관습은 즉시 시정되어야 하고 반드시 근절되어야 하는 악습이라고 감히 말씀을 드립니다.

현재 지방자치단체에도 개인주의적인 성향으로 아주 빠르게 확산하고 있고 새로운 질서가 형성되고 있는 시기입니다. 특히 민선 시대가 된 이후에 지방자치단체에서 학연이나 지연에 의한 인사 문제로 가끔 사회적으로 큰 문제가 되고는 하는데 이는 하루라도 빨리 시정이 되고 꼭 청산이 되어야 할 심각한 과제입니다. 이러한 문제를 근본적으로 해결하기 위해서는 지방자치단체에서도 지방공무원들의 업무능력을 공정하게 평가하고 이에 맞게 대우를 해 줄 수 있는 인사시스템을 개발하여 지방공무원들이 학연이나 지연으로 인하여 불공정하게 평가받지 않도록 조치하고 혹시 마음에 깊은 상처를 받는 사례는 없는지 외부 기관에서 철저한 감시와 감독이 필요하다고 하겠습니다. 과장들은 학연이나 지연이라는 함정에 빠져 있는지 수시로 자가 점검해 볼 필요가 있고 지방자치단체에서 인사의 기본원칙이 무너지면 모든 분야에서 부조리가 도미노 현상처럼 발생하게 될 것입니다. 학연이나 지연이라는 고질적인 함정에 빠진 과장들은 부서에서 현안이 되는 업무에 관해서도 정확한 보고도 받지 못하고 다소 왜곡된 보고를 받을 우려가 아주 크다는 것을 분명하게 알고 있어야 하겠습니다. 지방자치단체에서 이

지방공무원 지침서

러한 문제들이 발생하지 않기 위해서는 과장들은 학연이나 지연으로 주무관들의 팀 배치나 업무 배분이 되지 않도록 특별히 주의하고 부서를 이끌어 가야 합니다. 아주 특별한 사정이 없다면 아주 공정하고 공평하게 주무관을 평가하고 이를 통하여 부서에 주무관들이 서로 화합하고 상호존중하는 분위기가 조성될 수 있도록 하는 것이 지방자치단체에 근무하는 과장의 진정한 역할이 아닐까 생각합니다.

3. 직원배치

 지방자치단체에서 근무하는 관리자들에게 가장 어렵고도 주의해야 할 업무는 부서에 배치된 부서원을 올바르게 팀에 배치하는 것입니다. 부서에 전입한 직원들을 업무적성에 맞도록 적재적소에 배치 여부에 따라서 그 부서의 업무성과나 지방공무원들의 사기에도 큰 영향을 미치게 될 것이 분명하므로 어떤 조직에서나 사람을 관리하는 일을 제일 중요하게 생각하고 아주 신중하게 접근하는 경향이 있는데 이는 사람을 통하여 일들을 수행하기 때문입니다. 요즈음은 눈 깜짝할 사이에 아주 급변하고 있는 시대이므로 이러한 시대의 흐름에 맞게 직원을 효율적으로 배치하고 관리하는 것은 대단히 어렵고도 힘든 일이 되어 가고 있습니다. 이러한 시대의 흐름에 맞게 지방자치단체에서 근무하는 지방공무원들을 업무적성에 맞도록 배치하고 관리하는 것이 아주 중요한 과제로 대두하고 있어서 지방자치단체의 인사 부서에서도 지방공무원들의 업무능력을 배양하고 이들을 적절하게 활용하기 위하여 온 행정역량을 집중하고 있습니다.

 현재 관리자의 위치에서 근무하는 지방공무원들은 자신이 지방공무원으로 생활을 시작한 시절에 겪었던 경험들과 현재의 경험하고 있는 상황과는 아주 많은 차이가 있으므로 가끔은 혼돈이 발생할 수도 있을 것입니다. 사람들은 일반적으로 과거에 경험한 일들을 도외시하고 전혀 경험해 보지 못한 새로운 현상들을 쉽게 받아들이는 데에는 다소의 한계가 분명히 있을 것이므로 관리자들이 과거에 지방공무원으로 근무하던 새내기 시절에 경험했던 일들을 아주 잊어버리고 현재 상황을 있는 그대로 수용하기는 쉽지 않을 것입니다. 관리자는 세월이 흐름에 따라서 지방행정 환경에도 급격한 변화가 일어나고 있음을 인정하고 넓은 아량으로 이를 적극적으로 수용하려는 자세가 필요할 것입니다. 지금 관리자로 근무하고 계시는 지방공무원들이 새내기 시절의 근무 환경은 사회적으로 성장 위주의 정책들이 주류를 이루고 있던 시대여서 조직의 목표를 달성하기 위해서는 개인주의 성향보다는 조직이 단결하여 모두가 합심하여 함께 공동의 목표를 달성하겠다는 의식들이 만연했던 시절이었던 것 같습니다. 이 시절에는 조직에서 개인주의적인 의식은 다소 희박하고 모두가 함께 노력하여 조직의 목표를 이루겠다는 단체주의적 사고들이 강하게 작용했던 시대이므로 지방자치단체에서도 공동체 의식이 자연스럽게 생겨났던 시기였던 것 같습니다.

세월의 흐름에 따라 우리나라의 경제가 고도로 성장하여 먹고사는 문제들이 어느 정도 해결되면서부터는 사람들의 의식구조나 생활의 패턴에도 많은 변화가 있었음을 누구나 인정할 것입니다. 이러한 시대적 변화에 맞게 지방공무원 조직에도 지방행정 환경에 변화가 급격하게 일어나는 시대의 흐름을 반영하여 나타나는 아주 자연스러운 현상일 것입니다. 지방자치단체에서 근무하는 관리자들도 이러한 시대의 흐름에 맞게 자기 스스로 변화하겠다는 적극적인 의식 전환이 필요하다고 하겠습니다. 과거 자기가 경험하였던 것 중에서 좋은 것들은 더욱 계승하여 발전시키고 현재의 지방행정 환경에 맞지 않은 것들이 있다면 이를 과감하게 던져 버리는 용기가 필요하지 않을까 생각합니다. 그런데 일부 관리자들은 과거의 경험들은 무조건 소용이 없는 것으로 치부하거나 이를 경원시하는 경향이 종종 있는데 이것도 바람직한 업무 자세라고 할 수는 없을 것입니다. 현재 상황들을 올바르게 판단하기 위해서는 과거의 경험이나 기준을 근거로 판단하는 것이 아주 일반적인 현상이기 때문에 지방자치단체에서 근무하는 관리자들은 새내기 시절에 경험했던 것 중에서 현재 상황에 맞지 않다고 생각되는 것들이 있으면 이를 과감하게 버리고 과거에 경험했던 것 중에서 좋은 것들이 있다면 이를 더욱 발전시켜 새로운 지방행정 환경에 맞도록 적절하게 변형시켜서 지방자치단체에 적용한다면 시너지 효과가 발생하여 그 지역은 비약적으로 발전하리라고 생각이 됩니다.

지방자치단체에는 다양한 성향과 업무능력을 가지고 있는 지방공무원들이 함께 근무하고 있는 조직체이므로 조직체가 원만하게 운영되고 좋은 성과를 거두기 위해서는 지방공무원들의 업무능력에 맞게 적재적소에 배치하는 것입니다. 그런데 지방공무원들을 어떤 부서에 배치하면 특별한 사유가 없는 한 최소의 근무연수가 존재하기 때문에 일정한 기간 의무적으로 근무하게 되는데 이러한 최소근무 기간의 준수로 인하여 지방자치단체의 유연한 인력배치에 다소의 제약요인으로 작용하고 있는 것도 사실입니다. 그런데 사람들이 세상을 살아가는데 완벽한 조건에서 생활을 할 수 있는 사람들이 얼마나 될까 생각해 본다면 아마도 거의 없을 것입니다. 지방자치단체에서 근무하는 관리자들도 주어진 여건들을 탓하기보다는 주어진 조건에서 할 수 있는 최선의 노력을 하는 것이 지방공무원으로서 올바른 자세라고 생각합니다. 지방자치단체에서 근무하는 관리자들은 주어진 여건에서 주무관들의 업무적성에 맞게 팀 배치를 하고 부서의 업무들도 팀원의 업무역량들을 고려하여 적절하게 배분하면 되는데 일부 관리자는 부서에 결원이 생겨 새로운 직원이 전입하면 그 직원의 성격이나 업무능력을 전혀 고려하지도 않는 채 결원이 발생한 그 자리에 새로이 전입한 직원을 배치하는 경향이 아주 흔한데 이는 아주 잘못된 직원의 배치라고 생각합니다. 물론 부서에서 직원들의 근무평정이라든지 업무의 난이도 등을 고려할 때 그렇게 배치하는 방법 이외에는 다른 방법이 없는 경우에는 어쩔 수가 없을 것입니다.

지방공무원 중에는 개인적인 성격이 아주 특이한 지방공무원들이 가끔 있는데 이러한 지방공무원들이 부서에 새로이 전입하면 여러 가지 사항들을 고려한 다음에 그들을 팀에 배치하여야 할 것입니다. 왜냐하면 성격이 아주 특이한 지방공무원들이 전입하는 시점에 그 부서의 여건들을 종합적으로 검토한 다음에 그들이 근무하기 적합한 팀에 적절하게 배치하여야 그 부서의 운영에 애로사항이 없을 것입니다. 이러한 조치를 하지 않는다면 부서의 전체 구성원들의 사기에도 큰 영향을 미치게 되고 지방공무원들 사이에 갈등이 발생하는 등 심각한 문제들이 많이 일어날 수 있으므로 성격이 특이한 지방공무원들을 잘 관리하여야 하겠습니다.

지방자치단체에서 근무하고 있는 관리자들이 직원들의 배치 시에 주의해야 할 것이 또 있는데 관리자들이 직원의 팀 배치를 빈번하게 하면 장점보다는 부서에서 많은 혼란을 초래하는 단점이 훨씬 더 많다는 사실을 꼭 명심하시기 바랍니다. 왜냐하면 직원들이 새로운 부서에 전입하여 담당업무를 숙지하고 이를 원만하게 수행하는데 최소한 3개월 정도의 적응하는 기간이 필요하다고 대다수 지방공무원이 이야기하고 있습니다. 만약에 어떤 부서에서 빈번한 팀 배치로 인하여 담당업무가 자주 바뀌게 되면 직원들이 담당업무를 파악하는 데 많은 어려움이 발생하여 부서 전체가 혼란에 빠질 수가 있습니다. 그리고 부서에 어떤 직원에게 사소한 문제가 발생하면 즉시 그 직원을 다른 팀으로 배치하였다고 가정하면 다른 직원들도 업무를 추진하는 과정에서 조그마한 애로사항이 있거나 사소한 어려움들이 생긴다면 다른 팀으로 배치해 주기를 바라고 인사 고충을 할 것이 분명합니다. 지방자치단체에 근무하는 관리자들은 부서에서 직원들을 재배치하여야 하는 사유가 발생하면 여러 가지 요인들을 종합적으로 고려한 다음 신중하게 접근하여 이를 처리하여야 하겠습니다.

다음으로 관리자들이 직원들을 배치할 때 특히 주의해야 할 것은 직원들의 업무적성에 맞도록 적절하게 업무를 배분하여야 한다는 것입니다. 예를 들면 어떤 직원은 외근업무가 적성에 맞아서 외근업무를 신바람 나게 수행하고 탁월한 업무실적을 올린다면 그 직원을 외근업무가 많은 팀에 배치하여 자신의 업무능력을 최대한으로 발휘할 수 있도록 하는 것이 좋을 것입니다. 관리자들은 직원들의 개인적인 업무적성들을 제대로 파악한 다음에 이들을 적절하게 팀 배치한다면 아마도 직원들의 사기도 진작되고 근무하는 분위기가 좋아지는 등 시너지 효과가 극대화될 수 있을 것입니다.

관리자들은 부서의 직원들을 팀에 배치할 때는 언제나 조직 운영의 논리에 충실하고 이치에 합당하도록 배치하여야 하는데도 불구하고 일부 관리자는 직원들을 배치할 때 학연이나 지연을 우선으로 고려하여 배치하는 경향이 있는데 이는 아주 잘못된 직원 운용의 사례들이라고 강하게 말할 수 있겠습니다. 관리자들이 진정으로 어떤 지방공무원을 아끼고 사랑하는 마음이 있다면 그 지방공무원의 업무적성에도 맞고 그 업무를 감당할 수 있는 능력에 합당하도록 배려하는 것이 그 지방공무원을 아끼고 사랑하는 마음이 아닐까 생각이 됩니다. 왜냐하면 관리자들이 그 지방공무원을 특별히 배려하여 특정한 업무를 부여하였다고 하더라도 그 지방공무원이 업무를 원만하게 소화하지 못하고 문제를 일으킨다면 아마도 그 지방공무원은 업무로 인하여 심한 스트레스를 받게 되므로 결과적으로는 아주 잘못된 배려일 것이므로 이러한 관리자들의 잘못된 특별한 배려가 그 지방공무원의 앞길을 가로막는 계기가 될 수 있음을 깊이 명심하시기 바랍니다.

관리자들은 지방공무원의 업무적성과 업무능력을 고려하여 적절하게 팀에 배치한다면 부서에서 근무하는 전체 부서원들의 사기는 올라가게 되고 이를 계기로 탁월한 업무실적들을 거두게 될 것입니다. 이를 계기로 향후 유능한 지방공무원으로 성장할 수 있을 것이므로 지방자치단체에서 근무하는 관리자들은 이러한 사항들을 참고하여 지방공무원들을 적절하게 팀에 배치하였으면 좋겠습니다.

4. 공정한 평가

지방공무원들이 가장 많이 관심을 기울이고 있고 지방자치단체에서 갈등의 불씨를 일으킬 수 있는 분야는 아마도 공정한 평가에 대한 것이 아닐까 생각합니다. 지방공무원들은 많은 시간을 같은 팀이나 부서에서 근무한 경험들이 있고 상호 업무협조를 통하여 지방자치단체의 업무들을 공동으로 추진하기에 서로에 대해서 너무도 잘 알고 있으므로 함께 근무하는 동료 공무원들을 누가 어떠한 업무들로 얼마나 고생하고 있는지 공정한 평가를 하고 있을 것입니다. 오늘날 지방행정의 환경들은 급변하고 있으므로 이에 적합하게 업무들을 수행하는 과정에서 다른 지방공무원들의 업무협조 없이 혼자서 담당업무를 감당하기에는 사실상 어려움들이 있을 것입니다. 지방공무원들이 추진하고 있는 업무들은 복합적이고 종합적인 업무들이 대부분으로 이러한 업무들의 해결방안이 복잡하고 동료 지방공무원들에게 업무협조를 구하는 일들이 비일비재하고 그들의 도움을 받아야 가능하므로 지방공무원들은 동료 지방공무원들이 업무협조를 요청하면 자신들의 업무처럼 적극적으로 도와주고 협력하는 자세로 근무하여야 하겠습니다.

부서에서 함께 근무하는 지방공무원들 상호 간에는 업무의 난이도나 중요도에 대해서 너무 잘 알고 있으므로 팀장이나 과장은 어려운 업무들을 수행하고 있는 지방공무원들이 고생하는 만큼 이에 상응하는 보상을 줄 수 있도록 주의를 기울여야 하겠습니다. 지방공무원들은 각자가 맡은 업무가 다른 지방공무원보다 상대적으로 어렵고 중요하다는 생각들을 하는 경향들이 있겠지만 함께 근무하는 동료들이 먼저 각자가 맡은 업무의 경중이나 난이도에 관하여 아주 냉정하게 평가하고 있다는 사실을 정확하게 알고 근무하면 좋을 것입니다. 주무관들이 동료 지방공무원들에 대하여 내리는 평가들이 항상 공정하거나 공평하지는 않을 것이므로 지방공무원들 사이에 개인적으로 친한 관계냐 아니면 경쟁하는 관계냐 여부에 따라서 동료 지방공무원들을 평가하는 척도가 다르기 때문입니다. 그러므로 팀장이나 과장은 함께 근무하고 있는 지방공무원들을 평가할 때 주무관들의 상호 평가를 참고하되 최종적으로는 아주 객관적인 업무실적들을 바탕으로 공정하게 평가하여야 하겠습니다.

부서장은 지방공무원들과 개인적인 친소관계를 배제하고 오로지 지방공무원들의 업무성과에 맞도록 공정하고 객관적으로 평가하여야 합니다. 지방자치단체는 이러한 공정한 평가를 근간으로 조직의 질서가 형성되고 이러한 질서를 바탕으로 지방공무원 조직도 잘 유지될 수 있으므로 공정한 평가는 지방공무원들의 사기에도 아주 큰 영향을 미친다는 사실을 정확하게 알고 있어야 하겠습니다.

지방자치단체에서 승진과 관련한 근무평정 시에 잡음이 가끔 발생하고 있는데 일부 지방공무원들은 업무를 소홀히 하면서 근무평정 시 높은 평가를 받기 위해서 인사청탁을 하는데 '세상에는 영원한 비밀은 없다'라는 말이 있듯이 인사청탁도 한순간에 끝나는 경우가 대부분입니다. 지방공무원들의 근무평정에서 업무성과에 근거하지 않고 인사청탁을 통해서 일시적으로 높은 평가를 받더라도 이는 사상누각이나 다름이 없을 것입니다. 부서장이 공정한 평가를 하고 싶어도 외부에서 인사청탁이 있는 경우에 공정한 평가를 하지 못하는 경우도 가끔은 있을 것입니다. 이러한 경우에 우선 부정한 인사청탁을 하는 사람들을 설득하는 노력을 시도해 본 다음에 이를 관철하지 못할 경우는 강력하게 그 지방공무원의 장래를 생각한다면 이러한 인사청탁을 통한 불공정한 평가는 지방자치단체에서 소문이 금방 날 것이므로 그 지방공무원의 장래를 생각해 본다면 전혀 도움이 되지 않는다는 사실을 각인시킬 필요성이 있겠습니다.

　근무평정 시 외부의 부정한 인사청탁을 사전에 차단하기 위해서는 우선 팀이나 부서에서 중요한 업무나 민원이 많이 발생하여 동료들이 맡기를 싫어하는 특정한 업무를 수행하는 지방공무원을 근무평정 시 반드시 우대하겠다고 전체 부서원들을 상대로 공개적으로 공표를 하는 것도 하나의 방법이 될 수 있을 것입니다. 부서원들에게 공개적으로 공표를 한 사항들은 꼭 준수되어야 하는데 일부 부서장들은 주변의 여건이 변화하거나 상황에 어떤 변화들이 발생하면 부서원들을 상대로 한 약속을 이행하지 않는 경우가 있는데 이러한 일이 발생하면 이를 믿고 묵묵히 그 업무들을 수행한 지방공무원들이 불공정한 평가에 대한 불만들을 제기하여 부서의 기강이 일시에 무너지는 일이 발생하므로 부서장들은 각별한 주의를 하여야 하겠습니다.

지방공무원들에게 근무평정 시 공평한 평가를 하기 위해서 부서에서 어렵고 힘든 업무들을 선정할 때도 부서장이 일방적으로 선정하기보다는 지방공무원들과 토론을 거쳐서 공정하게 선정한 다음에 그 업무를 담당할 지원자를 공개적으로 모집하고 선발하는 절차도 아주 투명하고 공정하게 진행하게 된다면 근무평정 시 불공정의 문제로 불만들이 제기되지는 않을 것입니다.

지방자치단체에서 단기적으로는 큰 업무성과를 올리지도 못하면서 아주 고질적이고 반복적으로 민원들이 발생하여 지방공무원들이 그 업무를 기피하는 동시에 아주 싫어하는 업무들이 있을 것입니다. 이러한 고질적이고 반복적으로 민원들이 발생하는 업무를 자신의 업무역량을 집중하여 이를 해결하기 위하여 노력하는 지방공무원들에게는 특별한 관심을 가지고 이들을 제대로 배려하여야 하겠습니다. 왜냐하면 지방공무원들에게 오로지 업무성과만을 강조하게 된다면 지방공무원들은 가시적으로 성과가 나는 업무들에만 관심을 가지게 될 것이고 고질적이고 반복적으로 민원들이 자주 발생하여 단기적으로 도저히 업무성과를 올리기 어려운 업무들을 회피하거나 기피하는 것은 너무도 당연한 현상입니다.

이러한 일들이 발생하지 않기 위해서는 부서장은 어렵고 힘든 업무들을 수행하는 지방공무원에게는 기회가 된다면 표창 수여, 공무 국외 연수, 성과급 지급 시 우대 등 다양한 혜택들을 부여하여 이들의 사기를 올려 주어야 합니다. 업무실적에서 우수한 성과를 올린 지방공무원들과 담당하기를 싫어하는 고질적이고 힘든 업무들을 담당하는 지방공무원들에게 각종 평가 시에 많은 혜택을 공개적으로 부여하게 된다면 공정한 평가로 인하여 그 지방공무원의 사기가 올라가게 될 것입니다. 이러한 공정한 평가를 토대로 지방공무원들 상호 간 신뢰가 생기게 되고 지방자치단체에 대한 애착이 솟아나는 등 지방자치단체가 화합하는 분위기로 바뀔 것입니다.

부서장이 지방공무원들을 평가할 때 객관적인 업무실적에 바탕으로 공정한 평가를 하게 된다면 부서 기강은 바로 서게 될 것이고 이렇게 형성된 기강을 토대로 부서에서 어려운 일들이 발생하더라도 서로 화합하여 이를 해결하려는 아주 큰 동력이 발생하게 될 것입니다. 그러므로 부서장들은 조직을 올바른 방향으로 이끌어 가기 위해서는 누가 보더라도 지방공무원들의 업무성과에 맞게 객관적이고 공정한 평가를 하면 이를 바탕으로 누가 강요하지 않더라도 지방공무원들 사이에서 상호 업무에 협력하려는 마음이 자연스럽게 우러나게 될 것입니다. 이러한 분위기가 자연스럽게 조성된다면 부서장들은 부서를 원하는 방향으로 이끌어 갈 수 있게 되고 다양한 업무들도 원만하게 추진할 수 있어서 부서의 사기가 올라가는 등 지방자치단체에서 선순환 구조가 일어나게 될 것입니다.

5. 시범사업

중앙정부가 특정한 사업을 지방자치단체 전체로 확대 시행하기 전에 그 사업을 전국적으로 시행하면 어떠한 효과가 있는지 장단점들을 비교 평가하는 사업을 시범적으로 시행하게 됩니다. 이러한 사업들을 시범적으로 시행하는 사유는 그 사업의 시행으로 발생할 수 있는 부정적인 효과들은 최소한으로 줄이고 장점을 극대화하기 위하여 실시하는 경우가 일반적인데 지방자치단체마다 처한 현실이 달라서 특정한 사업을 전국적으로 확대하여 시행하기 전에 일부 지방자치단체에서 시범적으로 그 사업을 시행하여 본 이후에 그 결과를 검토하여 사업 시행을 위한 표준모델을 만드는 경우 활용하기도 합니다. 이러한 시범사업을 시행하는 지방자치단체에서는 사업 시행에 따른 위험부담을 감수함에 따라 이에 상응하는 다양한 혜택들을 부여하고 시행하는 것이 일반적인데 시범사업에서 우수한 실적을 나타내는 지방자치단체는 포상을 주어 격려를 해 주고 추진실적이 다소 미흡한 지방자치단체에는 실적이 미흡한 사유를 자세하게 분석하고 이를 철저히 보완하여 시범사업의 표준모델을 만드는 데 참고할 것입니다. 이러한 과정을 거쳐서 그 사업이 전국 지방자치단체로 확대하여 시행하는 경우 발생할 수 있는 오류들을 최소화할 수 있으므로 그 사업의 효과는 극대화될 수 있을 것입니다.

시범적으로 시행하는 사업의 실적들을 평가한 결과 그 사업을 확대하여 시행하는 경우 장점보다는 많은 문제점의 발생이 예상되는 등 부정적으로 평가되면 그 사업의 시행을 보류하거나 취소하기도 합니다. 특정한 사업을 전국적으로 시행하기 전에 시범사업을 하지 않고 일시에 전국의 지방자치단체로 확대하여 시행하였을 경우 발생할 수 있는 행정력의 낭비를 미리 예방할 수 있는 효과가 있다고 하겠습니다.

시범사업을 처음으로 실시하는 지방자치단체로 선정되면 지방자치단체에서는 시범사업을 추진하기 위하여 많은 자원의 동원이 필요하고 시범사업을 추진하는 과정에서 발생하는 시행착오를 감당할 준비가 되어 있어야 할 것입니다. 왜냐하면 그 사업을 시행해 본 경험들이 없기에 사업의 추진 방향을 올바르게 설정하는 일이 어려울 수도 있습니다. 그러나 선례가 있는 사업의 경우에는 이를 참고하여 추진한다면 약간의 오류가 발생하더라도 이를 빠르게 수정하는 등 추진상의 오류들을 최소화할 수가 있으므로 시범사업을 추진하는 지방자치단체로 선정되면 그 사업을 추진하는 과정에서 사업이 정상적으로 추진되고 있는지 객관적으로 평가를 할 수 있는 기준이 없으므로 사업성과들을 정확하게 예측하기 어려워 사업 시행에 따른 시행착오들을 겪게 될 것입니다. 따라서 선례가 없는 시범사업을 시행하는 지방자치단체에서도 약간의 위험을 감수하고 그 사업을 추진하여야 할 것입니다.

시범사업을 담당하는 부서에서 시범사업을 성공적으로 추진하기 위한 자원들을 지방자치단체에서 얼마나 신속하게 동원 가능한지 정확하게 진단한 다음에 시범사업의 시행 여부를 결정하여야 하겠습니다. 동원이 가능한 자원들을 정확하게 파악한 다음에는 그 지방자치단체가 보유하고 있는 자원들의 장단점을 정확하게 비교 분석하여 다른 지방자치단체보다 유리한 자원들을 많이 보유하고 있다고 판단하면 이를 활용하여 시범사업을 적극적으로 추진해 보는 것을 권장하고 싶습니다. 유리한 자원들을 적극적으로 활용하여 시범사업을 추진하여 그 시범사업이 아주 성공적으로 진행되고 좋은 실적을 거두면 시범사업 시행에 따른 많은 혜택을 받을 수 있게 되고 그 업무를 추진하는 데 고생한 부서원들에게도 많은 혜택이 돌아가게 되므로 지방공무원들의 사기진작에도 큰 도움이 됩니다.

중앙부서에서 시범사업을 시행하는 공문을 시달하면 관리자는 먼저 그 사업이 지방자치단체에 어떠한 효과를 가져올 것인지 판단한 이후에 긍정적인 면이 많다고 생각하면 그 지방자치단체에서 동원할 수 있는 자원들을 정확하게 분석하는 것이 무엇보다도 중요하다고 생각합니다. 이러한 철저한 분석으로 긍정적인 면이 많이 있는 경우에는 시범사업 개요, 사업 효과, 자원의 동원 가능성, 추진 시 유리한 점들이 포함된 종합적인 보고서를 작성하여 단체장에게 보고하고 시범사업의 시행 여부를 결정하여야 합니다. 왜냐하면 아무리 좋은 시범사업일지라도 단체장의 의지에 따라 시범사업의 시행 여부가 결정되기 때문에 시범사업을 추진하려는 단체장의 지지가 없으면 시범사업에 필요한 자원들을 효율적으로 동원하는 데 많은 어려움이 있고 특히 유관부서의 적극적인 도움을 받을 수가 없기 때문입니다. 그러므로 시범사업의 시행 여부를 단체장과 조율하는 과정이 없이 관리자가 멋대로 시범사업을 추진하는 것이 그 지방자치단체에 유리하기에 사업을 추진하는 것이 좋겠다는 단순한 생각만 가지고 시범사업을 추진해서는 아주 곤란합니다. 지방자치단체의 단체장은 정치인이기 때문에 관리자들이 단순히 행정적인 사항만을 고려한 다음에 시범사업을 추진하게 된다면 시범사업을 추진하는 데 많은 어려움을 겪게 될 것입니다. 지방자치단체의 단체장은 시범사업을 정치적인 관점으로 판단해 보고 자신의 정치적인 성향과 맞지 않는다고 판단하면 아무리 좋은 시범사업이 있다고 할지라도 이를 적극적으로 지지해 주지 않을 것입니다. 단체장의 정치적 성향에 따라 시범사업에 전혀 도움을 주지 않을 수도 있으므로 시범사업을 추진하는 과정은 아주 험난하고 그 시범사업을 제대로 추진할 수 없을 것입니다. 그러므로 관리자들은 시범사업을 추진할 필요가 있다고 판단이 되는 경우 단체장과 충분한 사전교감을 하고 그 사업에 필요한 자원을 적극적으로 지원해 줄 것을 약속받고 추진할 것을 꼭 당부하고 싶습니다.

지방자치단체의 단체장이 시범사업에 관하여 지원을 약속하면 시범사업에 추진동력이 발생하게 되므로 관리자는 시범사업의 추진을 한 층 수월하게 추진할 수가 있을 것입니다. 시범사업을 추진해도 좋다 는 기관장은 의지를 확인한 이후에는 유관부서 실무자들에게 시범사 업의 취지와 사업을 추진하는데 필요한 협조 사항을 작성하고 유관부 서 관계자 회의를 개최하여야 합니다. 시범사업을 추진하기 전에 유관 부서에 협조를 구하는 과정을 생략하고 그 사업을 부서장의 생각만으 로 사업을 무리하게 추진하는 경우 시범사업을 추진하는 도중에 유관 부서에서 사업추진의 부당성 등을 제기하여 아주 난감한 상황을 맞이 하게 될 것입니다. 이렇게 되면 시범사업을 추진하는 과정에서 유관부 서의 협조를 구하기 어렵고 유관부서장이 여러 가지 사유를 제기하면 서 시범사업 추진을 반대하는 경우 취소되는 사례가 발생할 수 있습니 다. 그러므로 사업계획을 수립하기 전에 꼭 관계부서들의 의견을 충분 히 들은 다음에 시범사업 추진계획을 수립하여야만 사업을 추진하는 과정에서 발생할 수 있는 저항을 줄일 수 있을 뿐만 아니라 관련된 부 서의 업무협조를 원활하게 얻어 낼 수가 있을 것입니다.

시범사업에 대한 유관부서 실무자 회의를 개최하고 지방자치단체에 서 동원할 수 있는 자원들의 장단점들을 비교 분석하여 장점들은 최대 한 살리고 단점을 보완할 수 있는 대책을 마련한 이후에 종합적인 사업 추진 계획서를 작성하면 되겠습니다. 시범사업추진을 위한 계획서가 작성되면 위임전결 규정에 따른 결재를 득하고 유관부서 부서장 회의를 개최하고 시범사업에 대한 취지와 추진 방향을 상세하게 설명하여 이들의 적극적인 업무협조를 구하는 자리를 마련할 것을 꼭 당부하고 싶습니다.

왜냐하면 유관부서장들도 그 부서의 당면한 업무들을 추진하다가 보면 시간적 여유가 없으므로 유관부서에서 추진하는 시범사업에 적극적으로 참여하여 도와주는 것이 쉽지만은 않을 수도 있을 것입니다. 유관부서장들이 다른 부서에서 추진하고 있는 시범사업에 대하여 무관심한 반응을 나타내는 경향들이 비일비재하므로 시범사업을 시행하기 전에 유관부서장 회의 시 단체장을 꼭 참석시키고 단체장이 시범사업에 유관부서장들에게 적극적인 업무협조를 당부하는 전략도 함께 고려할 필요가 있다고 하겠습니다.

이러한 과정들을 거쳐서 시범사업의 추진이 시작되면 관리자들은 시범사업이 당초에 계획했던 방향으로 잘 추진되고 있는지 최소한 주단위로 유관부서 실무담당자와 함께 점검하는 회의를 개최하는 것이 좋습니다. 이 회의에서는 시범사업을 시행하는 초기에 예상했던 것과 다른 방향으로 추진되고 있는 것은 없는지 사업추진에 필요한 유관부서들의 업무협조가 원활하게 이행되고 있는지 등을 종합적으로 점검하는 것입니다. 이러한 점검 회의를 통하여 시범사업이 당초에 예상했던 방향으로 추진이 되고 있다면 시기별로 추진의 성과에 관한 자료들을 종합하여 중간성과 보고서를 작성하여 단체장에게 보고하여야 합니다. 시범사업에 대한 중간성과에 대한 보고하는 과정에 시범사업 추진 시 애로사항이 있으면 단체장에게 적극적으로 도움을 요청하는 것이 시범사업을 성공적으로 마치기 위한 좋은 방법이기도 합니다. 관리자들은 시범사업이 원활하게 추진될 수 있도록 수시로 유관부서 실무담당자들이 업무협조를 하는데 아무런 애로사항들이 없도록 적절한 조치를 하여야 하겠습니다.

마지막으로 시범사업의 추진이 완료되면 유관부서에서 추진한 사업실적들을 종합한 결과보고서를 작성할 것을 당부드리겠습니다. 시범사업에 대관 자료들을 유관부서에서 별도로 관리를 하게 된다면 자료관리에도 어려움이 있을 뿐만 아니라 향후 평가자료를 제출할 때 자료들을 수합하는데 많은 애로사항을 겪게 될 것입니다. 왜냐하면 시범사업을 추진한 이후에 일정한 시간이 경과하게 되면 유관부서에서 자료관리 부실 등으로 평가자료들을 제출하는 데 어려움이 있으므로 시범사업을 완료한 시점에 유관부서에서 추진한 사업실적을 종합한 결과보고서를 작성해 놓으면 사후에 발생할 수 있는 이러한 어려움들을 예방할 수 있을 것입니다.

시범사업에 관한 종합보고서에는 사업을 추진한 실적들과 함께 사업을 추진하는 과정에서 발생한 문제점들이 있다면 이를 종합하여 자세하게 기록해 놓는다면 더욱 알차고 좋은 보고서가 될 것입니다. 앞으로 시범사업과 유사한 사업들을 추진하는 경우 종합보고서를 근거로 시행과정들을 피드백하고 이를 자세하게 검토해 본다면 유사한 사업들을 추진하는 과정에서 발생하는 오류들을 최소화할 수 있어 사업을 추진하는 과정에서 발생할 수 있는 시행착오들을 겪지 않게 되므로 그 지방자치단체의 행정력이 불필요하게 낭비되는 사례를 예방할 수가 있습니다.

시범사업을 추진하는 과정에서 그 지방자치단체만의 독특한 장점들이 있다면 이것도 함께 종합보고서에 자세하게 기록해 놓는 것이 좋겠습니다. 유사한 사업들을 추진하는 과정에서 이러한 고유한 장점들을 적극적으로 활용하게 된다면 유사한 사업들을 추진하는데 아주 큰 동력이 발생하게 되고 유사한 사업들을 추진하는 데 매우 힘이 될 것으로 확신합니다.

그 지방자치단체에서 유사한 사업들을 새로이 추진하여야 하는 상황들이 발생하더라도 조금도 주저함이 없이 그 사업을 당당하게 추진할 수 있게 될 것이므로 지방행정에 대한 지역주민들의 신뢰도는 올라가게 되고 이들의 만족도는 더불어 높아지게 될 것입니다.

지방공무원 지침서

6. 의사결정

　지방자치단체에서 근무하는 간부급 공무원들은 현안이 되는 사업들을 효과적으로 추진하는 방법들을 찾기 위해서 늘 고민해야 하고 지역에서 수시로 발생하고 있는 민원을 원만하게 해결하기 위해서 불철주야 고생하고 있습니다. 지방자치단체에서 발생하는 문제들을 면밀하게 분석해 보면 하나의 원인으로 발생하기보다는 많은 요인이 복합적으로 결합하여 발생하고 있다는 사실을 쉽게 알 수가 있으므로 지역에서 발생하는 현안이 되는 문제들을 원만하게 해결하기 위해서는 그 문제가 발생한 초기에 해결 방향을 얼마나 신속하게 결정하고 이에 대처하느냐에 따라서 그 문제를 원만하게 수습하는데 아주 큰 영향을 미치고 있다는 것을 알 수 있습니다. 당면한 현안에 관한 해결방안들을 쉽게 수립하는 것도 일부는 있겠지만 대부분 여러 가지 문제들이 복잡하게 얽혀 있어서 하나의 해결방안만으로는 이들을 해결하기 어렵기 때문에 복합적인 해결방안을 요구하는 경우가 대부분입니다.

　팀장이나 과장은 '복합적으로 발생하는 문제에 대하여 어떻게 하면 신속하고 정확하게 의사결정을 할 수 있을까?'에 대해 늘 고민하고 때로는 많은 스트레스를 받기도 할 것입니다. 그리고 많은 주민과 관련하는 다수인 민원을 합리적으로 해결하기 위해서는 더 복잡한 의사결정 과정이 필요하게 될 것입니다. 이러한 의사결정을 신속하게 하기 위해서는 가능하다면 문제가 발생한 초기에 문제의 본질을 정확하게 파악한 이후에 A4용지 1~2장 정도의 분량으로 간략하게 요약하여 이를 신속하고 정확하게 결재권자에게 보고하는 능력을 배양할 필요성이 있습니다. 결재권자들은 주어진 근무 시간에 비해 처리해야 하는 업무량이 너무 많아서 단위 업무마다 보고받고 처리 방향을 결정하는 데 아주 짧은 시간만이 허용되므로 보고자는 보고하고자 하는 내용을 간략하고 정확하게 보고서를 작성하고 이를 근거로 문제에 대한 본질에 관하여 결재권자에게 정확하게 보고하고 이에 대한 의견을 구하는 보고요령이 필요하다고 하겠습니다. 그런데 일부 팀장이나 과장들은 복잡하고 해결하기 어려운 문제에 관해서도 일상적인 업무처럼 구두보고를 하고 이에 대한 처리지침을 받는 경우가 많이 있는데 이는 반드시 개선되어야 할 사항입니다. 왜냐하면 복잡하고 어려운 문제일수록 더욱 서면으로 보고하여야만 이에 대한 정확한 대안을 제시해 줄 수가 있고 향후 책임소재를 가릴 때 이에 대한 대비가 될 것입니다.

다음으로 팀장이나 과장들이 결재권자에게 보고 시 가장 많이 하는 실수는 현안에 관한 본질을 정확하게 보고하기보다는 그 문제에 관한 처리 방향 위주로 보고를 하는 데 중점을 두는데 이는 아주 잘못된 보고 자세라고 할 수 있습니다. 왜냐하면 결재권자가 현안에 관한 본질을 명확하게 이해하고 있어야만 이에 관한 올바른 해결방안을 제시할 수가 있으므로 복잡하고 어려운 문제일수록 더욱 결재권자가 문제의 본질을 정확하고 이해할 수 있도록 보고서를 작성하고 이를 정확하게 보고하여야 하고 다음에 문제와 관련된 해결대책들을 보고하여야만 결재권자가 그 문제의 본질에 합당한 해결방안을 제시할 수 있을 것입니다. 지방자치단체 단체장들은 선출직 공무원으로 지역에서 개최되는 행사에 참석하여야 하고 지역주민과 면담 일정이 빽빽하게 잡혀 있으므로 근무 시간에 충분한 결재 시간을 갖는다는 것이 쉽지 않을 수도 있습니다. 단체장들은 가능하면 지역주민들의 의견을 많이 경청하기를 원하고 있기에 결재 시간이 부족한 것은 아주 자연스러운 현상입니다. 그리고 단체장들은 이를 통해서 지역의 다양한 정보를 접하게 되므로 팀장이나 과장들보다 지역에서 현안이 되는 문제에 관한 본질들을 정확하게 파악하고 있는 경우가 많이 있으니 관리자들은 이점을 특히 주의하여야 하겠습니다.

지방자치단체장들은 지역에 해결해야 할 문제들이 산적해 있지만 지방자치단체의 재정 여건 등을 고려하여 사업의 우선순위를 정하고 순위가 높은 순으로 사업들을 진행하는 것이 일반적입니다. 지방자치단체장들이 중점적으로 관심을 가지고 해결하려고 노력하고 있는 현안들을 부서 단위로 분류해 보면 아마도 부서당 약 2~3개 정도인 경우가 대부분일 것입니다. 팀장이나 과장은 시간적 여유가 부족한 단체장보다는 현안에 대하여 집중적으로 검토하고 이에 대한 해결방안을 수립하는 데에는 다소의 시간적인 여유가 있는 것이 사실입니다. 그러므로 팀장이나 과장들이 팀이나 부서에서 발생하는 현안을 신속하게 해결하기 위해서는 그 문제의 본질과 대응 방안에 관하여 정확하게 요약한 보고서를 작성한 다음 결재권자에게 이를 신속하게 보고하여야 합니다. 단체장은 지방자치단체의 많은 업무들을 동시에 해결하여야 하기에 부서마다 현안이 되는 업무들을 정확하게 숙지하고 시기에 맞게 업무 지시할 수 있는 여건이 허락되지 않을 것입니다. 따라서 팀장이나 과장은 현안이 되는 업무가 있으면 발생한 즉시 간략하게 보고서를 작성하여 보고하고 단체장의 의도를 명확하게 파악한 다음 처리 방향을 결정하여야 합니다. 이러한 과정을 거쳐서 추진계획서가 작성된다면 단체장의 의도가 제대로 반영된 계획서가 작성되므로 이를 근거로 그 문제들을 아주 수월하게 해결할 수가 있을 것입니다. 현안이 되는 업무를 신속하게 처리할 수 있는 가장 좋은 방법은 단체장에게 일회 보고로 처리 방향을 결정하고 이에 대한 대책을 수립하는 것입니다. 그런데 복잡하고 어려운 문제들을 해결하기 위해서는 다양한 해결방안이 요구되므로 여러 번의 의사결정 과정이 필요하므로 팀장이나 과장은 복잡하고 어려운 문제일수록 단체장에게 수시로 여러 번에 걸쳐서 이를 보고하여 단체장의 의중을 정확하게 파악하는 것이 무엇보다도 중요하다고 하겠습니다.

현안 처리에 장기간의 시간이 소요되는 업무는 그 문제를 해결하는 과정에 여건이 변한다든지 관련한 법령이 개정되는 등의 사유가 발생하여 문제가 발생한 시점에는 문제해결이 도저히 불가능했던 문제들도 시간의 경과에 따라 여건이 변한다든지 관련한 법령이 개정되어 이에 대한 해결방안을 찾는 경우들이 너무도 많이 있었는데 이는 세상은 항상 변화하고 있으므로 지방행정 환경도 이에 맞게 변화하고 있기 때문입니다. 그러므로 팀장이나 과장들을 단체장이 현안에 대하여 검토하여 보고하라는 업무지시를 하면 현재 규정만 확인하고 규정에 적합하지 않으면 즉시 규정에 위반되어 해결이 어렵다고 보고하는 것이 일반적인 현상입니다. 이러한 보고는 관리자 관점에서만 현안을 바라보고 현재 규정만 검토하고 보고하는 것으로 이는 바람직한 관리자의 업무 자세는 아니라고 생각합니다. 왜냐하면 현재 우리 사회는 아주 복잡하고 다단하여 사람들마다 사물을 보는 관점에 따라 아주 다른 시각으로 이를 해석하는 경향들이 있으므로 팀장이나 과장은 오로지 현재의 규정만을 검토해 보고 불가능하다고 판단하는 업무들도 즉시 포기하지 말고 인내심을 가지고 다방면으로 해결방안을 모색하여야 할 것입니다. 관리자들이 해결하기 힘든 업무와 관련하여 중앙부서 공무원에게 면담을 요청하여 이들에게 업무에 관한 자문을 구해 보거나 함께 근무하는 지방공무원들과 심도 있게 난상토론 해 본다면 의외로 쉽게 해결방안들을 찾는 경우가 비일비재하므로 적극적인 자세로 담당업무를 추진하였으면 좋겠습니다.

합리적이고 신속한 해결방안들을 마련하기 위해서는 문제의 본질을 정확하게 파악하는 것이 필요한데 일부 팀장이나 과장들은 문제의 본질을 정확하게 파악하기보다는 현재 나타나는 문제점에 관한 조치 방향을 결정하는 데 많은 시간을 낭비하는 경향이 있습니다. 문제의 본질을 무시하고 처리 방향 위주로만 문제를 다루게 되면 자신들이 전혀 예상하지 못하는 엉뚱한 방향으로 문제가 발전하는 경우가 대부분으로 팀장이나 과장들은 현안에 관하여 원만한 해결책을 마련하기 위해서는 문제에 관한 본질을 정확하게 파악한 이후에 이와 관련된 종합적인 해결방안을 마련하여야 할 것입니다. 그러므로 현안에 관한 해결방안을 모색하는 팀장이나 과장은 마지막으로 의사결정을 하여야 하는 시기가 임박하여 현안을 결재권자에게 보고하기보다는 문제가 발생한 즉시 이에 대한 본질을 정확하게 숙지한 다음 수시로 보고하여 결재권자 의도를 명확하게 파악하고 이에 관한 해결방안을 마련하는 습관을 기르면 더욱 좋겠습니다. 이처럼 결재권자에게 수시로 현안에 관하여 보고하여 결재권자의 의도를 정확하게 파악한 다음에 그 문제에 관한 해결대책을 수립하는 것이 문제를 원만하게 수습하기 위한 하나의 방법이 될 수도 있습니다.

  팀장이나 과장은 문제가 복잡하고 판단하기 어려운 사항이 있거나 다수인 민원 발생이 예상되는 업무가 있으면 결재권자와 수시로 조율하는 과정을 거쳐서 결재권자의 의도를 정확하게 반영된 합리적인 해결방안을 모색하여야 합니다. 이러한 방법으로 의사결정을 한다면 복잡하고 어려운 문제도 수월하게 해결할 수 있으므로 이러한 업무태도는 관리자들이 효율적인 의사결정을 하는데 권장할 만한 방법이라고 생각하므로 업무처리 시 꼭 참고하였으면 좋겠습니다.

7. 홍보업무

지방공무원들에게 익숙하지 않은 분야가 홍보업무에 관한 것인데 특히 홍보업무 처리요령을 잘 모르거나 언론관계자들을 어떻게 응대하는지 방법들을 잘 몰라서 어려움을 겪는 사례가 많이 있는 것 같습니다. 관선 시대에는 자신에게 주어진 일들만 열심히 추진하고 업무처리 시 큰 문제가 발생하지 않고 원만하게 처리하면 담당업무를 잘하는 것으로 평가를 받는 것이 당시의 지방공무원 사회의 관행이었으므로 홍보업무의 중요성을 인식하지 못하고 있었습니다.

그런데 민선 시대가 도래하면서 홍보업무의 중요성은 날로 높아지고 있으며 과거에는 부서에 홍보팀으로 존재하다가 요즈음 대부분 지방자치단체에서는 홍보업무를 담당하는 별도의 부서를 신설하고 이를 확대하여 운영하고 있습니다. 어떤 지방자치단체에서는 단체장이나 부단체장의 직속으로 홍보부서를 배치하고 이를 관리하는 지방자치단체도 있으며 민선 시대에는 홍보업무를 담당하는 부서에 근무하는 지방공무원들도 홍보부서에서 근무를 승진을 위한 관문으로 인식하고 있으며 홍보부서의 위상도 점점 높아지고 있는 것이 현실입니다.

지방자치단체에 근무하는 지방공무원들은 이러한 시대적 흐름에 맞게 홍보업무에 대한 중요성을 깊이 인식하고 빠르게 적응을 할 수 있도

지방공무원 지침서

록 다양한 노력을 기울여야 하겠습니다. 홍보업무의 중요성이 이렇게 높아지고 있는데도 홍보업무에 대한 전문지식이 부족할 뿐만 아니라 홍보업무가 왜 중요한지 모르는 지방공무원들도 일부 있는 것이 사실입니다. 그러므로 지방공무원을 교육하는 기관에서는 홍보업무의 중요성에 관한 전문적인 교육이 필요하고 홍보업무에 관한 지방공무원들의 인식을 제고시킬 필요성이 있습니다. 팀장이나 과장들은 담당업무를 추진하는 과정에 홍보전략이 미흡하면 업무추진의 효과가 떨어질 수 있으므로 홍보업무의 중요성을 깊이 인식하고 이에 적절하게 대처하여야 할 것입니다. 홍보업무는 담당업무에 관하여 주민들에게 알리는 기능과 더불어 그 업무를 지역주민들에게 정확하게 이해시켜 업무추진으로 인한 민원 발생을 사전에 차단함과 동시에 그 업무를 원활히 추진하기 위한 아주 유용한 수단이기도 합니다.

필자도 처음에는 홍보업무를 아주 귀찮은 것으로 인식하고 가끔은 기자들이 방문하여 당시 추진하고 있던 업무에 관해서 취재하면 아주 불성실하거나 불편하게 응대했던 기억들이 많이 있습니다. 이러한 태도를 바꾸는 계기가 있었는데 당시 학교에 보조금을 지원하기 위하여 보조금 예산을 증액하여 편성하는 과정에서 홍보업무에 관한 부정적인 인식을 바꾸는 일이 발생하였습니다. 당시 지방선거에서 보편적 복지가 전 국민의 관심사로 대두하여 지방자치단체에서 무상급식비를 지원하는 등 학교에 보조금을 증액하여 지원하는 문제가 사회적으로 큰 이슈로 떠올랐습니다. 학교에 지원하는 교육경비는 교육청에서 담당하는 업무로 인식되고 있었으며 지방자치단체에서 학교에 보조금을 증액하여 편성하는 것은 민선 시대 단체장의 선심성 행정으로 오해하고 있었습니다. 지방자치단체에서 학교에 교부되는 보조금 예산을 증액하는 방법은 교육경비 지원과 관련된 조례에 근거하여 예산을 증액 편성하고 의회의 심의 의결을 받으면 되는 아주 단순한 과정입니다. 그럼에도 불구하고 그 당시에는 지방자치단체의 재원도 많이 부족하고 학교에 지원하는 교육경비 보조금 예산을 증액하여 무상급식비를 지원하는 문제가 정치적인 이슈로 대두하고 있었습니다. 따라서 각 정당에 소속된 의원들은 이 문제를 정치적으로 바라보는 상황이 발생하고 있었기에 이러한 정치적인 오해들을 해소하기 위하여 학교에 교육경비를 지원하는 근거가 되는 법령들의 내용은 물론 지방자치단체에서 학교에 교육경비를 지원할 수 있도록 법령을 제정한 배경과 함께 지역에 소재한 학교에 교육경비를 지원하여야 하는 당위성을 종합적으로 검토한 이후에 보도자료를 작성하고 먼저 지역 언론사들과 접촉하여 이들에게 자세한 설명을 하는 동시에 지역에 소재하는 학교에 교육경비를 증액하여 지원할 필요가 있다는 당위성을 설명하는 데 주력하였습니다.

그리고 지역 언론사들을 상대로 우리 구에 소재한 학교의 교육여건과 학생들의 교육 수준 등 현 실태에 대해서 솔직하게 이야기하고 '지역에 거주하는 주민들을 상대로 지역에서 가장 우선으로 해결해야 할 문제에 대하여 조사를 한 결과 교육여건을 개선하는 일이 가장 시급하다'라고 응답한 내용을 근거로 설득작업을 강행하였습니다.

처음에는 단체장의 선심성 행정이라고 매우 부정적으로 인식하고 있던 지역신문들도 제도의 취지를 충분히 이해하는 방향으로 바뀌게 되고 지역에 소재하는 학교들을 적극적으로 지원하여 미래세대가 바르게 성장할 수 있도록 지방자치단체에서도 학교 교육에 특별한 관심을 기울여야 한다는 방향으로 태도를 바꾸기 시작했습니다. 이에 힘을 얻어서 당시 학교 교육을 위한 교육경비 보조금을 증액하여 지원하는 것이 논리적으로 타당하므로 지방자치단체에서도 적극적으로 이에 동참하여야 한다는 당위성을 주민들에게 충분히 인식시켜 주는 계기가 시작되었습니다. 그리고 의원들을 일일이 찾아다니며 지역 언론과 지역주민들이 지방자치단체에서 가장 시급하게 개선되기를 희망하는 사항이 '지역의 교육여건을 개선하는 것'이라고 생각한다는 내용들을 자세하게 정리하여 의원들에게 일일이 설명하는 노력을 기울이고 교육경비 보조금을 지원하는 문제를 정치적인 논리로만 이해하지 말고 지역에 거주하는 학생들의 미래를 위한 선투자라는 사실을 계속 설득한 결과 지방자치단체의 재정 여건에 비하여 상당히 많은 금액을 교육경비 보조금 예산으로 편성하여 지원할 수 있었습니다.

팀장이나 과장들은 팀이나 부서에서 어떤 업무를 추진하는 경우 추진계획을 수립하는 단계에서부터 홍보에 관한 전략을 잘 세워서 접근할 필요가 있겠습니다. 지방공무원들이 추진하고 있는 사업의 추진계획을 수립하는 단계에서부터 홍보전략을 함께 수립하지 않았거나 명확한 홍보에 관한 대책도 없이 무리하게 사업들을 추진하여 다수인 민원이 발생하거나 사업추진이 중도에 중단되는 사례들이 많이 있습니다. 특히 신규 사업을 추진하는 경우 다양한 이해관계인들을 설득하여야 하고 이들의 적극적인 업무협조를 구하는 일이 필수적이므로 팀장이나 과장은 신규 사업을 추진 시 더욱 철저한 홍보 대책을 수립하여 시행하여야 할 것입니다. 부서에서 완벽한 홍보 대책을 수립하기 어려우면 지방자치단체에서 홍보업무의 전담부서와 긴밀하게 접촉하여 홍보업무에 관한 전문가들에게 조언을 구한다면 아마도 홍보에 관한 문제들을 원만하게 해결하는 데 큰 도움을 받을 수 있으므로 이러한 과정을 거쳐서 철저한 전략을 수립한 이후에 신규 사업들을 추진하였으면 더욱 좋겠습니다.

8. 현안문제

  팀장이나 과장의 직위에 있는 지방공무원들은 담당하고 있는 업무를 추진함과 동시에 지역에서 발생하는 각종 현안을 신속하고 원만하게 해결하기 위하여 많이 고민할 것입니다. 지역에서 현안이 되는 문제에 관하여 좋은 해결방안을 찾기가 어려운 경우 전문가들에게 조언을 구하거나 지역 정치인들의 협조를 얻어서 이들을 원만하게 해결할수 있도록 좋은 방안을 찾기 위하여 다양한 노력을 함께 기울이고 있을 것입니다. 그럼에도 불구하고 일부 팀장이나 과장들은 부서의 현안에 관한 해결방안이 하나 내지 두 개밖에는 없는 것으로 오해하고 그문제를 해결하려고 무리한 시도를 하는 것을 자주 목격하였습니다. 지방자치단체에서 발생하는 현안들은 복합적인 원인을 가지고 있기에하나 내지 두 개의 해결책으로 이를 해결하기가 어려운 것이 현실입니다. 지역의 현안들은 다양한 이해관계인들이 존재하고 지역별 특성들을 반영하고 있으므로 하나 내지 두 개의 해결방안만으로는 그 문제들을 해결하기가 어려운 경우가 대부분이고 장기간 현안이 되는 문제일수록 더욱 복합적인 원인이 있으므로 이를 해결하기 위해서는 종합적인 대책들이 요구된다는 사실을 명확하게 인식할 필요가 있습니다.

  지방자치단체의 현안에 관한 해결방안을 모색하는 과정에서 지방공무원과 정치인들과는 너무나 다른 견해 차이를 보이는 경우들이 많이 있습니다. 지역 현안에 관하여 지방공무원은 우선 법령 위반하는 내용은 없는지 검토하는 반면에 정치인들은 주민들의 편익에 어떠한 영향을 미치고 있는지에 관하여 우선하여 검토하는 경향이 뚜렷합니다. 단체장들도 정치인이므로 지역발전을 위하여 필요하다면 관행대로 추진하던 사업들도 새로운 더 좋은 방안들이 있는지 항상 연구하고 있습니다. 그리고 지역에서 장기간 미해결된 현안에 관하여 특별한 관심을 가지고 지방행정 역량을 총집중하여 이를 신속하게 해결하려고 노력하고 있습니다. 단체장도 정당에 가입할 수 있으므로 무소속을 제외하고는 정당인으로 정치적 성향에 따라 현안에 대한 처리 방향을 결정하는데 지방공무원들과 다른 견해들을 가질 수가 있으니 조심하여 접근하여야 하겠습니다. 단체장들은 현안에 관한 처리 방향을 결정할 때 법령은 준수하되 정치적인 판단도 동시에 고려한다는 사실을 깊이 명심할 필요가 있습니다. 단체장들은 당장 해결하기 어려운 문제들이 있더라도 절대 포기하지 않고 만약에 지역의 실정에 맞지 않는 규정 때문에 문제해결이 어렵다면 이를 개정하기 위하여 중앙부서를 설득하려고 노력하거나 정당한 근거를 마련하여 유권해석을 받을 수 있도록 아주 많이 노력할 것입니다. 이러한 노력에도 불구하고 문제해결이 어려운 경우 지역 국회의원 등 지역 정치인들의 도움을 받아서 이를 적극적으로 해결하려고 다양한 시도를 할 것입니다.

팀장이나 과장은 현안에 관한 해결방안을 모색할 때 규정에 위반되는 사항은 없는지 먼저 검토를 한 연후에 혹시 정치적으로 문제의 해결이 가능한 방안들이 있는지 함께 검토하면 더욱 좋겠습니다. 이런 이야기를 하면 일부 지방공무원들은 '지방공무원이 정치 공무원 되어 정치적으로 문제를 해결하는 것이 아니냐?'고 반문을 많이 하는데 이것은 아주 잘못된 질문이라고 생각합니다. 지방공무원은 지역주민들이 행복하게 생활할 수 있도록 여건을 조성하고 지역이 발전할 수 있는 다양한 방법들을 찾는 것이 지방공무원으로서 당연한 의무가 아닐까 생각합니다. 지방행정의 형태가 다양하듯이 지역에서 발생하고 있는 민원 사항들을 분석해 보면 지역마다 여건들이 너무나 다양하다는 것을 알 수가 있을 것입니다. 지역에서 발생한 민원 사항을 가지고 중앙부서를 방문하여 이야기해 보면 이들이 지역에서 발생하고 있는 민원 내용을 정확하게 이해하지 못하고 있다는 사실을 가끔은 알 수가 있습니다.

중앙부서 공무원들이 각종 법령을 제정할 때 전국에서 발생을 예상하는 모든 변수를 고려할 수가 없으므로 현재 인지하고 있는 사항들을 가지고 입법을 추진하는 경우가 대부분일 것이므로 지역에서 문제가 되는 현안이 법령에 저촉 여부를 검토해 보면 많은 부분에서 법령 조항들을 이에 직접 적용하여 지방행정을 수행하는 것이 주민들에게 아주 불합리하게 작용할 수 있다는 사실을 가끔 발견하게 됩니다. 그때에는 중앙부서에서 그 법령들을 제정한 입법 취지나 목적을 자세하게 검토하여 지역의 현실에 맞지 않는 것이 있다면 중앙부서에서 유권해석을 받아 그 문제를 해결하면 그동안 어려움이 많던 문제들이 쉽게 해결되는 경험을 하게 될 것입니다.

중앙부서에서 입법한 법령들을 지방자치단체에서 집행하는 과정에서 지역의 실정에 맞지 않는 경우를 가끔 발견할 수 있는데 이러한 경우가 발생하는 것은 현실은 앞서가는데 이에 맞게 법령이 개정되지 못한 경우 특히 많이 발생하게 됩니다. 지역에서 현안이 되는 문제를 해결하기 위하여 중앙부서에 법령에 대한 유권해석을 의뢰해 보면 그 법령의 입법 취지나 목적에 적합하면 지역에서 발생하고 있는 문제들을 원만하게 해결할 수 있도록 합리적인 해결방안들을 제시하여 주는 경우가 많이 있습니다. 지역에서 현안이 되는 문제들이 해결하기 어렵고 민원이 발생하여 이들을 설득하는 것이 힘이 든다고 미리 포기하지 마시고 인내심을 가지고 꾸준히 노력하면 아마도 좋은 결과를 얻을 수가 있을 것입니다.

지역의 정치인들도 현안이 되는 문제들을 신속하게 해결하여 그 지역을 살기 좋은 곳으로 만들기 위해서 노력하시는 분들입니다. 따라서 현안의 해결을 위하여 중앙부서의 적극적인 업무협조를 요청하여도 그 문제에 대한 해결책을 찾을 수가 없다면 지역 정치인의 도움을 받아 지역의 현실을 제대로 반영하지 못하는 법령을 개정하려는 노력을 기울이는 등 다양한 방법들을 함께 모색하는 것도 바람직한 지방공무원의 자세일 것입니다.

단체장도 정치인의 한 사람으로 그 지역을 사람 살기 좋게 변화시키고 주민들의 복지향상을 위하여 지방행정조직을 효율적으로 운영하고자 노력하고 있습니다. 팀장이나 과장은 단체장에게 현안을 해결하기 위하여 보고서를 작성하고 이를 보고할 때 우선 법령에 적합 여부를 검토한 이후에 이에 대한 대안들을 마련하고 보고하는 자세가 필요합니다. 팀장이나 과장들은 현안을 해결할 수 있는 다양한 대안 중에서 실현이 가능한 대안부터 먼저 검토하고 이를 적용하려고 노력하여야 하고 현안을 해결하기 위하여 다양한 이해관계인들을 설득할 필요가 있다거나 그 문제를 해결하는데 장기간의 시간이 소요되고 많은 재원이 필요한 대안들은 후순위로 배치하여 검토한 보고서를 작성하여 단체장에게 보고하는 것이 좋겠습니다.

일부 팀장이나 과장들은 지역에 현안이 되는 문제를 단체장이 검토하라는 업무지시를 하면 지시받은 즉시 법령에 적합 여부만 검토하고 법령에 적합하지 않으면 곧바로 법령에 저촉되어 불가능하다고 보고하는 경우가 대부분일 것입니다. 이러한 보고를 받는 단체장의 입장을 다시 한번 생각해 본다면 팀장이나 과장들도 불가능하다고 보고하기 전에 그 문제를 해결할 수 있는 다른 대안들이 있는지를 자세하게 검토하게 될 것입니다. 단체장이 지시한 내용 중에는 단순히 사실을 확인하는 현안도 있겠지만 다수의 이해관계인이 서로 다투거나 법령에 적합하지 않아서 즉시 그 문제들을 해결하기 어려운 경우가 대부분일 것입니다. 그러므로 지시받은 사항에 대하여 단순히 법령에 위반 여부만 검토하고 다른 대안을 마련하거나 해결이 가능한 방법들이 있는지를 충분히 검토하지도 않고 보고서를 작성하고 이를 보고하는 것은 아주 잘못된 팀장이나 과장의 업무 자세라고 생각합니다.

팀장이나 과장은 단체장이 지시한 내용에 관한 해결방안들을 찾는 과정에서 중앙부서에 유권해석을 의뢰하였거나 법령이 현실을 제대로 반영하지 못하여 그 법령을 개정할 필요가 있는 사항들이 있다면 법령이 개정되어야 하는 사유를 육하원칙에 맞도록 작성하고 근거자료를 첨부하여 중앙부서에 법령개정을 건의하는 적극적인 노력도 필요하다고 생각합니다. 이러한 노력에도 불구하고 해결하기 어려운 문제가 있다면 지역 정치인들의 도움을 받아서 이들이 제시하는 방법들도 함께 검토해 보면 좋겠습니다. 지방자치단체는 지역주민들의 복지를 위하여 존재하는 조직이므로 단체장과 의원 그리고 정치인들이 함께 고민하고 노력하여 지역을 살기 좋은 곳으로 만들어 가는 역할을 담당하고 있습니다. 팀장이나 과장들은 아무리 어렵고 힘든 현안일수록 이에 더욱 집중하여 이를 해결하려는 노력을 기울인다면 앞으로 멋진 지방공무원으로 거듭날 것이 확실합니다.

9. 다수인 민원

　지방공무원들이 근무하면서 어렵게 생각하고 아주 싫어하는 업무는 다수인 민원이 발생하여 이에 관하여 합리적인 해결방안을 모색하거나 민원인을 설득하고 이들에게 협조를 구하는 일입니다. 지방공무원들은 평소에 다수인 민원이 발생하거나 발생이 예상되는 업무를 담당하기를 회피하는 현상이 일반적으로 지방공무원들이 주민들의 편익을 증진하고 복리 향상을 위해서 업무를 한다고 늘 이야기하면서도 정작 민원이 자주 발생한다든지 발생이 예상되는 업무를 회피하거나 다른 부서로 이첩하는 경우가 있어서 부서 사이에 아주 심한 충돌이 발생하기도 합니다. 지방공무원들은 민원이 발생하지 않는 비교적 수월한 업무를 담당하기를 선호하는 아이러니한 일들이 지방자치단체에 만연되어 있으나 모든 팀장이나 과장들이 그러한 업무 자세를 가지고 있다는 말은 아니므로 절대 오해하지 말았으면 좋겠습니다.

　지방공무원들은 가능하면 민원 발생이 적은 업무나 다수인 민원이 발생하지 않는 업무들을 선호하는 경향이 있다는 것은 사실입니다. 그럼에도 불구하고 지방자치단체에서 다수인 민원 업무를 담당하고 이를 해결한 다음에 그 결과에 대하여 민원인들로부터 피드백을 받아 보면 아주 보람되고 가슴이 뿌듯한 느낌을 받은 경험을 하게 될 것입니다. 이러한 경험을 통하여 지방공무원으로 근무하면서 미력이나마 주민들의 편익 증진을 도모할 수 있다는 자부심을 느낄 수도 있어서 비록 지방자치단체에서 팀장이나 과장으로 근무하는 관리자들이지만 지역의 오래된 숙원사업들을 원만하게 해결하고 그 지역주민들이 아주 만족해하거나 감사의 표시를 할 때면 큰 보람도 느낄 수가 있을 것입니다.

필자도 어떤 부서에서 근무할 때 다단계판매로 인하여 많은 피해자가 발생하여 사회적 이슈가 되고 있었는데 그동안은 법령이 제정되지 않아서 업체들을 단속하거나 피해자들을 구제할 방법이 없었습니다. 정부에서는 사회적으로 큰 피해자를 양산하고 있는 문제들을 해결하기 위해서 다단계판매업 등록에 관한 법령을 제정하여 시행하게 되었습니다. 법령 시행 초기에 다단계판매로 인하여 손해를 보았거나 피해를 받은 사람들이 너무 많이 구제를 요청하여 업무를 담당하는 한 사람으로는 도저히 피해 신고도 접수하지 못할 정도로 피해구제 요청 신고가 많이 있었습니다. 이러한 문제를 원만하게 해결하기 위하여 고민하였지만 어려운 문제들이 많이 있었고 업무에 대한 스트레스도 아주 심했었습니다.

처음에는 팀에 근무하는 다섯 명이 민원신고 업무를 도와주었으나 매일 넘쳐 나는 민원인들로 인해서 전 부서원들이 민원신고를 접수하는 이상한 일들이 발생했습니다. 약 2주간은 민원을 접수하려는 민원인들이 사무실에서 고성을 지르는 등 부서의 업무가 마비되기도 하였는데 지금도 그 당시를 생각하면 매우 아찔한 생각이 들고는 합니다.

당시에는 특히 젊은 대학생들과 여성들이 피해를 많이 호소하고 신속한 구제를 요청하였는데 법령을 시행하는 초기에는 피해 유형이 너무도 다양하여 법령의 규정만으로는 도저히 구제하지 못하는 영역들이 많아서 이에 대한 대책 마련이 시급한 상황이었습니다. 이러한 시급한 상황을 조속히 해결하기 위하여 등록제 시행 효력이 발생하는 초기에 중앙부서의 공무원들도 서울시 사무실에서 상주하면서 등록제 시행으로 인하여 발생하는 민원 사례도 수집하고 제도적으로 미흡한 사항에 대해서는 현장에서 즉시 유권해석하여 민원을 접수하는 즉시 바로 해결하도록 노력하였습니다.

등록제 시행 초기에는 피해의 유형이라든지 피해들의 규모를 정확하게 파악하기는 힘들었지만 2~3주 이후부터는 거의 비슷한 유형의 민원이 접수되었고 다단계판매업 영업을 하려는 업체들도 정상적으로 등록하고 영업을 시작하였습니다. 다단계판매로 인하여 발생하는 피해자 구제를 신속하게 처리하기 위해서 중앙부서, 서울시, 다단계판매업체가 함께 업무협의체를 구성하고 피해사례들을 유형화하여 업무처리 프로세스를 작성하는 단계에 이르렀습니다. 등록제 시행 4주 이후부터는 중앙부서, 서울시, 다단계판매업체가 작성한 업무 매뉴얼을 토대로 민원을 처리한 결과 민원인들도 만족하고 다단계판매업체도 만족하는 결과를 도출할 수가 있었습니다. 이러한 과정을 거쳐서 다단계판매업에 대한 등록제를 시행한 후 2개월이 지나자 민원인들도 줄어들고 언론에서도 잠잠해지기 시작했습니다.

당시에는 법령 시행의 초기라서 다단계판매업 등록업무에 매진하여야 하는데 언론보도에 관한 보고서를 작성하고 이를 해명하느라 3일 동안 한잠도 자지 못하고 보고서 작성 등으로 시간을 보냈던 기억이 지금도 생생합니다. 일정한 시간이 지나자 업무 매뉴얼을 만들고 등록업무가 정상적인 궤도에 도달하게 되었습니다. 그 과정에는 전 부서원들은 물론 중앙부서 공무원들과 다단계판매업체 관계자들의 적극적인 도움이 있었는데 이 기회를 이용하여 아주 고맙고 매우 감사하다는 말씀을 꼭 드리고 싶습니다. 그 당시 함께한 부서원들은 지금은 거의 퇴직을 하였지만 지금도 많이 생각이 나는 동시에 깊은 동료애를 느끼고 있습니다. 당시 함께 고생했던 중앙부서 사무관님은 지금쯤 아주 높으신 직위에서 국가를 위해서 헌신하고 계시리라고 확신하고 당시 다단계판매업 등록을 하시고 지금까지도 다단계판매업 영업을 열심히 하고 계시는 다단계판매업 관계자 여러분들에게도 깊은 감사의 말씀을 드립니다.

다단계판매업 등록업무를 담당하고 2년 시간이 흐른 이후에 업무를 후임자에게 인계하고 다른 부서로 전출하게 되었는데 다른 부서에 가서도 후임자들이 어려워하는 문제들을 상담해 줄 때면 전국에서 최초로 다단계판매업 등록번호 1호를 발급했다는 자부심과 함께 그 업무에 많은 애착을 가졌던 것으로 기억됩니다. 그리고 후임자가 해결하기 어려운 문제들이 있으면 중앙부서 공무원과 다단계판매업 종사자들과 대화를 통해서 신속하게 해결하도록 누구보다도 적극적으로 협조를 열심히 했던 기억이 지금까지도 생생합니다. 다단계판매업에 최초 등록 시 중앙부서 공무원, 서울시 공무원, 다단계판매업 관계자들과 업무협의체를 신속하게 구성하고 민원이 발생하면 함께 민원 내용을 확인하고 이에 관한 신속한 해결책들을 마련한 것이 아주 주효했던 것 같습니다.

다수인 민원을 신속하게 해결하기 위하여 업무협의체를 구성하고 협의체에서 해결방안을 마련하면 그 대안을 가지고 민원인 대표자와 협상을 통해서 문제해결을 모색하는 것이 좋을 것 같습니다. 이러한 과정을 거쳐서 다수인 민원을 해결한다면 업무처리도 수월하고 그 결과에 대해서도 아주 만족할 만한 성과를 도출할 수 있을 것입니다. 필자의 이야기가 너무 길어진 느낌이 있는데 지방공무원들은 다수인 민원이 발생하는 업무에 대해서 막연하게 두려움을 갖기보다는 우선 어떻게 노력하면 민원인들의 관점에서 그 문제를 해결할 수가 있는지 방법들을 찾는 고민을 해 보시기 바랍니다. 지방공무원들은 민원인과 반대되는 편에서 업무를 추진하겠지만 민원인들도 지방자치단체에서 생활하는 주민들이라고 깊이 생각하게 된다면 아마도 민원인을 바라보는 생각들이 분명히 바뀔 것입니다. 이들에게 적극적으로 도움을 드리겠다는 생각으로 방법들을 찾아보면 그 해결책이 반드시 보일 것이라는 긍정적인 자세로 근무하시고 기회가 허락된다면 민원인들과 진지하게 대화를 시도해 보는 것이 좋겠습니다. 물론 처음에는 서로의 입장이 첨예하게 대립하여 문제에 관한 적절한 해답을 찾기 어려울 수도 있겠지만 앞에서도 이야기를 한 바 있듯이 다소 어려움이 있더라도 인내심을 갖고 진심으로 그 문제에 접근을 시도한다면 어렵게 느껴졌던 문제들도 의외로 쉽게 해결되는 경험을 꼭 하시게 될 것입니다.

팀장이나 과장들은 먼저 다수인 민원의 대표자들을 선출하도록 유도하여 이들과 허심탄회한 대화를 통해서 그 문제를 원만하게 해결하도록 노력하고 민원인들 사이에 서로 의견이 상충하는 사항들이 있다면 민원인 대표자가 민원인들과 직접 대화를 시도하고 이들의 공통된 의견을 도출하여 상호 공감대를 형성할 수 있는 대안을 마련하도록 유도하여야 합니다. 다수인 민원의 경우 민원인들 사이에 상호 공감대가 형성되지 못한다면 다수인 민원을 일시적으로는 해결할 수 있으나 또 다른 문제가 발생하면 민원인들 사이에 극심한 충돌이 발생하여 협상은 다시 원점으로 돌아가는 것이 비일비재하니 업무에 참고하시기 바랍니다.

다수인 민원의 대표자는 공식적으로 대표성을 갖는 것이 주요한데 가끔은 일부 민원인만을 대변하는 자를 민원인들의 대표자로 선출하고 지방자치단체와 협상을 시도하는 상황도 발생하고 있으나 일부 민원인만을 대변하는 대표자와 협상은 금방 물거품이 된다는 사실은 누구나 잘 알고 있을 것입니다. 다수인 민원의 경우 민원인들 스스로 대표자를 선출하였기 때문에 대표자라고 하더라도 공식적으로 대표성을 갖는 경우가 아주 드물기에 민원인 중에서 그를 대표자로 인정하지 않는 사람이 있다면 외부 대표성은 모래성처럼 무너지게 되므로 다수인 민원 업무를 담당하는 지방공무원들이 특히 주의해야 합니다. 그러므로 다수인 민원의 경우 민원인들이 뽑은 대표자가 그들을 대변하는 대표성을 갖는다는 증명으로 민원인에게 일일이 서명 받도록 유도하고 공식적으로 대표성을 갖는 대표자와 협상을 시도한다면 아마도 좋은 결과를 도출할 수 있을 것입니다.

10. 위기상황

　지방자치단체에서 근무하는 관리자들에게 자주 발생하는 일은 아니겠지만 위기상황이 발생하면 시간과 노력을 집중적으로 투입하여 이를 신속하게 해결하여야 할 것입니다. 이런 갑작스럽게 위기상황에 봉착한 관리자들은 아주 당황스럽고 혼란스러워 한동안 정신이 없습니다. 왜냐하면 지방자치단체에서 위기상황이 발생하면 상황이 발생한 초기에는 상황이 발생한 원인을 알기 위해서 지방자치단체와 관련 있는 기관이나 언론에서 많은 연락이 오므로 이에 응대하느라 시간이 부족할 것입니다. 그러므로 관리자들이 긴급하게 발생한 상황에 대한 해결책을 찾기보다는 관련기관에 보고나 언론의 취재에 응대하느라 아까운 시간을 낭비하는 것이 현실입니다. 그러므로 관리자들이 위기상황에 신속하게 대처하지 못하여 허우적거리다가 사태를 조기에 수습하지 못하고 실기를 하는 사례들이 너무도 많이 있다는 것을 이미 우리가 잘 알고 있는데도 불구하고 위기상황만 발생하면 같은 일이 반복되는 것은 참으로 아이러니한 현상입니다.

　지방자치단체에서 위기상황이 발생하면 이를 신속하게 수습하는 능력들을 배양할 수 있도록 평소에 위기상황과 비슷한 임무를 부여하여 관리자들이 당황하지 않고 이를 신속하게 해결할 수 있는 능력을 기르도록 훈련해 보는 것도 하나의 방법일 될 것입니다. 그리고 모의로 하는 훈련이 끝나면 그것으로 상황을 종료하지 말고 위기상황을 해결하는 과정을 상세하게 기록하고 검토하여 잘된 점은 더욱 발전시키고 미흡한 사항이 있다면 단점을 보완하여 완벽한 업무처리 프로세스를 만들면 될 것입니다. 지방자치단체에서 긴급한 상황이 발생하면 지방자치단체에서 근무하는 관리자라면 누구나 이를 참고하여 위기상황에 적절하게 대응할 수 있도록 별도의 파일로 작성하여 이를 특별한 장소에 보관하는 것이 좋을 것입니다. 지방자치단체에서 근무하는 주무관들도 각자의 임무와 역할을 정확하게 숙지하고 실행할 수 있도록 평소에 각자 맡은 임무들을 정확하게 숙지하고 있는지 확인하는 과정도 필요할 것입니다.

평소에 위기상황에 대처하는 훈련이 잘된 주무관들이라고 할지라도 막상 위기상황이 발생하게 되면 자신들의 업무를 정확하게 수행하지 못하고 우왕좌왕하는 경우를 많이 볼 수 있습니다. 왜냐하면 훈련상황은 외부인의 영향이 아주 미미하지만 실제로 위기상황이 발생하면 사건이 발생한 초기에 지방자치단체와 관련된 기관 등 외부의 영향력이 너무 크게 작용하기 때문에 평소에 훈련된 업무 매뉴얼에 따라 이를 정확하게 수행하는 것이 쉽지 않기 때문입니다. 그러므로 유능한 관리자는 위기상황이 발생하면 주무관들이 수행하여야 하는 임무와 역할들을 정확하게 주지시키고 어떠한 상황에서도 주무관들이 동요하지 않고 각자 맡은 업무에만 충실하게 수행할 수 있도록 분위기를 조성하여야 하겠습니다. 그리고 각자가 맡은 임무를 잘 수행하고 있는지 수시로 확인하고 이들이 임무를 수행하는 데 애로사항은 없는지 철저히 점검한 다음 애로사항이 있으면 즉시 조치하여 주무관들이 맡은 임무들을 원만하게 수행하는 데 조금도 애로사항이 없도록 신속하게 조치하여야 하겠습니다.

둘째 관리자들이 신경을 써야 할 사항은 사건이 발생한 초기에 이를 정확하게 알리는 업무가 무엇보다 중요하다고 하겠습니다. 위기상황이 발생하면 지방자치단체와 관련된 기관이나 언론기관 등에서 상황을 빠르게 파악하기 위해서 평소 친분이 있는 주무관들에게 개인적으로 접촉하여 사태가 발생한 경위라든지 상세한 내용들을 파악하는 경향이 있어서 위기상황에 관한 올바른 정보들이 제대로 전달되지 않고 다소 왜곡된 정보들이 전달되는 사례들이 너무도 많이 발생하게 될 것입니다. 그리고 주무관들은 맡은 임무를 적절히 수행하지 못하고 이들을 상대하느라 자신에게 주어진 임무들을 신속하게 수행하지 못하고 우왕좌왕하는 일들이 비일비재합니다.

관리자들은 위기상황이 발생하면 위기상황이 발생한 원인 등을 정확하게 파악하여 이를 종합한 보도자료를 작성한 다음 위기상황에 관한 자료들이 필요한 사람이라면 누구에게나 같은 내용들이 전달될 수 있도록 신속하게 조치할 필요가 있겠습니다. 그러한 조치를 하지 않고 주무관들이 인지한 대로 정보들을 외부로 유출하게 된다면 부정확한 내용들이 무분별하게 전파되어 지역사회에서 큰 파장을 일으켜 사태를 수습하는데 큰 장애요인으로 작용하기도 할 수 있으니 이 점을 꼭 명심하여 조치하시기 바랍니다. 이러한 사례가 발생하는 것을 방지하기 위해서는 사태 수습에 관한 책임이 있는 관리자는 발생상황을 정확히 정리하여 브리핑 자료를 작성하고 전 부서원들이 같은 자료들을 외부로 제공하고 상황을 파악하기 위하여 접근하는 누구에게나 같은 자료를 근거로 상황을 설명할 수 있도록 신속하게 조치하여야 하겠습니다. 이렇게 조치한다면 발생상황에 관한 불필요한 오해가 발생하지도 않고 현재 상황이 정확하게 외부로 전달하므로 외부 기관이나 언론기관 등에서 주무관들에게 개별적으로 접촉하여 정보를 얻는 사례들이 발생하지 않음으로 모든 주무관은 각자 맡은 임무에 충실할 수 있게 되므로 위기상황을 조기에 수습하는데 모든 지방행정력을 집중할 수가 있을 것입니다.

셋째로 관리자들이 조치해야 할 사항은 담당자별로 각자 역할과 업무의 명확하게 배분하여 자신이 어떤 분야에 중점을 두고 업무를 수행해야 하는지 정확히 알 수 있도록 신속하게 업무를 배분하고 이를 수시로 확인하는 조치를 하여야 하겠습니다. 그런데 막상 위기상황이 발생하면 사태를 수습하기 위하여 임무를 수행하는 지방공무원보다 업무를 지시하는 자들의 숫자가 많아지는 아주 기이한 현상들이 발생합니다. 그리고 지방자치단체와 관련된 기관에 보고를 위한 업무처리에 급급하여 위기상황에 신속하게 대처하지 못하여 상황은 점차 악화하는 경향이 있습니다. 그러므로 관리자들은 위기상황이 발생하면 업무지시나 보고는 꼭 자신을 통해서 조치할 수 있도록 하는 것이 중요하다고 하겠습니다. 외부로부터 부당한 업무지시를 하는 사람이 있으면 이에 단호한 의지를 표명하고 주무관들이 이에 조금도 동요하지 않고 자신이 맡은 임무들을 소신이 있게 수행할 수 있도록 특별한 관심과 배려가 있어야 하겠습니다.

넷째로 위기상황이 발생하고 업무처리에 대한 체계와 질서가 잡혔다고 판단이 되면 먼저 예산을 담당하는 부서와 신속하게 업무협의를 해야 합니다. 위기상황이 발생하면 다른 부서 주무관들은 물론 업무와 관련된 기관에 협조를 얻어 상황 수습에 필요한 인력과 물자를 동원하여 신속하게 상황들을 해결해야 하기에 많은 재원이 일시에 필요하게 되는 사유는 상황을 수습하는데 필요한 급식과 물자들을 신속하게 조달하여야 하기 때문입니다. 상황 수습을 위한 충분한 재원을 마련하고 위기상황을 수습하는 업무를 수행하는 주무관들이 재원 문제로 조그마한 고민을 하지 않고 담당업무들을 신속하게 수행할 수 있어야만 위기상황을 조기에 수습할 수 있을 것입니다. 그럼에도 불구하고 일시에 많은 재원이 소요되어 예산업무를 담당하는 부서와 조율이 어려운 경우 단체장에게 즉시 보고하고 위기상황을 조기에 수습하는데 필요한 재원들을 충분히 확보하여 상황을 수습하는데 필요한 물자들이 적기에 공급될 수 있어야 하겠습니다.

다섯째로 부서장이 조치하여야 하는 사항은 위기상황을 해결하기 위해서 동원한 인력들에 대한 관리를 철저히 하는 것입니다. 위기상황이 발생하고 이를 해결하기 위해 동원된 인력들이 과로하지 않도록 특별히 신경을 써야 하겠습니다. 위기상황 초기에는 과로하는 지방공무원들이 있을 수도 있겠지만 이러한 일들이 계속 반복하게 된다면 문제해결을 위하여 주도적으로 업무를 추진하는 이들이 업무에 대한 집중도가 현저히 떨어지게 되므로 위기상황에 신속하게 대처하지 못하고 문제를 다 악화시키는 경우들이 많이 있을 수 있으니 특별히 주의하여야 하겠습니다. 관리자들은 사태 수습을 위하여 핵심적인 업무를 담당하는 지방공무원이 정시에 교대근무를 할 수 있도록 조치하고 이들 상호 업무 인수인계가 철저히 이루어질 수 있도록 교대 시간마다 1시간씩 복수로 근무할 수 있도록 조치하여 업무들을 인수인계하는데 공백이 발생하지 않도록 주의하여야 하겠습니다.

여섯째로 부서장은 위기상황에 대처하는 지방공무원의 운용상황이 원활하다고 판단하면 지방자치단체 유관부서, 기관, 단체의 관계자들로 구성된 업무협의체를 구성하는 것을 검토해 보는 것이 좋겠습니다. 이때 주의할 것은 업무협의체를 구성하는 초기에 협의체 구성원들의 직급을 시작부터 너무 높게 상향하여 구성하는 오류를 범하는 경우가 있습니다. 이렇게 협의체가 구성하게 되면 회의를 개최하는데 너무나 많은 시간이 소요되어 문제해결에 전혀 도움이 되지 않습니다. 이렇게 되면 문제해결을 위한 협의체가 아니라 오히려 문제의 해결을 더욱 어렵게 하는 일들이 발생할 수도 있으므로 관리자들이 업무협의체를 구성하는 경우 이러한 문제들이 발생하지 않도록 먼저 실무자들로 구성된 실무협의회를 구성하고 문제해결 방향들을 논의한 후에 실무적인 방향들을 결정하면 상향된 직급으로 업무협의체를 구성하고 구체적인 방향과 대책을 최종적으로 논의하여 결정하는 것이 합리적인 방안이 될 것입니다.

일곱 번째 관리자들이 관심을 가지고 추진해야 하는 업무는 위기상황의 해결에 필요한 인력과 재원을 충분히 확보하고 업무협의체의 운영도 원활하게 진행되면 매일 언론기관을 상대로 추진상황에 관하여 정해진 시간에 공식적인 브리핑을 하여야겠습니다. 지방자치단체에 거주하고 있는 주민들에게 위기상황이 어떻게 진행되고 있는지 알려주는 동시에 위기상황에 관한 정확한 정보를 제공함으로써 악성 유언비어의 발생을 사전에 차단하고 지방자치단체 주민들의 알 권리를 충족시킴으로써 지방행정에 대한 신뢰도는 더욱 높아지게 될 것입니다.

핸드폰이 일상화된 현대에는 잘못된 정보로 인하여 발생하는 악성 유언비어들이 급속하게 번질 수가 있으므로 만약에 악성 유언비어가 발생하여 지방자치단체 전체로 확산하게 되면 이를 해명하는데 아주 아까운 시간만 허비되어 위기상황을 해결하는 데 투입하여야 할 시간이 낭비될 수 있습니다. 이러한 일들이 발생하게 되면 위기상황은 점차로 악화하고 상황의 수습은 더욱 어려워지고 심각한 방향으로 진행될 수가 있습니다. 관리자들은 악성 유언비어들이 지역으로 확산하지 않도록 이에 대하여 선제적으로 대처하는 노력을 하여야 하겠습니다.

11. 사회공헌사업

　지방공무원들이 지역사회 발전과 지역에 현안이 되는 문제들을 해결하기 위하여 지방자치단체에서 꼭 추진해야 할 사업들이 있는데 재원 부족 등으로 지역에서 필요한 사업들을 적기에 추진하지 못하는 아주 안타까운 사례들이 많이 있습니다. 지방자치단체마다 재정적인 어려움들을 이겨 내기 위해서 다양하게 재원확보 방안을 강구하고 있겠지만 큰 성과를 얻지 못하는 경우가 대부분일 것입니다. 지방자치단체에서 부족한 재원을 안정적으로 확보하기 위해서 지역에 기업체를 유치하거나 중앙정부나 상위 지방자치단체를 방문하고 현안 사업추진에 필요한 재원들을 확보하기 위하여 각별한 노력을 하고 있습니다. 이러한 노력의 결과로 지방자치단체에서 안정적 재원확보 대책을 성공적으로 추진한 지방자치단체는 지역에서 필요한 사업들을 적기에 추진할 수가 있으므로 그 지역은 다른 지역에 비하여 비약적인 지역발전을 도모할 수가 있습니다. 그럼에도 불구하고 안정적인 재정 여건이 확보되지 않은 지방자치단체에서는 기업체에서 시행하고 있는 사회공헌사업에 특별한 관심을 가질 필요가 있을 것입니다.

　지방공무원들이 사회공헌사업을 추진할 때 그 사업을 추진하기 전에 반드시 이행하여야만 하는 행정절차들이 있으면 이를 먼저 이행한 이후에 사회공헌사업을 추진하여야 하겠습니다. 그런데 사회공헌사업에 필요한 행정절차를 이행하지 않았다거나 사업추진에 필요한 복잡한 행정적인 절차로 인하여 기업체의 사회공헌사업을 추진하기도 전에 지쳐 버리거나 포기하는 사례들도 있습니다. 이러한 일들이 발생하더라도 사회공헌사업을 추진하고자 하는 팀장이나 과장은 전혀 실망하지 말고 사업추진에 필요한 사전절차들을 꼼꼼하게 확인한 다음 하나씩 단계적으로 문제들을 해결해 가면 될 것입니다. 그리고 행정절차 이행에 어려운 사항이 있으면 중앙부서 공무원들과 충분한 조율과정을 거친다면 행정절차 이행에 많은 도움을 받아서 그 문제를 원만하게 해결할 것입니다. 이러한 과정을 통하여 행정절차들을 정상적으로 이행한 다음 기업체에서 실시하고 있는 사회사업에 특별히 관심을 가진다면 사업추진에 필요한 재원을 확보할 수가 있습니다.

대부분 팀장이나 과장들은 사업추진에 필요한 재원이 부족한 일이 발생하면 우선 중앙정부나 상위 지방자치단체에 도움을 요청하고 이들을 통해서 재원 부족의 문제들을 해결하려고 노력하는 것이 일반적인 현상입니다. 이러한 관심에 비해서 기업체들이 시행하고 있는 사회공헌사업에 대해서는 아주 경원시하거나 모르는 팀장이나 과장들이 의외로 많이 있습니다. 기업체에서는 기업의 이미지 제고는 물론 이익 일부를 사회에 환원하는 차원에서 기업의 이미지에 맞는 사회공헌사업들을 계획하고 있습니다. 실제로 기업체에서 계획하고 있는 사회공헌사업에 대하여 상담하기 위하여 기업체 업무담당자들과 면담을 해 보면 기업체의 업무담당자들도 기업의 이미지에 맞는 사회사업을 발 굴하는 데 많은 어려움을 겪고 있다는 것을 종종 경험하게 될 것입니 다. 그러므로 팀장이나 과장은 기업체에서 시행하고 있는 사회공헌사 업에 조금만 관심을 가진다면 아주 좋은 결과들을 얻을 수가 있을 것입 니다.

팀장이나 과장들은 지역의 현안 등 다양한 사업들을 추진하기 위해 서 기존의 제도나 규정의 범주에서 업무를 처리하는 것이 너무도 당연 하다고 하겠습니다. 팀장이나 과장들이 기존의 틀에서 조금 벗어나 시 야를 외곽으로 돌려서 기업체별로 다양하게 시행하고 있는 사회공헌 사업에 특별히 관심을 가지고 기업체에서 요구하는 요건들을 충족시 킬 수만 있다면 기업체의 사회공헌 업무담당자들과 적극적으로 업무 협의를 해 보면 재정 부족의 문제로 어려움을 겪고 있는 현안을 해결하 거나 지역에 필요한 시설물들도 유치할 수가 있을 것입니다.

기업체에 협조를 구하는 방법들은 다양하겠지만 기업체 임원이나 대표가 그 지방자치단체와 연고가 있거나 기업체가 지방자치단체에 소재지를 둔 경우에 연계가 쉬울 것입니다. 그리고 지방자치단체에서 추진하려는 사업의 성격이 기업에서 요구하는 사업과 일치된다면 수 월하게 업무협의가 이루어질 수 있을 것입니다. 그리고 지역에서 활동 하고 계시는 지역의 유지들도 지역의 발전에 많은 관심을 가지고 계시므로 지방자치단체와 어떤 기업체의 사업공헌사업과 일치되는 사업이 있다면 지역 유지들의 적극적인 도움을 받아 사회공헌사업을 유치할 수도 있을 것입니다.

팀장이나 과장들이 사회공헌사업을 유치하기 위하여 어떤 기업체를 방문할 때 우선 지방자치단체에서 그 사업을 추진하여야 하는 당위성에 관한 충분한 설명 자료와 사업추진으로 인하여 파생하는 효과들을 발표할 수 있도록 자료들을 철저히 준비하고 방문하여야 하겠습니다. 기업체에서는 다양한 사회사업들을 추진하고 있겠지만 기업의 이미지에 맞는 사업들을 추진하려고 노력하는 경우가 대부분이므로 기업체의 입장을 충분히 고려하여 자료들을 작성할 필요가 있습니다.

기업체에서 요구하는 자료들을 철저히 준비하고 기업체의 업무담당자와 실무적으로 충분한 업무협의를 거친 다음에는 지방자치단체장과 그 기업체의 임원이나 대표들과 만남의 시간을 가질 수 있도록 조치하면 더욱 좋겠습니다. 실무자의 관점에서 사업의 타당성 등을 충분히 논의하고 취지에 공감할 수 있으나 단체장이나 기업체 임원이나 대표는 사업추진 당위성에 대해 아주 다른 견해를 가진 경우가 있으니 각별한 주의가 요구된다고 하겠습니다. 지방자치단체장과 기업체의 임원이나 대표가 만나서 사업추진 방향을 설정하고 사업을 추진하는 과정에서 발생할 수 있는 정치적 문제들도 동시에 고려가 된다면 사업추진으로 인하여 발생할 수 있는 지방자치단체와 기업체 사이에 오해 소지도 해소될 뿐만 아니라 사업추진 속도가 아주 빠르게 진행될 수 있으므로 사업추진에 있어서 일거양득이라고 할 수 있겠습니다. 그리고 사업추진으로 인해 파생되는 문제의 발생을 사전에 차단할 수가 있어 사업추진이 완료된 이후에 사후관리에 아주 유리한 점들이 많이 있습니다.

이러한 과정을 통하여 사회공헌사업이 선정되고 본격적으로 사업을 추진하는 과정에 지방자치단체의 팀장이나 과장이 인사이동으로 인하여 교체되는 경우가 있습니다. 사업을 추진하는 도중에 지방공무원들이 교체되더라도 당초에 양 기관이 약속한 사항들이 차질 없이 이행될 수 있도록 조치하여야 하겠습니다. 일부 팀장이나 과장들은 전임자들이 시행하던 사회공헌사업에 관하여 다소 무관심하거나 소홀하게 추진하는 경우가 있는데 이는 매우 잘못된 지방행정의 관행으로 반드시 시정되어야 할 것입니다. 그리고 사업이 완료된 이후에도 양 기관이 당초에 약속한 사항들이 철저히 이행될 수 있도록 특별한 관심과 배려가 있어야 하겠습니다. 그럼에도 불구하고 일부 팀장이나 과장들의 관심 부족으로 사회공헌사업을 완료한 이후에 사후관리를 소홀히 하거나 그 사업을 계속 진행하지 못하고 사업이 중도에 종료되는 아주 안타까운 일들이 벌어지고 있습니다. 그러므로 지방자치단체에서 사업을 추진하던 팀장이나 과장이 교체되더라도 사업이 계속 추진될 수 있도록 후임자에게 업무 인수인계를 철저히 하여 후임자들이 이를 이행하는데 애로사항이 없도록 최선의 노력을 다하여야 하겠습니다.

지방자치단체에서 사회공헌사업을 성공적으로 추진하면 사업이 완료된 이후에 기업체의 대표에게 지방자치단체의 단체장 명의로 감사패 등을 제작하여 감사 표시를 하여야 하고 사업이 종료된 이후에도 그 기업체와 긴밀한 유대관계를 지속할 수 있도록 지방자치단체에서 실시하는 각종 기념행사에 이들을 초청하여 충분한 예우를 하는 것이 지방공무원들이 해야 할 당연한 일이 아닌가 생각합니다.

12. 업무협조

사람이 세상에서 타인 도움이 전혀 없이 혼자서 살아가는 일은 어렵고도 힘이 들고 혼자서 삶을 성공적으로 이끌어 가는 것은 더욱 어려울 것입니다. 세상의 메커니즘은 복잡하고 다양하여 지방공무원들도 담당 업무를 추진하는 과정에서 다른 부서나 기관들 업무협조를 구하는 일들이 상당히 많이 있을 것입니다. 그리고 이들의 적극적인 업무협조를 받아야만 업무들을 정상적으로 추진할 수가 있으므로 다른 부서나 기관에 업무협조를 구하는 일들이 점차 늘어나고 있습니다.

지방자치단체에서 처리하는 업무 대부분 주민 실생활과 밀접하게 관련한 복합적인 업무들로 이를 추진하는 과정에 다양한 이해관계인과 기관들이 관련되어 있을 것입니다. 지방자치단체의 업무들은 대부분 주민 실생활에 직접적으로 영향을 미치고 있는 업무들로 그 지역에 거주하고 있는 주민들도 그 업무에 각별한 관심을 가지고 처리하는 과정들을 일일이 주시하고 있습니다. 아울러 그 업무를 처리한 이후에 처리결과를 이해관계인이나 관련기관에 통지하여야 할 업무들이 있다면 더욱 이들과 함께 추진과정을 공유하여야 하고 대책을 수립할 사항이 있으면 당연히 이들과 함께 협의하고 대책을 수립하여야 할 것입니다.

지방자치단체에서 문제가 발생하면 이를 해결하기 위한 종합적인 추진계획을 수립하여야 하는데 종합 추진계획을 수립하는 과정에 유관부서에서 협조할 사항들이 있으면 유관부서의 의견을 취합하여 종합 추진계획 수립 시에 반영하여야 할 것입니다. 종합 추진계획을 수립하는 초안이 작성되면 관련한 부서에 협조할 사항들을 통보하여 법령을 위반한 내용은 없는지 우선 검토하고 유관부서에서 협조할 내용들을 검토한 결과 법령 등에 저촉하는 사항이 없다는 통보를 받으면 최종적으로 종합 추진계획안이 완성하고 아울러 재원확보에는 문제가 없는지 예산업무를 담당하는 부서와 업무협의를 진행하게 될 것입니다. 어떤 부서에서 추진하는 업무라도 유관부서가 있으면 이들과 함께 문제들을 해결하여야 하므로 이들의 업무협조가 절대적으로 필요하고 최종적으로는 예산의 확보가 가능하여야만 제대로 실행이 가능한 현실적인 종합 추진계획을 완성할 수가 있습니다. 이러한 일련의 과정을 거쳐서 종합 추진계획을 완성하고 마지막으로 최종 결재권자의 결재를 득하면 종합 계획서 작성이 끝나고 추진계획서를 업무와 관련한 부서나 기관에 통보하여 이들의 적극적인 업무협조를 받아 당면한 문제들을 원만하게 해결할 수 있습니다. 따라서 지방행정을 성공적으로 수행하기 위해서는 유관부서의 적극적인 업무협조와 지지가 있어야만 가능하다는 것을 알 수가 있습니다.

지방자치단체와 관련한 기관의 업무협조를 받아야만 되는 업무라면 지방자치단체 유관부서와 사전에 충분한 업무협의를 한 결과를 토대로 다른 기관과 업무협의를 진행하여야 하겠습니다. 예를 들면 중앙정부와 상위 지방자치단체로부터 재정적인 지원을 받는 사업을 추진하는 경우 먼저 예산부서의 업무협조를 얻어서 그 사업이 투자심사 대상인지, 매칭의 비율에 따라 자체적으로 재원을 확보하여야 하는지 등을 충분히 검토한 이후에 중앙정부나 상위 지방자치단체와 구체적이고 주도면밀한 업무협의를 진행하여야 할 것입니다. 기초지방자치단체에서 추진하는 업무들도 유관부서나 기관이 서로 밀접하게 관련이 되어 있다는 사실을 쉽게 알 수 있습니다. 지방자치단체에서 업무들을 추진하기에 앞서 이행하여야 하는 선행적인 행정절차들이 있다면 이를 충실하게 이행하고 업무를 추진해야 할 것입니다. 지방자치단체에서 이러한 사전절차들을 충실히 이행하지 않았거나 미흡하게 이행하여 그 사업에 필요한 재원을 적기에 마련하지 못하여 다수인 민원이 발생하거나 주민들에게 약속했던 사업들이 중단되는 사례들이 발생하는 경우들을 가끔 볼 수가 있을 것입니다.

요즈음 시대적으로 크게 문제가 되는 것에는 사업을 추진하기 위해서 사전에 꼭 이행하여야 하는 사업의 타당성에 관한 평가 등 사전절차들이 있는지 확인하고 사전절차들이 있다면 이를 충실하게 이행한 다음에 사업을 추진하여야 하겠습니다. 지방자치단체에서 사업들을 추진할 때 추가로 고려할 사항으로는 사업이 법령에 적합 여부를 철저히 검토하여야 합니다. 지방자치단체에서 시행하는 사업들은 복합화 사업들이 대부분으로 그 사업의 추진에 하나의 법령을 적용하는 경우들도 있겠지만 대다수 사업은 다수의 법령이 복합적으로 적용되고 있으므로 이러한 사업을 추진 시 법령에 저촉 여부를 종합적으로 검토할 필요가 있습니다.

현재 국세와 지방세에서 지방세가 차지하는 비율이 현저히 낮아서 지방자치단체에서 사업에 필요한 재원을 안정적으로 확보하는 데에 많은 어려움이 있는 것이 현실입니다. 팀장이나 과장은 기초지방자치단체의 열악한 재정 상태를 고려할 때 중앙정부나 상위 지방자치단체에서 시행하는 공모사업이라든지 정책 사업에 특별한 관심을 가지고 이러한 사업들을 적극적으로 유치하려고 노력한다면 사업에 필요한 재원을 마련하지 못하여 사업추진에 어려움을 겪고 있는 주민 숙원사업이나 당면한 현안 사업들도 추진할 수 있으니 적극적으로 관심을 가졌으면 좋겠습니다.

중앙정부나 상위 지방자치단체로부터 재정을 지원받는 사업의 경우에 예산편성 주기가 기초지방자치단체보다 빨리 시작하므로 중앙정부나 상위 지방자치단체의 예산편성 주기에 맞도록 사업계획을 수립하고 투자심사 등 사전절차를 철저하게 이행하여야만 사업에 필요한 재원을 지원받을 수가 있으므로 이에 대한 철저한 준비와 사전절차들을 충실하게 이행하여야 할 것입니다. 따라서 지방행정을 원활하게 추진하기 위해서는 지방자치단체와 관련된 기관의 업무협조나 지원이 필요한 경우 사전절차의 철저한 이행이 지방행정 추진에 아주 중요하다는 사실을 깊이 인식하고 있어야 하겠습니다. 팀장이나 과장들은 지방자치단체와 관련한 기관과 업무협의가 필요한 경우 간담회를 개최하는 등 다방면으로 지방자치단체의 입장을 충분히 이해시키고 상호 공감대가 형성될 수 있도록 특별한 노력도 함께 기울이면 좋겠습니다. 중앙정부나 상위 지방자치단체로부터 원활한 업무협조를 받기 위해서는 먼저 중앙정부나 상위 지방자치단체에서 근무하는 공무원들과도 긴밀한 유대관계를 가질 수 있도록 평소에 이들과 원만한 관계를 유지하는 것도 좋은 방법입니다. 팀장이나 과장들이 주민 숙원사업들을 해결하는 데 소요되는 재원을 마련하는데 사전에 이행하여야 하는 행정절차들이 있다면 중앙정부나 상위 지방자치단체 업무담당자들과 충분한 업무협의를 통하여 이를 충실하게 이행할 수 있도록 조치하여야 합니다. 그럼에도 불구하고 중앙정부나 상위 지방자치단체에 근무하고 있는 공무원들에게 적극적으로 업무협조를 구하여도 해결하기 어려운 경우가 분명히 있을 것입니다. 이러한 경우에도 조금도 실망하지 말고 지역발전을 위해서 일하고 계시는 지역 정치인들이나 보좌관 등을 통해서 지방자치단체와 관련한 기관에 업무협조를 구한다면 이들의 적극적인 도움으로 업무협조가 원활하게 진행될 수도 있습니다. 지방공무원들이 악의적인 마음을 가지고 이러한 행동을 하면 절대로 안 되겠지만 사전에 충분히 양해를 구하고 업무협조를 구하였는데도 불구하고 무조건 외면한다거나 일방적으로 무시하는 태도를 보이는 경우 시도해 볼 만한 것이라고 말씀드립니다. 이와 같은 과정을 통하여 지역의 실정을 제대로 전달함과 동시에 사업에 필요한 재원들도 충분히 확보할 수 있는 길이 있으니 업무를 추진하는 과정에 참고하였으면 좋겠습니다.

13. 조례제정

지방자치단체에서 근무하는 관리자는 부서의 업무를 총괄하는 업무를 수행하고 있으므로 부서의 업무에서 법령이 개정되거나 제정되면 이에 맞게 조례를 개정하거나 제정할 필요가 있는 경우 지방의회의 의결을 거쳐서 이를 시행할 것입니다. 법령이 개정되어 이에 맞게 조례를 개정하는 과정은 다소 수월하고 의회의 의결을 받기 쉽겠지만 법령이 제정되어 신규로 조례를 제정할 필요성이 있는 경우 의회의 의결을 받는 과정이 다소 힘들고 어려운 경우들이 많이 있습니다. 관리자들은 새로운 조례를 제정할 필요가 있는 경우 조례안을 작성하는데 많은 주의가 요구된다고 하겠습니다. 새로운 법령이 제정되면 일정한 사항을 지방자치단체에 위임하여 시행하는 경우 위임된 사항들을 시행하기 위하여 조례를 제정할 때 중앙정부에서 조례 준칙이 시달되는 것이 일반적입니다. 그러므로 지방자치단체에서는 특별한 사유가 없으면 준칙을 참고하여 지역 실정에 맞도록 조례를 제정하여 시행하게 될 것입니다. 일부 지방자치단체에서는 지방자치단체의 고유사무에 대하여도 그 지역의 여건들을 반영하여 지역의 특색에 맞게 조례를 제정하여 시행하는 경우가 있습니다. 여기에서는 법령에서 위임한 사항에 관하여 조례를 제정과 개정하고 시행하는 과정에서 주의할 내용들을 알아보고자 합니다.

중앙정부에서 법령을 제정하여 시행하게 되면 일정한 사항들은 지방자치단체의 조례에 위임하는 사항들이 있는데 이는 지방자치단체마다 여건들이 다양하여 법령을 제정할 때 이를 모두 반영하여 모든 지방자치단체의 여건들을 충족할 수 있는 법령 제정에 어려움이 있으므로 일정한 사항은 조례에 위임하여 지방자치단체마다 지역의 여건들을 반영하여 지역 실정에 맞게 위임하여 시행하는 것이 타당하기 때문입니다. 그런데 일부 지방자치단체에서는 조례를 제정할 때 준칙과 같게 조례안을 작성하여 의회의 의결을 받는 경우가 있는데 이는 그 지역의 실정을 조례에 정확하게 반영하지 못하므로 바람직한 지방공무원의 업무 자세는 아니므로 반드시 시정되어야 하겠습니다. 법령에서 위임한 사항에 관한 조례 준칙이 시달되면 이것을 참고하여 그 지역의 실정에 맞도록 조례안을 작성하여 의회의 의결을 받아서 시행하는 것이 바람직한 지방공무원의 자세이고 지방자치단체에 근무하고 있는 지방공무원들의 당연한 의무가 아닐까 하는 생각이 들곤 합니다.

둘째 조례를 제정할 때 고려해야 할 사항은 지방자치단체에서 어려움을 겪고 있는 것 중의 하나인 재정적인 어려움일 것입니다. 현재 국세와 지방세의 비율에 현격한 차이를 보이고 있으므로 일부 지방자치단체를 제외하고는 많은 지방자치단체가 재정적으로 어려움을 겪고 있는 것이 현실입니다. 지방자치단체에서 조례안을 작성할 때 부담해야 하는 예산이 얼마나 소요되는지 정확하게 산출하고 조례안에 이를 정확하게 명기하여야 합니다. 특히 조례를 제정하여 시행할 때 재정적인 부담에 관한 사항들을 정확하게 산출하지 않고 이를 시행하게 되면 시간의 경과에 따라 지방자치단체의 재정을 더욱 악화시킬 수 있으므로 지방자치단체의 살림살이가 더욱 어렵게 되어 지방자치의 근간이 흔들리게 되므로 각별한 주의가 요구됩니다.

셋째로 관리자들이 조례안을 작성할 때 주의할 사항은 조례안을 작성하는 과정에 지역의 실정을 올바르게 반영하여야 합니다. 조례는 지방자치단체의 실정을 정확하게 반영하여 그 지방자치단체에서 실제 적용이 가능하고 지역 주민들의 복리증진을 도모할 수 있도록 제정하고 시행하여야 할 것입니다. 그럼에도 불구하고 지방자치단체에서 시행되는 조례들을 분석해 보면 일부 용어들만 상이하고 내용은 거의 같은 경우가 대부분으로 지역 실정을 제대로 반영하지 못하는 조례는 이를 시행하는 과정에서 문제들이 발생하게 되므로 빈번한 조례개정이 필요하게 될 것입니다. 지방자치단체의 실정을 정확하게 반영하지 못한 조례는 여러 번 개정하는 절차를 거쳐야 하므로 불필요한 지방행정력이 낭비되고 주민들에게도 많은 혼란을 초래할 수가 있어 지방자치단체의 신뢰가 실추되는 일이 발생하게 될 것입니다.

넷째로 지방자치단체에서 조례안을 작성할 때 정치적인 부분도 함께 고려하여야 합니다. 지방자치단체에서 근무하는 일부 관리자들은 조례안을 제정할 때 정치적인 고려를 하는 것에 관하여 부정적으로 생각하거나 다소 의아하게 생각하는 경우가 있는데 조금은 잘못된 견해가 아닐까 생각됩니다. 왜냐하면 조례를 제정하고 시행하는 지방자치단체장과 조례를 의결하는 지방의회 의원들이 정치인이기 때문에 정치인들은 같은 사항에 대해서도 정치적 이해관계에 따라 다르게 해석하는 경우가 비일비재합니다. 조례를 제정하기 위해서는 집행부에서 단체장의 의견을 반영한 조례안을 작성하여 의회에 제출하고 의회에서는 집행부에서 제출된 조례안을 의결하게 되므로 정치적인 고려가 전혀 없이 조례안을 작성하게 되면 의회에서 의결을 받는 과정에도 어려움들을 겪게 되고 극단적 경우에 의원들 사이에 정치적 이해관계에 따라서 부결되는 경우들이 있으니 관리자들은 특별히 주의하시기 바랍니다. 관리자들은 조례안이 작성하는 과정에서 조례와 관련되는 이해관계인들의 의견을 수렴하는 과정이 필요하므로 이때 이해관계인들의 의견을 수렴과정을 단순히 형식적으로만 할 것이 아니라 조례와 이해관계가 있는 사람들을 직접 만나거나 다양한 경로를 통하여 이들의 의견을 충분히 듣고 이를 반영하는 과정을 거칠 것을 권하고 싶습니다. 이러한 과정에서 일부 이해관계인들이 오해하는 부분이 있다면 충분히 설명하여 이들을 설득하거나 이해관계인들이 제시하는 의견이 합당하다고 판단하면 이를 반영한 조례안을 작성하여야 하겠습니다. 이러한 조율의 과정들을 충실하게 이행한다면 의회에서 의결을 받는 과정이 수월하게 되고 조례를 시행하는 과정에도 큰 문제가 발생하지 않을 것입니다.

다섯째로 주의할 사항은 집행부에서 의회에 제출된 조례안에 오탈자가 많은 것을 발견하고 매우 놀라는 의원들이 많이 있습니다. 이러한 일들이 발생하게 되는 이유는 주무관들이 작성한 조례안을 관리자들이 꼼꼼하게 살펴보지 않고 제출하는 것으로 생각할 수가 있습니다. 집행부에서 제출된 조례안을 심사하는 의원들이 조례안의 내용이 아무리 타당하고 좋은 내용일지라도 조례안에 오탈자가 있다는 이유로 심사를 보류하거나 심하면 이를 부결하는 경우가 있습니다. 이러한 사태가 발생하면 집행부의 신뢰는 추락하고 관리자의 입장도 아주 난처하게 될 것입니다. 그러므로 관리자들은 조례안을 의회에 제출하기 전에 조례안에 오탈자가 없는지 꼼꼼하게 확인하는 습관을 기르면 좋겠습니다. 의회와 관련되는 업무는 관리자들이 더 꼼꼼하게 검토하고 점검하여 집행부에서 제출한 조례안에 관해 의원들과 건전한 토론을 거쳐서 의회의 의결을 받고 시행하는 것이 건강하고 멋진 관리자가 되는 지름길이라고 생각합니다.

14. 의원과 관계

지방자치의 시작과 함께 의원들로 구성된 의회는 집행부에서 추진하는 업무에 대한 견제와 감시를 하고 있습니다. 지방자치가 시작되기 전에는 집행부에서 정책을 결정하고 사업들을 추진한 이후에 감사기관으로부터 검증받는 과정에서 문제가 없으면 지방공무원의 책임이 면제되는 경우가 일반적이었으나 지방자치시대 행정환경은 과거와 큰 차이를 보이고 있습니다. 지방정부에서도 중앙정부의 국회의원에 대비되는 주민들로부터 선택받아서 선출된 의원들이 그 지역에서 발생하고 있는 각종 현안이 되는 문제들을 발로 뛰며 해결하려고 노력하고 있습니다. 이들은 수시로 주민들과 만남의 장을 가지고 주민들의 다양한 의견을 직접 청취하고 이를 지방행정에 반영시키려고 노력하거나 지역의 오랜 숙원사업들을 조속히 해결하여 지역발전을 도모하기 위하여 다양한 해결방안들을 찾기 위해서 동분서주하고 있습니다.

의회와 집행부는 지역의 발전과 주민들의 행복이라는 공통의 목적을 달성하는데 상호견제와 균형이 필요할 것입니다. 두 기관은 수레의 양 바퀴처럼 주어진 임무에 충실하고 원만한 관계를 유지해야 정상적으로 잘 굴러 가게 될 것입니다. 그리고 지역에서 발생하는 문제들을 해결하기 위하여 상호 부족한 부분을 채워 간다면 아마도 지역발전이 비약적으로 이루어질 것입니다. 의회는 집행부에서 추진하는 업무에 관한 합리적인 기준을 마련하기 위해서 입법사항인 조례안을 검토하고 지역의 여건에 적합하다고 판단하면 집행부에서 제출한 원안대로 통과시키고 다소 부족한 사항이 있으면 이를 보완하여 수정안을 통과시키게 됩니다. 그리고 집행부에서 업무를 추진하는데 필요한 예산안에 대해서도 이를 심사하고 의결하는 기능도 수행하고 집행부의 예산집행 결과에 대하여 결산 검사라는 절차를 거쳐 이를 검사하고 승인하고 있으며 또한 매년 정례적으로 집행부에서 추진한 행정업무 전반에 대한 행정사무 감사도 시행하고 있습니다.

팀장이나 과장은 부서의 업무들을 추진하거나 지역에서 현안이 되는 업무들을 해결하는 과정에서 의원들에게 업무협조를 구하는 등 여러 분야에서 의원들과 긴밀한 관계들을 맺고 있습니다. 의회는 집행부에서 일 년간 추진한 행정업무 전반에 대한 성과를 평가하기 위하여 행정사무를 감사하고 잘된 점은 칭찬하고 잘못된 사항이 있으면 이를 시정시키는 역할을 하고 있습니다. 그 외에도 집행부에서 제출한 각종 안건을 심사하는 등 많은 분야에서 의원들과 긴밀한 관계들을 갖고 있습니다.

의원들은 무소속인 경우를 제외하고 정당에 소속되어 있으므로 의원들마다 뚜렷한 정치적 성향이 있어서 의원들의 정치적 성향에 따라 각자가 다른 견해들을 가지고 있으므로 팀장이나 과장은 부서에서 추진하고자 하는 업무들을 의원들에게 설명하고 이들의 의견을 지방행정에 반영할 필요가 있겠습니다. 지역에서 추진하고자 하는 사업이 있다면 그 지역구 의원들에게 설명하고 이들의 의견을 수렴하는 과정을 거치도록 권하고 싶습니다. 그리고 팀장이나 과장들이 업무들을 추진하는 과정에서 정당이 다른 의원들 사이에 의견들이 상이할 경우 이를 조율한다든지 추진업무에 관하여 견해가 다른 의원들이 있다면 그 업무가 올바른 방향으로 추진될 수 있도록 이들을 설득하거나 업무에 협조를 구하는 과정이 필요한 경우도 많이 있을 것입니다. 그러므로 지역에 현안이 되는 업무들을 효율적으로 추진하기 위해서는 정책을 수립하는 과정에서부터 지역구 의원들의 의견을 청취하고 이를 정책에 반영하도록 노력하여야 할 것입니다. 의원들의 의견을 정책에 반영하기 어려운 경우에는 그 사유를 충분히 설명하고 간곡하게 업무협조를 구한다면 의외로 아주 수월하게 그 업무를 추진할 수도 있을 것입니다.

일부 팀장이나 과장들은 의원의 역할에 대하여 정확하게 이해하지 못하고 오해들을 하는 경향이 가끔 있습니다. 의원들도 단체장처럼 선거에 의해서 주민들로부터 선택받은 선출직으로 집행부에서 추진하는 업무에 대한 자료요구와 현안에 관하여 질의를 한다거나 집행부에서 추진하는 업무에 관하여 의견을 제시하고 이를 지방행정에 반영시키려고 노력할 것입니다. 그럼에도 불구하고 일부 팀장이나 과장들은 의원들을 부서의 업무들을 추진하는 데 걸림돌처럼 인식하고 아주 부정적인 시각으로 이들을 바라보거나 경원시하는 경향도 있는데 이는 아주 잘못된 생각이라고 말할 수가 있습니다.

의원들도 주민들로부터 선택받은 선출직으로 지역발전을 위하여 누구보다도 열심히 노력하고 있고 지역에서 현안이 되는 일이 있다면 의원들을 부정적인 시각으로 바라보지 말고 지역구 의원들에게 사전에 발생 원인과 배경 등을 충분히 설명하고 이들에게 협조를 구한다면 이들의 적극적인 도움으로 문제를 쉽게 해결할 수도 있습니다.

그리고 의원들은 각종 위원회에 소속되어 집행부에서 제출한 안건들을 심사하게 됩니다. 팀장이나 과장들이 지역에서 현안이 되는 문제를 해결하기 위하여 안건들을 의회에 제출하고 심사 받는 경우 그 업무를 추진해야 하는 당위성을 충분히 설명한 다음 업무와 관련된 지역구 의원들과 의견을 교환하고 업무에 타당성을 인정받으면 그 지역 출신 의원들도 소속위원회에서 동료 의원들을 설득하여 집행부에서 제출한 안건이 원만하게 통과될 수 있도록 적극적으로 도움을 주실 것입니다.

팀장이나 과장은 부서에서 업무들을 수행하고 현안이 되는 문제들을 직접 해결하여야 하므로 평소에 의원들의 예우에도 각별한 주의를 하여야 하겠습니다. 의원들과 의견이 상충하는 부분이 있는 경우에 사전에 충분한 이해를 구하고 부족하다면 설득을 통하여 이를 적극적으로 이를 해소하려고 노력한다면 의원들과 원만한 관계를 지속할 수 있을 것입니다. 이러한 과정을 통하여 의원들과 친분을 계속 유지하고 이들에게 진심으로 도움을 요청한다면 아마도 지방공무원들이 업무들을 처리하는 데 아주 유익한 점들이 많이 있다는 사실을 꼭 명심하시기 바랍니다.

팀장이나 과장들은 가끔 거칠게 항의하는 민원인들을 슬기롭게 설득할 필요가 있을 때가 많이 있을 것입니다. 그때 그 지역에 지역구를 둔 의원으로부터 민원인과 친한 관계가 있는 지역 유지를 소개받고 그를 통하여 민원인을 설득하거나 설득이 어려우면 지역구 의원과 동행하여 대화를 시도해 보면 거친 민원인들도 의외로 쉽게 마음의 문을 여는 경우를 많이 경험하게 될 것입니다. 그리고 본인들의 고충들을 아주 허심탄회하게 이야기하는 사례가 많이 있으므로 어려운 문제에 대한 해결의 실마리를 의외로 쉽게 찾을 수 있을 것입니다. 팀장이나 과장은 의원들을 지역발전이라는 공동의 목표를 향해 가는 집행부의 동반자라는 인식을 마음속에 깊이 간직할 필요가 있겠습니다.

팀장과 과장은 의원들이 업무를 감시하거나 감독하는 사람으로 부정적으로만 인식하지 말고 어려운 문제들을 해결하기 위해서 도와주고 격려해 주는 지역의 대변자라는 인식을 가질 필요가 있겠습니다. 의원들은 지역의 실정에 대해서 누구보다 잘 이해하고 이를 해결하기 위해서 노력하고 있으므로 평소에 의원들과 원만한 관계를 유지하고 지역에 어려운 일들이 있으면 지역구 의원들에게 먼저 손을 내밀고 업무협조를 구한다면 의외로 쉽게 문제들을 해결할 수 있으니 의원들과 친밀한 관계를 맺고 이를 유지할 것을 권하고 싶습니다.

제4절

정리기 : 겨울(冬)

1. 노하우 전수

지방공무원으로서 오랫동안 근무하면 누구나 같은 직급이나 직위로 승진하지는 않겠지만 일정한 시기가 되면 누구나 퇴직하게 됩니다. 지방공무원으로 근무하다가 보면 여러 가지 사유로 공직에서 떠나 다른 직업을 갖는 사례들도 있겠지만 지방공무원들은 특별한 사유가 없으면 정년까지 공직을 맡는 경우가 대부분입니다. 지방공무원으로 오랫동안 공직에 몸을 담으면 각자 다양한 업무 경험을 하는 과정에서 얻은 노하우들이 많이 있을 것입니다. 그럼에도 불구하고 퇴직공무원들이 지방행정을 수행하는 과정에서 경험했던 업무에 대한 노하우들을 후배들에게 전수해 줄 방법들이 아주 제한적인 것이 현실입니다. 그리고 누구도 이 문제에 대하여 진지하게 고민하는 것을 경험하지는 못하였습니다.

정년을 맞이하여 공직생활을 그만두는 지방공무원들이 경험했던 내용 중 잘했던 분야는 후배들이 이를 더욱 발전시켜 주민들의 복지향상을 위하여 유익하게 활용한다면 아마도 지방행정은 한층 더 성숙해질 수가 있을 것입니다. 그리고 업무를 하는 과정에서 실수했거나 잘못했던 사항들은 후배들이 같은 실수를 반복하지 않고 시행착오를 겪지 않는다면 불필요한 지방행정력이 낭비되는 사례를 방지할 수가 있을 것입니다.

　지방공무원 생활을 마감하는 위치에 있는 지방공무원들이 가장 많이 하는 말은 '본인이 예전에 근무할 때는 그렇지 않았는데 요즈음 지방공무원들은 그 당시와 아주 다르다.'라는 등 여러 가지 불평들을 하고는 합니다. 본인들도 과거를 되돌아 생각해 보면 당시 지방공무원들이 융통성이 부족하고 아주 고지식하다고 생각하지는 않았는지 자신들을 되돌아볼 필요가 있겠습니다. 시대가 변함에 따라 가치관도 변하고 생활환경의 변화에 따라 생활의 행태도 많이 달라지므로 일정한 시기가 되어 지방공무원으로서 마지막을 장식할 시간이 되면 아름다운 퇴장을 위해서 후배들에게 어떻게 처신하여야 올바른지 진지하게 고민해 보고 이를 실천하도록 노력하여야 할 것입니다.

　일정한 시간이 흐르고 퇴직 시기를 맞이하면 후배들이 자신들에게 어떠한 보상을 할 것이라고 기대를 하는 것은 아주 잘못된 관습인 것 같습니다. 누구나 오랫동안 몸담은 공직에서 멀어지게 되면 다소의 불안감이나 서운한 감정이 생기는 것은 지극히 당연한 사실입니다. 만약에 오랜 기간 근무했던 곳을 떠나는 그 시간에도 이러한 감정들이 생기지 않은 것 또한 이상한 현상이 아닐까 생각합니다. 아름다운 퇴장을 준비하는 과정에 있는 지방공무원들은 근무하는 동안 공직에서의 터득한 업무의 노하우들을 후배들에게 아낌없이 전수한다면 지방행정이 더욱 발전할 수 있을 것입니다. 그럼에도 불구하고 퇴직 시기가 임박한 지방공무원들은 후배들에게 욕을 먹지 않기 위해서 업무에 신경을 덜 쓴다거나 아주 잘못된 일에도 쓴소리를 자제하는 경우를 너무도 많이 보아 왔습니다. 이것이 공직을 마감하는 지방공무원으로서 바람직한 자세인지 자신을 점검해 보는 시간을 가졌으면 좋겠습니다. 그런데 퇴직을 앞둔 지방공무원이 과도하게 권한을 행사한다거나 다년간 행정업무에 관한 경험들이 많다는 단순한 이유로 일방통행식으로 업무들을 추진한다면 이 또한 큰 문제를 일으킬 수가 있을 것입니다. 공직을 마감하는 시점이 되면 개인의 영달을 떠나서 지방자치단체를 위하여 조금이라도 헌신하는 마음을 가지고 후배 지방공무원들에게 업무적으로나 인간적으로 도움을 주는 방법들을 찾아서 이를 실천하도록 노력하는 것이 선배 지방공무원으로서 하여야 하는 올바른 처신이 아닐까 생각합니다.

지방자치단체에는 다양한 직종과 직렬의 지방공무원들이 공존하고 있으므로 직위의 높고 낮음에 관계없이 자신들이 맡은 직종과 직위에 따라 조직발전에 기여 방법들이 아주 다양할 것입니다. 지방공무원들이 어떤 분야에서 근무하고 있든지 각자 나름대로 경험한 업무에 관한 노하우들이 많이 있으므로 후배 지방공무원에게 전해 줄 수 있는 내용들 또한 너무도 다양하고 많이 있을 것입니다. 특히 지방공무원들은 다양한 업무들을 추진하는 과정에서 터득한 노하우들을 일일이 문자로는 기술하는 것이 어렵겠지만 담당했던 업무에 관한 유무형의 노하우들은 소중할 뿐만 아니라 매우 값진 것입니다. 이렇게 값진 노하우들을 아낌없이 전수할 수 있는 여건들이 조성되어 이들을 제대로 전수할 수만 있다면 후배 지방공무원들이 업무를 추진하는 데 참고할 수 있으면 좋겠습니다.

공직을 정리하는 시점에 있는 지방공무원들이 터득한 업무의 노하우들을 전수해 줄 여건들이 조성되지 않았다고 실망만 할 것이 아니라 새로운 방법들을 찾아서 다양한 시도를 해 본다면 아마도 후배 지방공무원들도 이러한 선배의 길을 이어서 이를 진행하다가 보면 어느새 좋은 환경이 자연스럽게 조성되지 않을까 기대해 봅니다. 선배 지방공무원들이 습득한 행정업무에 관한 노하우들을 효율적으로 전수할 방법들을 찾아가다가 보면 아마도 새로운 지평이 열릴 것으로 확신합니다. 그리고 지방자치단체에서도 행정환경이 변화함에 따라서 업무의 노하우들을 후배 지방공무원들에게 효율적으로 전달하는 방법들을 찾게 될 것이고 깊이 고민하는 날도 멀지 않으리라 확신합니다.

선배 지방공무원들은 이러한 여건들이 제대로 조성되어 있지 않다고 하더라도 지방공무원으로 근무하는 틈틈이 시간을 내어서 문자 형태로 후배 지방공무원에게 전수할 내용들을 기록하고 이를 책자로 발간하는 등 다양한 방법들을 시도하는 것도 좋을 것 같습니다. 이러한 과정을 통하여 선배 지방공무원들이 오랫동안 터득한 도저히 값으로 매길 수 없는 유무형의 노하우들을 후배들에게 전부 전수할 수만 있다면 아마도 후배들이 지방공무원으로 근무하는데 아주 좋은 길라잡이가 될 수가 있을 것으로 확신합니다.

2. 멘토역할

지방공무원들은 지방자치단체를 매개체로 먼저 공직에 입문하여 조직발전을 위해서 노력하는 선배 지방공무원과 공직에 입문한 시기가 다소 늦은 후배들이 업무적으로 연결된 끈끈한 유대관계를 맺고 있습니다. 이들은 조직에서 현안들을 원만하게 해결하기 위하여 많이 노력하는 등 직장의 동료로 어떤 경우에는 가족들보다 더 많이 그리고 더 자주 얼굴을 마주하는 아주 가까운 관계입니다. 공직생활에서 선·후배의 관계는 공적으로 업무를 추진하는 관계가 정상적이겠지만 일부는 공식적인 업무를 통하여 인간적인 관계로 발전하기도 합니다. 이들의 관계는 공적으로나 사적으로 아주 밀접하게 관계망이 형성되어 있어서 가끔은 조직에서 큰 문제를 일으키기도 합니다.

공직에서의 선배는 인생에서 선배의 개념과는 조금 다른데 인생에서 선배는 나이와 덕망 등을 기준으로 판단하는 경우가 일반적인데 공직에서는 선배의 개념은 지방자치단체에 입문하는 시점 등을 기준으로 판단하고 있으므로 인생에서 선배의 개념과는 다소 차이가 있습니다. 지방공무원 조직에는 다양한 직종과 직렬의 지방공무원들이 함께 근무하고 있고 입직 경로 또한 아주 다양하여 일률적으로 선배 지방공무원이라고 명확하게 정의하는 것이 쉽지만은 않을 것입니다. 지방공무원 사회에서 선배라고 함은 공직에 먼저 입문하여 근무 기간이 상대적으로 오래되고 비교적 나이가 많은 지방공무원들을 선배라고 이야기하는 경우가 일반적입니다. 여기에서는 선배 지방공무원의 개념을 공직에 먼저 입문해서 상대적으로 지방행정 경험이 풍부하고 비교적 나이가 많은 지방공무원을 선배로 지칭하고자 합니다. 선배 지방공무원들과 후배들은 지방자치단체라는 하나의 울타리에서 공식적으로는 업무를 함께 고민하고 처리하는 관계일 뿐만 아니라 업무 외적으로는 인간적으로 공감대를 형성하고 인생사를 허심탄회하게 이야기할 수 있는 관계일 수도 있을 것입니다. 지방자치단체에서 공적인 선·후배 관계도 있겠지만 일부는 과거에 함께 근무했던 인연이라든지 학연이나 지연 등의 사유로 자연스럽게 인간적인 공감대를 형성하는 경우들도 많이 있을 것입니다.

지방자치단체에서는 부여된 업무들을 원활하게 추진하기 위해서 직위나 직급에 따라 이에 상응하는 결재권을 부여하게 되므로 선·후배 지방공무원 사이에 허심탄회한 이야기를 나누거나 인간적인 유대관계를 갖는 것이 아주 힘든 경우가 대부분이라고 이야기하는 후배 지방공무원이 많이 있는 것이 현실입니다. 그리고 특정한 문제에 관한 의사결정을 하는 과정에서도 선배 지방공무원들의 일방통행식의 의사결정으로 후배들의 반감을 사거나 때로는 조직에 큰 갈등을 일으키기도 합니다. 모든 선배 지방공무원들이 그러한 행동을 하지는 않겠지만 일부 선배 지방공무원들이 직위나 직급이 큰 벼슬이나 되는 것처럼 '모든 일은 본인이 판단하고, 자신이 결정하여야 하고, 자신이 결정한 사항은 항상 올바른 결정이다'라는 큰 착각 속에서 지방공무원 생활을 마감하는 경우가 종종 있는 것이 사실입니다. 선배 지방공무원은 후배들이 업무적으로 미숙하거나 잘못된 판단을 하는 경우가 있으면 이에 관하여 올바르게 판단을 하도록 조언과 격려를 해 주는 역할이 선배 지방공무원으로서 꼭 하여야 할 임무라는 생각이 듭니다. 공직생활을 마감하는 시점에 있는 선배 지방공무원이 일방통행식으로 의사결정을 한다든지 공식적인 근무 시간이 종료한 이후에도 후배 지방공무원들을 불필요하게 간섭하는 경우가 종종 있는데 이는 아주 위험한 발상이고 즉시 시정되어야 할 문제입니다. 지금은 개인주의적 사고가 만연되어 지방행정 환경에도 급속한 변화가 있었으므로 선배 지방공무원들도 이러한 흐름에 맞게 행동할 수 있도록 후배들과 관계에서 각별한 주의가 요구된다는 사실을 인정하고 근무하였으면 좋겠습니다.

선배 지방공무원들은 지방자치단체에서 오랫동안 힘든 일을 추진하는 과정에서 고생도 하고 때로는 업무를 수행하느라 고뇌하는 일들도 많이 있었을 것입니다. 시대가 아무리 변하여도 선배 지방공무원들의 값진 노고와 희생이 있었기에 현재와 같은 지방행정이 수행되고 있다는 사실을 인정해야 할 것입니다.

선배 지방공무원들이 지방행정을 지금처럼 발전시키기 위해서 노력한 수고는 아주 크고 높다고 평가하겠습니다. 지방행정을 추진하면서 터득한 행정업무에 관한 노하우들은 아마도 돈으로 환산할 수 없는 어마어마한 유무형의 가치가 있다는 생각이 듭니다. 선배 지방공무원들이 행정업무를 추진하는 과정에서 터득한 업무에 관한 노하우들과 직장인으로 겪은 값진 경험들을 후배들에게 아낌없이 전수해 줄 수 있는 지방행정 환경이 자연스럽게 조성되었으면 더욱 좋겠습니다.

일부 선배 지방공무원 중에는 자신이 모든 분야에서 만능의 재주를 가진 것처럼 착각하고 후배들의 의견을 조금도 경청하지 않고 의사소통도 없이 일방통행식으로 의사결정을 하고 후배들을 이에 따르게만 행동하는 우를 범하는 경우들을 가끔 보아 왔습니다. 선배 지방공무원들이 이런 행동하는 데에는 나름의 이유는 있겠지만 시대의 흐름에 발맞추어 의사결정을 할 때마다 후배들의 의견을 경청하고 이들의 의견이 논리에 합당하면 이를 지방행정에 반영하여 업무를 처리한다면 후배들이 아주 훌륭한 선배 지방공무원으로 기억할 것입니다.

공직을 정리하는 시점에 이른 선배 지방공무원들이 터득한 행정업무에 관한 노하우들과 인생을 살면서 터득한 보배와 같은 경험을 후배들에게 잘 전수하여 누가 시키지 않아도 자진해서 선배 지방공무원들의 업무 노하우들을 벤치마킹하는 자세를 가졌으면 좋겠습니다. 이러한 분위기가 제대로 조성된다면 아마도 선배 지방공무원들은 업무에 관한 노하우들과 더불어 인생의 값진 경험을 아낌없이 후배들에게 전수해 주는 넓은 아량을 베풀 것입니다.

　이러한 지방행정 환경이 잘 조성된다면 아마도 후배 지방공무원들은 선배들과 같은 실수를 반복하지 않고 주민들에게 만족할 만한 지방행정 서비스를 제공하고 훌륭한 지방공무원으로 성장하는 데에 큰 도움이 될 것이라고 확신합니다. 아울러 지방자치단체에서 근무하는 동안 직장인으로서 겪은 소중한 인생 경험들과 애환들을 여과 없이 후배 지방공무원들에게 알려 주어 이들이 공직에 몸을 담고 근무하는 마지막까지 좋은 보약처럼 활용할 수 있도록 인생 멘토로 역할을 하는 데 최선의 노력을 다하는 것이 선배 지방공무원의 자세가 아닐까 생각이 됩니다.

3. 자기성찰

지방공무원들이 추진하는 업무들은 주민들의 일상생활과 아주 밀접하게 관련이 있는 생활밀착형 업무들이 대부분으로 지방공무원들은 이러한 업무들을 추진하는 과정에서 이해관계자들의 의견을 청취하고 이를 지방행정에 반영시키기 위해서 노력하고 있습니다. 지역에서 발생하는 문제들을 원만하게 해결하기 위해서는 지방자치단체와 관련한 기관과 긴밀한 업무협의를 통하여 이를 신속하게 해결하도록 많은 시간을 보내게 될 것입니다. 지방공무원들이 생활밀착형 업무들을 추진하는 과정에서 이해관계자들과 의견이 충돌할 때 이들의 의견을 충분히 청취하고 이해관계자들이 제시한 의견에 합당한 것이 있으면 이를 지방행정에 반영하고 합당하지 않으면 이들과 계속 조율하는 과정을 거쳐서 이를 해결할 필요가 있을 것입니다. 이러한 일련의 과정들을 반복하다 보면 일주일이라는 시간이 금방 지나가 버리고 새로운 한 주를 마주하는 일상을 반복하게 될 것입니다.

매일 반복하는 환경에서 근무하는 지방공무원들이 자기성찰에 관해서 특별한 관심을 쏟지 않는 것이 현실이고 공직을 마감하는 시점에 도달한 지방공무원까지도 여러 가지 사유들을 들어서 자신들의 행태를 객관적으로 보려는 노력을 하지 않고 있어서 조금은 안타깝다는 생각이 가끔은 들곤 하였습니다. 지방공무원들에게 자기성찰의 시간이 왜 필요한지 그리고 자기성찰을 어떻게 하여야 하는 것인지에 관하여 정확하게 알지 못하는 것이 사실입니다. 지방공무원들은 원하여 중도에 공직을 그만두지 않는 한 특별한 일들이 없으면 대체로 정년까지 근무하고 공직생활을 마감하고 있습니다. 지방공무원들이 지방자치단체라는 울타리에서 오랫동안 근무하다 보면 외부 환경과 단절된 느낌이 든다거나 외부에서 일어나고 있는 현상들에 관하여 조금은 무관심한 반응을 나타내고 있으며 아주 극단적 경우에는 이를 아예 무시하고 일상생활을 하는 경우들도 가끔 있는 것이 현실입니다.

지방공무원들이 고정된 사고의 틀을 바꾸기 위해서는 자신에게 특별한 계기가 있다거나 스스로 변화하려는 절실한 욕망이 있을 때만이 가능할 것입니다. 지방공무원들도 세상을 살아가는 사회의 구성원으로서 이들과 원만한 관계를 갖기 위해서는 자기성찰의 시간을 갖는 것이 필요할 때가 분명히 있을 것입니다. 더욱이 공직 마감을 준비하는 지방공무원들이라면 더욱 새로운 세상과 마주할 마음의 준비는 물론 이에 잘 적응할 수 있도록 자기를 객관적인 시각으로 평가해 보는 것이 좋을 것 같습니다.

공직에서 퇴직한 선배 지방공무원들이 빠트리지 않고 후배들에게 이야기하는 것이 있는데 '현직에 있을 때 퇴직 이후 새로운 세상을 마주할 때 낯설지 않도록 미리 준비했어야 했는데 이에 대한 준비를 너무

소홀히 한 것에 많은 후회가 된다.'라는 말들을 많이 합니다. 그럼에도 불구하고 후배 지방공무원들은 이런 말을 다른 세상의 이야기처럼 흘려서 듣거나 아예 무시하고 근무하고 있습니다. 공직을 그만둘 시점이 임박한 지방공무원들이라면 자신이 다른 사람들에게 어떻게 보여지고 그들이 자신에게 어떤 평가를 하는지 더욱 관심을 기울이는 노력이 필요할 것 같습니다. 그리고 지방공무원 스스로 자신을 어떻게 평가할 수 있는지 아주 냉철하고 객관적으로 바라볼 필요가 있겠습니다.

지방자치단체에서 지방공무원은 항상 타인과의 함께 근무하고 있기에 지방공무원으로 생활하는 동안에 자신이 원하든 원하지 않든지 타인으로부터 지속적인 평가를 받게 될 것입니다. 이들의 평가가 지방공무원들의 근무행태에도 많은 영향을 미치고 있으며 이것이 대외적인 평판에도 결정적인 영향들을 미치고 있다는 사실을 누구나가 다 인정할 것입니다. 따라서 지방공무원들은 타인의 평가에 대하여 아주 민감하게 반응하고 이에 적응하면서 근무하고 있는데 이러한 환경에서 근무를 계속하고 있는 지방공무원들은 근무지를 벗어난 일상생활에서도 자신의 주관을 뚜렷하게 나타내는 것을 다소 어려워하거나 두려워하는 경향들이 있습니다.

그러므로 공직을 마무리하는 지방공무원들은 진정으로 자신이 어떠한 사람이고 어떠한 성향의 행동양식을 가지는지 정확하게 알 필요가 있겠습니다. 지방공무원으로 오랫동안 근무하면서 주로 타인의 평가에만 의존하는 삶을 살았기에 자신들의 정체성을 정확하게 파악하기 힘든 경우가 많이 있었을 것입니다. 이러한 행동양식과 사고방식은 지방공무원들의 자존감을 낮게 하고 어떤 문제가 발생했을 때 적극적으로 문제를 해결하려는 의지가 없어 보일 수도 있는데 이러한 행태가 퇴직한 이후에도 계속 이어진다면 아마도 은퇴한 이후 삶에도 조금은 영향을 미칠 수가 있으므로 특별히 주의하시기 바랍니다.

　지방공무원으로서 근무하는 동안에 시간이 허락된다면 가끔 자신을 객관적인 관점에서 조명해 볼 수 있도록 다양한 시도를 해 보는 것이 좋겠습니다. 그럼에도 불구하고 공직을 마감할 준비를 하는 지방공무원들까지도 시간이 없다는 이유로 자신이 어떤 형태의 사람인지 객관적으로 평가해 보려는 노력을 아주 소홀히 하는 경향이 있습니다. 공직생활을 그만두고 새로운 세상과 직면하기 전에 자신을 객관적으로 조명해 보고 평가를 받아 보는 것이 새로운 삶을 성공적으로 살아가는 데 유익하다는 사실을 은퇴한 이후에나 절실히 느낄 수가 있을 것입니다. 시간은 사람을 조금도 기다려 주지 않고 무심하게 흘러간다는 사실을 누구나가 알고 있고 이것을 인정할 것입니다. 그럼에도 불구하고 이들은 현실에만 안주하고 공직을 마감하는 시간까지도 자기 자신이 어떠한 행태의 사람인지 생각해 보지도 않는다는 사실은 매우 안타깝고도 애석하다는 생각이 저절로 들게 만듭니다.

지방공무원들이 자신을 제대로 평가할 수가 없다면 자기성찰에 관하여 교육하는 전문기관에서 실시하는 프로그램에 적극적으로 참여해 볼 것을 권장해 드립니다. 도저히 이런 시간이 허락되지 않는 지방공무원이라면 각종 교육프로그램에 적극적으로 참여하여 동료들로부터 자신에 관하여 정확한 피드백을 받는 것도 좋은 방법의 하나일 것입니다. 지방자치단체에서 운영하는 교육기관에서 심리와 관련된 분야의 프로그램도 다양하게 진행하고 있으므로 자기성찰에 관심이 있는 지방공무원들이라면 이러한 프로그램에 등록하고 교육을 이수하면 될 것입니다. 지방자치단체에서 운영하는 교육기관에서 실시하는 교육프로그램에 참여하는 것이 자신에게 효과가 낮다고 판단이 되면 외부 전문기관에서 실시하는 프로그램에 참여해 보는 것이 효과가 높다고 판단이 되면 이를 활용하면 될 것입니다.

공직을 마감하는 시점에 이른 지방공무원들이 새로운 세상과 마주할 때 자신이 어떤 사람인지 정확하게 아는 것이 절대적으로 필요하게 될 것이므로 은퇴하기 전에 자기성찰을 잘할 수 있도록 프로그램을 운영하는 기관을 잘 선택하여 참여하는 것이 아주 중요하다고 하겠습니다. 자체적으로 이러한 프로그램을 운영하고 있다면 이를 활용하면 될 것이고 다음으로는 중앙정부에서 운영하는 교육기관이나 연금공단에서 공직을 마감하는 시점에 이른 지방공무원들을 상대로 시행하는 교육에 참여하여 공직에서 오랫동안 근무한 사람들의 일반적인 행태라든지 성향에 관하여 외부에서 어떻게 평가하고 있는지 강사들의 진솔한 이야기를 들으면 많은 것들을 느낄 수가 있을 것입니다. 이러한 교육프로그램에 참여하여 자기성찰의 필요성을 진정으로 느낀다면 은퇴한 이후에 가능하다면 빠른 시간에 여러 강좌에 참여하여 자기성찰의 시간을 갖는 것이 좋겠습니다.

4. 능력개발

지방공무원으로 근무를 마감하는 시점에 이른 이들에게 능력개발에 관하여 이야기한다는 것이 아주 생소하고 의아하게 들릴 수도 있겠지만 공직생활을 마감하는 시점에 있는 지방공무원들에게는 더욱 필요한 것이 아닌가 생각이 듭니다. 지방공무원들이 모두 그러지는 않겠지만 이 시기가 도래하면 지방자치단체에서 중요한 의사결정을 하는 각종 회의에 참석하여야 하고 자신의 의견을 발표한다거나 의사결정에 중요하게 영향을 미치는 표현을 하는 경우가 많이 있을 것입니다. 이들에게는 사적으로 활용할 수 있는 시간이 아주 부족하므로 역량을 향상하는 데 시간적인 한계가 있을 수 있을 것입니다. 이 시기에 도달한 지방공무원들은 대부분 다양한 분야에 해박한 지식을 가지고 있으므로 지역에서 현안이 되는 문제들을 종합적인 관점에서 조망해 볼 수 있는 능력들이 있으므로 아무리 어려운 문제에 봉착하더라도 그동안 쌓은 지방행정에 대한 경험을 바탕으로 이들을 해결하는 방법들을 스스로 찾게 될 것입니다. 이 시기에는 각종 회의에 참석해야 하고 여러 부서에서 현안이 되는 문제에 관한 최적의 해결방안들을 찾기 위하여 업무와 관련된 서류들을 검토하다가 보면 개인적으로 활용할 수 있는 시간이 아주 부족한 것이 사실입니다.

공직을 마감하는 시점에 이른 지방공무원들은 '많은 업무들을 처리하느라 시간도 부족하고 체력적으로도 아주 큰 부담이 되고 있는데 여기에 더하여 어떻게 능력을 개발하는 데 시간을 투입할 수 있느냐?'라고 반문하는 지방공무원들이 분명히 있을 것입니다. 이 시기에는 과중한 업무와 여러 회의에 참석하여야 하므로 업무적으로도 많은 스트레스가 쌓이게 될 것입니다. 따라서 개인적으로 활용할 수 있는 시간 확보에 분명히 어려움들이 있겠지만 제4차 산업혁명 시대인 요즈음 지방행정의 환경들은 아주 빠르게 변화하고 있고 앞으로는 더욱 빠른 속도로 변해 갈 것이 분명합니다. 이러한 시대적인 흐름에 따라 지방공무원들이 새로운 지방행정 환경에 신속하게 적응하기 위해서는 평소 체력관리와 더불어 자기 능력을 개발하는 것이 꼭 필요한 시대라고 할 수 있겠습니다.

지방공무원들이 개인적으로 활용할 수 있는 시간이 부족하고 이해관계인들을 설득하는 어려움을 갖고 근무하고 있겠지만 자신들이 원하든 원하지 않든지 간에 급변하는 지방행정 환경변화로 인하여 능력개발에 관심을 가져야만 하는 시대에 살아가고 있습니다. 어려운 여건에서도 지방공무원들은 우선 지방자치단체에서 담당하는 업무와 관련된 분야에서 능력을 개발을 할 수 있는 소재를 찾도록 접근해 보는 것이 좋겠습니다. 공직을 마감하는 시점에 이른 지방공무원들은 각종 회의에 참석하여 다양한 사례들을 접하는 기회들이 너무도 많이 있을 것입니다. 이러한 회의를 통하여 지방행정에 대한 경험이 많거나 학식이 높은 분들의 고견들을 듣는 기회가 많이 주어지게 될 것이므로 이러한 기회들을 효율적으로 활용하여 자신에게 부족한 부분이 있다면 이를 채워 갈 수 있는 아주 좋은 기회가 될 것이고 그동안 전혀 경험해 보지는 못하였거나 평소에 특별히 관심을 가진 분야가 있다면 새로운 정보들을 습득할 수 있는 절호의 기회가 될 것입니다.

공직을 마감하는 시점에 도달한 지방공무원들은 많은 회의에 참석하여야 하므로 시간 부족 등으로 회의내용에 대하여 충분히 파악하지 못하고 회의에 참석하는 경우들이 가끔 있을 수 있습니다. 이러한 문제들을 슬기롭게 해결하기 위해서는 회의를 주관하는 업무담당자와 짧은 면담 시간을 활용하여 회의내용에 대한 의견들을 교환해 보면 핵심이 되는 쟁점과 회의목적들을 명확하게 파악할 수가 있을 것입니다. 시간적인 여유가 없어서 회의에 대한 준비가 부족한 지방공무원들은 이러한 과정을 통하여 회의내용들을 명확하게 알고 회의에 참석한다면 핵심이 되는 쟁점들을 정확하게 파악하고 있으므로 참석자들과 수준 높은 토론도 가능할 것입니다. 이러한 회의를 통하여 다양한 분야에 종사하는 전문가들의 고견들을 들을 수가 있으므로 이를 통하여 자신이 부족한 부분을 조금씩 채워 가면 좋을 것입니다. 지방공무원들이 참고할 만한 좋은 정보가 있다면 회의가 종료된 이후에 별도의 파일에 이를 체계적으로 정리하고 관리한다면 다양한 분야에서 높은 식견을 겸비할 수가 있습니다. 따라서 지방공무원들이 참석하는 회의만 잘 활용하여도 업무를 원만하게 수행하면서도 자신의 능력을 개발할 수가 있으므로 일거양득의 효과가 발생할 것입니다.

　요즈음 급변하고 있는 지방행정 환경에 맞게 빠르게 적응하기 위해서는 지방공무원에게도 다양한 분야에 관한 수준 높은 지식을 요구하고 있습니다. 이러한 시대적 흐름에 따라 주민들의 요구사항들도 점차 늘어나고 있으며 이들의 요구수준도 점점 높아지고 있는 것이 현실입니다. 그런데도 공직을 마감하는 시점에 이른 지방공무원들은 아주 빠르게 변화되고 있는 지방행정의 패러다임 변화라든지 새롭게 도입되고 있는 지방행정 이론들을 숙지하는데 시간적인 여유가 없는 것이 사실입니다. 이러한 한계를 슬기롭게 극복하기 위한 가장 좋은 방법은 지방자치단체에서 개최하는 각종 위원회에 적극적으로 참석하여 그 분야의 전문가로 위촉된 교수들이나 외부 위원들을 적극적으로 활용하는 것도 좋은 방법입니다. 위원회에 참석하여 새롭게 변화하고 있는 지방행정의 환경과 새로이 도입하고 있는 지방행정의 이론에 관하여 전문가들의 의견을 경청하고 궁금한 사항이 있으면 이들에게 질문을 하거나 업무적으로 조언을 구한다면 이것들을 빠르게 습득할 수 있는 계기가 될 것입니다. 그리고 위원회가 종료된 이후에도 지방공무원들이 그동안 모르고 있었거나 특별히 관심이 있는 분야가 있다면 그 분야에 관한 업무전문가로 위촉된 위원들에게 도움을 요청한다면 위원들이 아주 자세하고 성의 있게 알려 줄 것입니다. 이러한 기회를 적극적으로 활용하여 평소에 궁금하였던 사항이라든지 해결하기 어려운 문제들이 있다면 이에 관한 자문을 구해 보면 많이 도움이 될 것입니다. 그리고 이러한 친분을 적절하게 활용한다면 해결하기 어려운 문제들이 있을 때마다 이들의 고견들을 듣고 업무에 참고하면 아주 많은 도움을 받는 경험을 하게 될 것입니다.

요즈음은 여러 교육기관에서 지방행정 업무와 관련되는 강좌들을 개설하고 수강생들을 모집하고 있습니다. 지방공무원 생활을 정리하는 이 시기에는 시간적인 여유가 없겠지만 주말이나 주중에 자투리 시간을 활용하여 관심이 있는 분야에 관한 능력을 개발하기 위하여 대학이나 전문기관에 등록하여 강의를 수강한다면 아주 유용할 것입니다. 대학이나 전문기관에 등록한 수강생들은 그 분야에 관심을 많이 가지고 있는 사람들로 구성되어 있으므로 교육생 상호 끈끈한 관계가 맺어지고 강의를 하시는 분들도 그 분야의 전문가들이기 때문에 다양한 정보들을 집중적으로 전수해 주시려고 노력하고 있습니다. 지방공무원이라면 대학이나 전문기관의 강사들과 밀접하게 유대관계를 맺고 이들에게 적극적인 도움을 요청하고 이들의 자문을 지방행정에 적용해 보기를 권하고 싶습니다. 공직을 정리하는 시기에 다다른 지방공무원들이 전문가들이 전수하는 지식과 노하우들을 집중적으로 학습하게 된다면 시간의 부족 문제를 슬기롭게 극복할 수가 있을 것입니다. 그리고 수강생들 모임에도 자연스럽게 참석하여 이들과 친밀한 유대관계를 맺게 된다면 능력을 개발하는데 필요한 다양한 지식을 습득할 수 있을 뿐만 아니라 은퇴 이후의 삶도 아주 풍요롭게 될 수가 있을 것입니다.

지방공무원들이 능력의 개발에 대한 개념을 아주 제한적으로 생각하고 그 분야를 아주 좁게 보는 경향들이 있는데 이는 아주 잘못된 견해라고 생각이 됩니다. 지방공무원 생활을 정리하는 이 시기에는 앞으로 지방자치단체에서 근무할 시간에 대한 고민보다는 은퇴한 이후의 삶을 어떻게 하면 풍요롭게 살아갈 수 있는지를 더 많이 생각해야 하는 시점이기 때문입니다. 이 시기에 도달한 지방공무원들은 평소에 관심은 있었지만 시간 부족 등으로 시간을 할애하지 못했던 운동, 음악, 여행, 독서 등 다양한 분야에 폭넓은 관심을 가져볼 것을 강하게 말씀드리겠습니다. 지방공무원으로 근무하는 기간에 업무를 통하여 익힌 사항을 능력의 개발과 연계하는 것이 가장 좋은 방법이겠지만 이러한 연계가 이루어지지 않더라도 조금도 실망하지 말고 은퇴한 이후에 풍요로운 삶을 위하여 특별히 관심 있는 분야에 집중한다면 은퇴한 이후에도 노력 여부에 따라서 능력의 개발 수준을 넘어서 부업으로 연결되는 사례들이 너무도 많이 있으니 참고하시기 바랍니다. 능력의 개발은 지방공무원으로 근무를 마감한 이후에도 계속하여 발전시킬 수 있으므로 같은 분야에 관심이 있는 분들과도 친밀한 유대관계를 지속한다면

지방공무원 지침서

아마도 행복한 노후를 살아가는 데 큰 밑천이 될 것이므로 공직을 마감하는 시점에 이른 지방공무원들은 능력을 개발하는 데 특별히 관심을 가지고 그 분야에 더 많은 관심과 노력을 기울였으면 좋겠습니다.

5. 지역발전

지방공무원들은 언제나 주민에게 최선의 봉사하겠다는 자세로 근무하고 있는 매 순간 그동안의 지방행정 경험을 활용하여 지역사회가 바람직한 방향으로 변화할 수 있도록 다양한 방안들을 찾고 있을 것입니다. 공직을 정리하는 시점에 있는 지방공무원들은 지역사회가 현재의 모습으로 변화하는 데 어떠한 이바지를 하였는지 자신들의 역할을 아주 객관적으로 반추해 볼 수 있는 가장 좋은 시간이 될 것입니다. 이러한 시간을 활용하여 그동안 지방행정 업무들을 추진하면서 실수하여 지역사회 발전에 걸림돌이 되었던 적은 없는지 과거에 수행했던 일에 대한 자기반성의 시간을 가질 수도 있을 것입니다. 아울러 앞으로 50~100년 이후 지역사회가 변화될 모습을 상상하면서 지역사회를 발전시키는 데 미력이나마 공헌을 할 수 좋은 방법들이 있는지 연구하게 될 것입니다.

지역사회가 계속 발전하기 위해서는 지역주민들과 지방자치단체 지방공무원들이 함께 과거에 지역이 발전된 행태를 연구하고 이를 기반으로 미래에 지역사회를 어떻게 변화시킬 수 있는지 함께 고민하고 연구를 지속하여 장기적인 지역발전 계획을 수립하여야 할 것입니다. 이러한 고민과 연구를 지속하지 않는다면 그 지역은 다른 지역에 비해서 상대적으로 낙후된 지역으로 남게 될 것입니다. 과거에는 모든 행정과 정치의 중심지였으나 시간이 흐름에 따라 구(舊)도심으로 변화되어 도심 공동화 현상이 일어나고 최근에 발전한 신도시에 비하여 아주 낙후된 지역으로 전락하여 역사적인 향수를 느끼게 하는 곳으로 바뀌는 사례들을 우리가 너무도 잘 알고 있을 것입니다. 이와는 반대로 과거에는 낙후지역으로 인식되어 사람들로부터 외면받았던 지역이 새로운 행정과 경제의 중심지로 부상하고 젊은이가 많이 찾는 활기찬 지역으로 변모해 가는 것을 눈으로 직접 목격하고 있습니다. 과거 도심지역에서는 현재 상황을 유지하고 관리하는 데 큰 비중을 두고 있었다면 상대적으로 낙후되었던 외곽지역 지역주민들과 지방공무원들이 힘을 합쳐 지역사회를 발전시키기 위한 장기적인 프로젝트를 수립하고 이를 계속 실천한 결과 현재의 모습으로 발전된 모습을 볼 수가 있을 것입니다. 어떤 지역이 발전하기 위해서는 지방자치단체와 주민들이 힘을 합하여 장기적인 계획을 수립하고 함께 합심하여 꾸준히 노력하는 것이 필요하다고 하겠습니다.

이와 같은 사례에서 알 수 있듯이 지방공무원들이 근무하고 있는 지역사회를 시대의 변화에 맞게 변모시키기 위해서는 장기적인 발전 방향을 정확하게 예측하고 이에 적합한 장기발전 계획을 수립하는 등 미래의 청사진을 정확하게 제시하고 이를 실천하는 것이 중요하다고 생각합니다. 지방공무원들은 지역사회의 발전을 위해서 활동하고 계시는 지역 전문가들의 고견을 통합하여 이를 지방행정에 접목하는 역할을 충실하게 수행하여야 하겠습니다.

지역사회가 지속하여 발전하기 위해서 장기적인 발전계획을 수립하는 과정에 많은 이해관계인의 의견을 수렴하고 이들의 의견을 지역발전 계획에 정확하게 반영시켜야 할 것입니다. 그럼에도 불구하고 특정 정치인이나 지역 유지의 입김에 따라서 지역발전 계획이 수시로 바뀌거나 발전계획이 제대로 수립되지 못하여 그 지역이 낙후된 지역으로 계속 남아 있는 경우가 너무도 많이 있습니다. 이렇게 되면 그 지역의 발전은 더욱 더디게 되고 당초에 수립한 발전계획과는 아주 다른 방향으로 전개되는 악순환을 초래할 것이 명약관화합니다.

공직을 마감하는 시점에 이르는 지방공무원들이 소신 있고 당당하게 지역사회의 다양한 의견을 수렴하기 위한 공청회, 간담회 등을 개최하여 이들의 의견을 지역발전 계획에 충분히 반영하여 지역발전 계획이 바르게 수립될 수 있도록 유도하고 지역사회의 불협화음을 줄이고 갈등이 있다면 이를 슬기롭게 봉합하여 지역사회가 통합의 길로 나갈 수 있도록 온갖 지혜들을 모으는 데 마지막 공직생활을 불태우려는 의지가 필요하다고 하겠습니다. 이렇게 중요하고도 어려운 지역발전 방향을 바르게 설정하기 위해서는 의사결정 과정을 투명하고 아주 공정하게 진행하는 등 절차상 하자가 없어야 하고 다양한 이해관계인들의 능동적인 동참을 유도할 수 있도록 의견수렴 창구를 활짝 열어 놓고 열린 마음으로 의사결정 과정을 진행하여야 하겠습니다.

그럼에도 불구하고 지방공무원들이 의사결정 과정에 일부 이해관계인만 참여시키거나 혹은 심한 반대가 예상되고 다른 의견을 제시하려는 이해관계인을 의사결정 과정에서 배제한다면 지역의 올바른 발전 방향을 정립하는데 큰 장애요인으로 작용하는 것은 아주 당연한 결과일 것입니다.

지방공무원 생활을 정리하는 시점에 있는 지방공무원들은 그동안 지방행정에 관한 다양한 경험을 바탕으로 지역사회에서 현안이 되는 문제에 관해서도 새로운 해결방안을 제시하는 등 지역발전을 위해서 마지막 불꽃을 태울 준비가 되어 있으면 더욱 좋겠습니다. 지방공무원으로 근무하는 기간에 어렵게 터득한 지방행정의 노하우들을 아낌없이 후배 지방공무원들에게 전수하여 지역사회가 비약적으로 발전하는데 이바지를 하는 것이 공직을 마감하는 시점에 이른 지방공무원들이 행동하여야 할 올바른 자세가 아닐까 생각합니다. 지역사회의 발전은 한 사람 힘으로 이루어지는 것이 아니고 여러 사람이 힘을 합하여 이루어지는 장기적인 프로젝트이므로 지역사회가 발전하는데 지방공무원들은 지역사회의 다양한 의견을 한곳으로 수렴하여 지역주민들이 화합하고 지역사회 발전이라는 같은 목표를 가지고 나아갈 수 있는 올바를 방향을 제시하는 것이 진정한 지방공무원의 역할이 아닐까 생각합니다.

6. 단체관계

지방공무원들이 추진하고 있는 업무들은 지역주민들의 민생현장과 직결되는 업무들이 대부분으로 지역사회에서 발생하는 쓰레기 처리, 불법 주정차 단속, 상·하수도 정비, 이면 도로포장 등 주민들의 실생활과 밀착된 지방행정이 주를 이루고 있다고 하겠습니다. 지역주민들의 실생활과 밀접하게 관련된 업무들을 효율적으로 추진하기 위해서 지방자치단체에서 다양한 노력을 기울이고 있겠지만 지방공무원들의 힘만으로는 이를 해결하는 데에는 일정한 한계가 있는 것이 사실입니다.

지방공무원들이 지역에서 발생하는 민생문제들을 원만하게 해결하기 위해서는 지역에 소재한 단체들과 긴밀한 업무협조 체계를 구축하고 이들의 적극적인 업무협조를 바탕으로 현안이 되는 문제들을 슬기롭게 해결하고 그 지역을 다른 지역보다도 살기 좋은 곳으로 만들어 가야 하는 임무가 주어져 있습니다. 이러한 민생문제들을 원만하게 해결하는 데 필요한 재원 부족 등으로 어려움들을 겪고 있을 때 이 문제를 원만하게 해결하기 위하여 새로운 돌파구를 찾기 위해서 동분서주하고 있으나 쉽게 해결되지 않고 있는 것이 현실입니다.

일부 지방공무원들이 민생업무들을 추진하는 과정에서 단기적으로 실적 올리기에만 급급하여 특정한 이해관계자들과 함께 이를 추진하

지방공무원 지침서

다가 큰 문제들을 일으키는 경우가 많이 있는데 이는 아주 잘못된 행정행위라고 할 수가 있겠습니다. 지방행정은 복합행정으로서 이해관계인들의 다양한 의견을 수렴해야 하고 이들에게 수시로 업무협조를 구하여야만 해결되는 일들이 대부분이기 때문에 이들이 자유롭게 의견을 제시할 수 있도록 누구에게나 열려 있는 토론장을 마련하여야 할 것입니다. 이러한 토론장을 운영하는 절차들도 아주 투명성하고 공정하게 진행하여야 할 것입니다. 지방공무원들이 지역의 민생업무를 효과적으로 추진하기 위해서는 그 지역에 소재한 단체들의 도움이 필수적이므로 평소에 이 단체들과 긴밀한 유대관계를 갖고 단체에 근무하는 직원들과도 인간적인 관계를 잘 형성하여 이들과 원만한 업무협조 체계를 구축하는 것이 필요할 것입니다.

지방자치단체와 단체들 사이에 유기적인 협조체계를 잘 만들어 가기 위해서는 단순히 업무적인 관계만을 강조한다거나 반대로 개인적인 친분을 앞세워 너무 인간적인 부분만을 강조하는 경우 부작용이 발생할 수가 있습니다. 지방자치단체장들도 정치인이고 단체 관계자들도 정치적 성향이 있으므로 특정한 단체와 친밀한 관계망을 형성하고 이들과 지방행정을 함께 추진한다면 정치적인 행위로 오해를 받을 수가 있으니 지방공무원들이 단체들과 함께 업무를 추진하는 경우 특히 주의하여야 하겠습니다.

지방공무원 생활을 마감하는 시점에 있는 공직자들이 관내 단체 관계자들과 오랫동안 긴밀한 친분을 가지고 있고 그동안 민생업무를 함께 추진하는 과정에서 이들에게 물적 지원을 요청하였다거나 단체들의 업무협조를 받아서 추진했던 업무들도 많이 있었을 것입니다. 지방공무원들이 단체들과 업무들을 추진하는 과정에서 가끔은 정치적으로 오해들을 받는 경우들이 가끔 있는데 지역사회에서 이러한 문제가 발생하는 경우 지역사회의 분열이 일어날 수도 있으므로 이런 문제들이 발생하지 않도록 선배 지방공무원들은 다년간의 터득한 지방행정 경험들과 업무에 대한 노하우들을 후배들에게 정확하게 전수하는 것이 필요할 것입니다.

지방공무원들의 행정행위에 정당성을 확보하기 위해서는 평소에 단체들과 올바른 관계망을 형성하고 때로는 이들에게 협조를 구하여 추진하는 업무들도 정치적인 행위로 오해받지 않도록 단체들과 업무를 추진 시 균형감각을 잘 유지하는 것이 좋겠습니다. 이러한 오해를 받지 않고 단체들과 함께 효율적으로 업무들을 추진하기 위해서는 선배 지방공무원들이 단체들과 함께 추진했던 수년간 지방행정의 경험을 적절하게 활용하는 것이 필요하지 않을까 생각이 됩니다.

선배 지방공무원들은 단체들과 오랫동안 업무들을 추진하는 과정에서 터득한 경험을 바탕으로 단체에 업무협조를 구하는 방법이라든지 이들과 관계에서 어떻게 하면 균형감각을 유지할 수 있는지 너무도 잘 알고 있을 것입니다. 선배 지방공무원들은 단체와 관련된 업무들을 처리하는데 필요한 노하우들을 후배들에게 아낌없이 전수하여 단체와 건전한 관계를 유지하고 발전될 수 있도록 그동안에 터득한 지혜들을 자세하게 알려 줄 의무가 있다고 이야기하고 싶습니다.

지방자치단체에서는 지역에 소재한 단체에 각종 보조금을 지원하고 이들을 육성하는 일들을 수행하고 있으며 동시에 많은 시책사업을 단체들과 공동으로 추진하고 있습니다. 이러한 시책사업을 공동으로 추진하는 경우 지방자치단체에서 일방적으로 시책사업들을 선정하기보다는 단체와 충분한 업무협의를 통하여 이들을 선정하는 것이 바람직하고 이러한 과정을 거쳐서 시책사업을 결정하여야 향후 사업들을 추진하는 과정에서 큰 문제들이 발생하지 않을 것입니다. 지방자치단체와 관련한 단체들과 공동으로 추진하는 시책사업들은 지역에 거주하고 있는 주민들에게 긍정적인 효과가 발생하고 지역에서 해결이 시급한 사업부터 먼저 선정하여 추진하는 것이 좋겠습니다. 장기적인 프로젝트에 관해서는 단체들과 함께 시간적인 여유를 가지고 충분히 고민하고 토론을 거쳐서 해결방안을 만들어서 상호 공감대를 가지고 장기적인 관점으로 이에 접근하는 것이 효과가 있을 것입니다. 지방자치단체와 관련한 단체의 지원과 육성을 담당하는 지방공무원들은 평소에 단체의 임직원들과 긴밀한 관계를 유지하고 이들의 애로사항을 적극적으로 청취하고 이를 지방행정에 반영시킬 수 있도록 노력하려는 긍정적인 자세가 필요하다고 하겠습니다. 선배 지방공무원들은 평소에 단체들의 임직원들과도 원만한 유대관계를 유지하는 방법이라든지 후배 지방공무원들이 단체와 건전한 관계를 지속하면서 업무를 효율적으로 추진할 수 있는 노하우들을 잘 활용하는 방법들을 자세하게 업무 지도해 줄 필요성이 있다고 하겠습니다.

공직을 마감하는 시점에 도달한 지방공무원들은 장기적인 관점에서 지역사회가 앞으로 나아갈 방향들을 결정하는 데 마지막까지 최선을 다하는 것이 좋을 것입니다. 지역사회가 발전하는 데 필요한 물자를 보유한 단체와 끈끈하게 협조하는 관계를 만들고 이를 유지하는 방법들을 후배들에게 자세하게 알려 주는 것이 선배 지방공무원의 역할이 아닐까 생각합니다. 지방자치단체와 관련한 단체들과 유기적으로 업무에 협조하는 체계를 구축하고 이를 잘 유지할 수 있는 상호 상생하는 지방행정의 노하우들을 후배 지방공무원들에게 아낌없이 전수하여 지역사회가 비약적으로 발전하는 데 크게 이바지하면 더욱 좋겠습니다.

7. 이력서 쓰기

　지방공무원으로 생활을 정리하는 시점에 있는 공직자들이 새롭게 시도해 보아야 하는 것 중에 하나는 자신에 대한 이력서를 새롭게 써 보는 것이 아닐까 생각합니다. 어떤 지방공무원은 이 시점에 무슨 이력서를 새로이 써 보라고 하는지 필자의 진심을 바르게 이해하지 못하고 많이 오해하는 지방공무원들이 분명히 있을 것입니다. 그런데 지방공무원으로 공직생활을 하는 동안에 원하였든지 원하지 않았든지 가치관이 다른 사람들과 다양한 교류를 했던 경험들이 분명히 있을 것입니다. 이 과정에서 같은 사물을 보더라도 가치관이 다르면 사물을 보는 관점 또한 아주 다르다는 것을 알 수가 있었을 것입니다. 이 단원은 필자와 생각이 다른 지방공무원들이 있다면 가벼운 마음으로 이러한 내용도 있을 수 있으니 가볍게 이해하여 주시고 각자 생각한 대로 판단해 주시면 더욱 고맙겠습니다.

　지방공무원으로 은퇴한 이후에 제2의 인생을 알차게 살아가기 위해서 준비하는 과정에 평소에 관심이 있는 분야의 강의를 듣거나 현장실습을 통하여 경험을 쌓기도 할 것입니다. 이들은 은퇴한 이후에 맞이할 제2의 인생을 알차게 준비하기 위해서 강의를 듣거나 직접 경험을 많이 하려고 노력하고 있을 것입니다. 그럼에도 불구하고 은퇴를 앞둔 지방공무원들이 제2의 인생을 준비하는 과정들을 살펴보면 동료들이 추천하였거나 이들이 가장 많이 이수하고 있는 과정들을 아무런 검증도 없이 함께 강좌를 신청하고 수강한다거나 자신에 관한 정확한 진단도 없이 다른 사람들이 하니까 조금 불안한 마음에 다른 사람들과 같은 방법으로 앞으로 맞이하게 될 제2의 인생을 준비하고 있는 것을 흔히 볼 수가 있습니다. 지방공무원들은 다양한 직종과 직렬들로 이루어진 지방자치단체에서 함께 근무하고 있지만 각자 맡은 역할에 따라 지역사회 발전을 위해서 담당하고 있는 분야들이 아주 상이한 데에도 불구하고 제2의 인생을 준비하는 과정에는 큰 차이를 발견하기 어려운 아주 아이러니한 현상들이 일어나고 있습니다. 이는 제2의 인생을 준비하는 지방공무원들이 너무 지방공무원의 시각에서만 사회를 바라보고 미래를 준비하지는 않는지 진지하게 고민해 보고 자문자답을 해 볼 필요가 분명히 있습니다.

그럼에도 불구하고 제2의 인생을 동료 지방공무원들과 다른 시각에서 준비하고자 하는 지방공무원들이 있다면 퇴직을 앞둔 시점에 자신에 관한 이력서를 한번 작성해 볼 것을 권장해 보고 싶습니다. 이를 통하여 그동안 쌓은 경력들을 다시 한번 기억해 볼 수 있는 좋은 계기가 되는 동시에 그간 자신들이 쌓아 온 경력들을 조용히 관조하면 보람도 느낄 수가 있는 시간이 될 수 있을 것입니다. 이렇게 이력서를 한번 작성해 봄으로써 자신이 희망하는 제2의 인생에서 매진할 분야도 쉽게 찾을 수도 있고 어떤 분야에 종사하면 자신이 어떤 부분에서 강점이 있고 어느 부분에서 부족한 점이 있는지 정확하게 파악할 수가 있을 것입니다. 이력서 작성을 통하여 제2의 인생을 준비하는데 부족하다고 느끼는 분야가 있다면 이를 보완하기 위해서 강의를 듣거나 다양한 체험을 통하여 이를 보충한다면 누구보다도 알차고 완벽한 제2의 인생을 맞이할 준비가 될 것이라고 확신합니다. 지방공무원 생활을 정리하고 은퇴한 이후에 그동안의 경력들을 활용하여 제2의 인생을 행복하게 살아갈 수만 있다면 이 사람은 아주 큰 축복을 받은 사람들이 아닐까 하는 생각이 듭니다. 지방공무원으로 근무하는 동안에 쌓은 노하우들을 민간분야의 발전에도 큰 도움을 줄 수가 있으니 일거양득이라는 생각이 드는 것은 너무도 당연한 사실입니다. 아울러 현직으로 근무하고 있는 후배 지방공무원들에게도 인생의 선배로서 세상을 잘 살아가는 방법에 관해서 제대로 조언해 줄 수 있어서 인생 멘토로서 역할도 충분히 할 수가 있으므로 제2의 인생을 더욱 보람되고 알차게 보낼 수 있게 될 것입니다.

　지방공무원으로 은퇴한 이들이 지방자치단체에서 쌓은 경력을 제대로 활용하지 못하고 새로운 분야를 개척하기 위하여 강의를 듣거나 체험활동을 하는 경우들을 많이 보아 왔습니다. 이러한 준비를 하고 계시는 분들이 잘못되었다거나 바르지 못하다고 이야기를 하는 것은 더욱 아니고 오히려 그분들의 용기와 노력에 찬사와 경의를 표합니다. 은퇴한 이후에 새로운 분야를 개척하기 위해서는 많은 용기와 노력이 필요하기에 이런 마음이 있는 지방공무원들이라면 현직에 근무하고 있을 때 그 분야에 관심을 가지고 조금씩 준비해 나간다면 은퇴 이후에 제2의 인생을 새롭게 준비할 때 부담도 경감되어 쉽게 진로를 개척할 수가 있을 것입니다.

그러므로 현직에 근무하는 동안 시간이 허락된다면 틈틈이 제2의 인생을 위하여 노후 준비를 잘해 놓으면 은퇴 이후의 제2의 인생을 쉽게 개척할 수가 있을 것입니다. 그리고 여유 시간이 있다면 이를 활용하여 취미생활에 관심을 가지고 취미가 일정한 경지에 도달하면 제2의 인생을 아주 풍요롭게 살아갈 수가 있고 더 나아간다면 부업으로 이어질 수 있습니다. 이러한 생각으로 현직에 근무하면서 퇴직을 준비하는 지방공무원들이 있으면 자신에 관한 이력서를 직접 써 보면 자신의 강점과 단점을 쉽게 발견할 수 있습니다. 퇴직을 앞둔 지방공무원들이 자신에 관한 이력서를 직접 써 보면 그동안 바쁘게 여러 가지 업무들을 수행한 것 같은데 이를 체계적이고 조리가 있게 작성하기 어렵다는 것을 금방 느끼게 될 것입니다. 이는 자신이 그동안 근무했던 분야의 경력들이 화려한데도 불구하고 이에 관한 자료정리가 제대로 되어 있지 않았기 때문이라고 생각됩니다.

지방공무원으로 공직을 마감한다면 대부분은 30년이란 긴 시간 많은 어려움을 극복하면 쌓은 경력들은 실로 어마어마하여 돈으로 환산하기 어려울 만큼 굉장한 자산들이라고 할 수 있을 것입니다. 그럼에도 불구하고 은퇴를 앞둔 지방공무원들이 그동안의 쌓은 경력에 관한 자료들을 꼼꼼하게 정리하지 못하였기 때문에 자신의 이력을 쓰려고 시도하지만 이를 체계적으로 기술하지 못하거나 자신의 화려한 경력만큼의 이력서를 쓰지 못한다는 사실을 쉽게 발견할 수 있을 것입니다.

실제로 은퇴한 이후에 제2의 인생을 알차고 보람 있게 살아가기 위하여 이력서를 꼭 써야 하는 일이 발생하더라도 그동안 쌓은 경력과 업무실적이 화려함에도 불구하고 자신의 어마어마한 근무경력과 업무실적을 제대로 기술하지 못하고 우왕좌왕하는 경험을 분명히 하게 될 것입니다. 제2의 인생을 보람 있게 살아가기 위해서 지원하는 곳에 제출하는 이력서에 자신이 그동안 쌓은 경력과 업무실적을 제대로 기술하지 못하여 이를 읽는 상대방에게 특별한 공감을 주지 못할 것입니다. 이러한 이력서를 읽는 인사업무 관계자에게 특별한 공감을 갖지 못하는 것은 너무도 당연하므로 자신이 원하는 만큼의 좋은 결과를 얻지 못하는 아주 안타까운 일들이 자주 발생하고 있습니다. 비록 자신에 관한 자료들을 잘 관리하고 있다고 하더라도 평소에 희망하는 분야의 모집 취지에 맞게 이력서를 작성하는 연습을 해 보지 않았다면 인사담당자가 바라는 방향으로 이력서를 작성하지 못하고 단순히 그동안 근무한 경력들을 나열에만 급급할 경우가 대부분일 것입니다.

은퇴를 앞둔 지방공무원은 그동안 애정을 갖고 근무했던 분야들을 상기하면서 경력관리에 참고할 수 있는 자료들이 있다면 퇴직하기 전에 이러한 자료들을 일목요연하게 정리하고 관리하는 습관을 들여야 하겠습니다. 이렇게 자료관리가 잘 되어 있다면 은퇴한 이후에도 자신이 근무했던 어마어마한 경력에 관한 이야기를 자연스럽게 엮어서 자신이 원하는 방향으로 이력서를 작성할 수가 있을 것입니다. 이렇게 체계적으로 작성된 이력서는 이를 보는 사람에게 큰 공감을 주는 동시에 좋은 결실로 이어지는 것은 너무도 당연하다고 생각하며 오랫동안 지방공무원으로 봉사한 뿌듯함도 느낄 수 있는 동시에 제2의 인생도 보람 있게 보낼 수 있는 계기가 될 것입니다.

위에서 장황하게 이야기한 내용을 잘 생각해 보시고 자신이 필요하다고 생각이 되면 지방공무원으로 오랫동안 고생하여 이룩한 찬란한 근무경력들이 사라지거나 빛을 잃지 않도록 현직으로 근무하고 있을 때 체계적으로 정리하여 관리하시기를 꼭 부탁드리겠습니다. 자신에 관한 이력서를 써 보는 연습을 경험해 본다면 아마도 이력서에서 부족한 부분을 쉽게 발견할 수가 있으므로 그 부족한 분야를 보완하면 제2의 인생 준비는 완벽하게 될 것입니다. 은퇴하기 전에 이력서를 써 보는 등 완벽하게 준비해 둔다면 퇴직한 이후에 제2의 인생을 준비하는 동료들보다 한결 여유가 있고 은퇴한 이후에 어떤 기회가 주어지더라도 자신의 화려한 경력들을 제대로 어필할 수 있는 훌륭한 이력서를 작성할 수가 있으므로 이를 읽는 상대방에게 제대로 된 평가를 받을 수 있기에 누구보다도 알차게 제2의 인생을 이어 갈 수가 있을 것이라고 확신합니다.

8. 노후준비

　지방공무원으로서 생활을 정리하는 시점에 있는 관리자들이 그동안 업무들을 추진하는 과정에 보람된 일도 많이 있었을 것이고 승진을 통하여 가족들의 큰 축복을 받는 환희의 순간도 맛보았을 것입니다. 개인적인 사유나 다른 원인으로 지방공무원으로 생활을 중도에 그만두거나 지방자치단체를 떠나는 경우를 제외한다면 약 30여 년 지방공무원으로 근무하는 동안에 어려움과 고뇌들이 너무도 많이 있었을 것으로 생각됩니다. 퇴직을 앞둔 지방공무원들이 가장 많이 하는 이야기는 퇴직한 이후에는 푹 쉬면서 미래를 준비하려고 한다는 분들이 의외로 많을 것입니다. 이는 지방자치단체와 가족들을 위하여 너무나 많은 고생을 하셨고 늘 타인을 위한 삶을 살았기 때문이라는 생각이 듭니다.

　우리가 인생을 살아가는데 누구에게나 변곡점이 있겠지만 퇴직이라는 시점은 지방공무원의 삶에 많은 부분을 바꾸어 놓을 것입니다. 퇴직을 하게 되면 자신에게 주어지는 시간적 여유로움을 얻을 수 있고 동시에 현직에서 근무할 당시 현안이 되는 업무들을 추진하는 과정에서 받는 업무 스트레스에서도 해방이 될 수가 있을 것입니다. 이러한 생활의 변화는 삶의 질을 높이는 데 크게 작용하고 있으므로 퇴직한 이후에 아주 만족한 생활을 하시는 분들이 많이 계시지만 일부는 급격한 생활환경 변화로 인하여 이에 적응하는 데 오랜 시간이 걸린다고 이야기 하시는 분들도 있는데 이는 지방공무원을 퇴직하면 자연인으로 돌아 가 갑작스러운 생활환경 변화에 적응하는 일이 쉽지만은 않기 때문일 것입니다.

지방자치단체에서 근무하는 지방공무원은 퇴직이라는 물리적인 시 점에 도달하게 되면 예외 없이 그 규정을 적용받게 되고 반드시 이에 따라야만 할 것입니다. 퇴직이라는 시기가 도래하여 많은 선배 지방공 무원들이 이미 지나간 길을 조금이라도 이해하고 미리 준비를 해 두면 이를 따라가는 후배들이 퇴직이라는 시점에 도달하더라도 큰 어려움 이나 혼란을 겪지 않을 것이라는 생각이 듭니다. 물론 지방공무원마다 처한 환경과 인생의 가치관이 다르기에 몇 가지 사례만 참고하여 이를 일반적인 사항으로 이야기하는 것은 아주 위험한 생각일 것입니다. 왜 냐하면 지방공무원들마다 처한 환경을 모두 고려하여 아주 객관적으 로 이야기를 한다는 것은 불가능하고 아주 객관적으로 이야기하려고 하여도 누구도 할 수가 없을 것입니다.

우리는 지방공무원으로 근무한 공통점이 있고 지방공무원만이 느낄 수 있고 다양한 공감대가 존재하기 때문에 이것에 한정하여 이야기를 진행하고자 합니다. 필자는 지방공무원으로 근무하는 과정에서 다양 한 업무들을 접하는 기회들이 있어서 지방공무원으로 근무한 것이 큰 축복이면서 행운이라고 생각을 한 적이 너무도 많이 있었습니다. 지방공무원으로 근무하는 동안에 다양한 업무를 수행하였고 그 과정에 여러 분야의 사람들을 만나게 되고 담당업무를 수행하는 데 필요한 교육도 무상으로 받을 수 있어서 너무도 좋았습니다. 특히 교육을 이수하는 과정에서 여러 분야에서 경험이 많고 유능하신 분들의 좋은 강의도 듣고 인생을 알차게 꾸려 가는 데에도 많은 도움을 받았습니다. 그리고 지방공무원으로 근무하는 동안 맡은 업무들을 추진하면서 만났던 다양한 분야의 사람 중에는 업무를 떠나서 인생을 어떻게 살아가야 하는지 좋은 방법들을 제시해 주셨던 소중한 분들도 많이 계셨으며 인생의 선배이자 멘토로서 역할을 자처하시고 저에게 진심으로 좋은 조언을 해 주신 분들이 너무 많이 있었는데 아주 고맙게도 그분들은 지방공무원으로 퇴직한 이후의 삶을 어떻게 준비해야 하는지 퇴직하기 전에 좋은 길라잡이를 제시하여 주셨습니다. 여러 분야에서 너무도 부족한 저에게 기꺼이 인생의 멘토가 되어 주신 분들에게 너무도 감사하다는 말씀을 드리겠습니다. 지금까지도 멘토분들을 인생의 선배로서 잘 모시고 있지만 이는 지방공무원으로 근무하였기에 가능했던 일이라고 생각하니 지방공무원으로 근무한 것에 대한 보람을 느끼고 있습니다. 지방공무원으로 근무하는 동안에 담당업무들을 추진하는데 필요한 지방자치단체에서 실시하는 자체교육과 자치단체에서 실시하지 않는 분야는 다른 교육기관에 위탁교육을 받는 기회들을 주신 지방자치단체 선배 지방공무원들에게도 깊은 감사의 말을 꼭 전하고 싶습니다. 그동안 다양한 교육을 통하여 업무에 관한 실무지식을 쌓을 수 있었을 뿐만 아니라 여러 분야의 유능한 사람들과 친밀한 교류를 할 수 있는 기회들이 있어서 제2의 인생을 살아가는 데 많은 도움이 되고 있습니다.

현직에서 근무하는 지방공무원들이 새로운 업무를 담당하게 되면 그 업무들을 무리 없이 수행하기 위하여 많은 시간과 노력을 투입하여야만 업무 내용을 정확하게 숙지하고 이를 원만히 추진할 수가 있을 것입니다. 담당하고 있는 업무들을 대과 없이 수행하기 위하여 이수해야 하는 교육이 있더라도 시간은 늘 부족하고 육체적으로 피곤하고 짜증이 나는 경험들이 분명히 있을 것입니다. 지방공무원 중에는 담당업무를 수행하기 위한 교육을 받는 것이 시간 낭비이고 업무들을 수행하는 데 전혀 도움이 되지 않는다고 불평하는 관리자들이 분명히 있을 것입니다. 지방자치단체에서 추진하는 교육을 받게 되면 새로운 행정 패러다임을 습득할 수 있는 계기가 될 수 있고 앞으로 지방행정이 나아갈 방향들을 이해하는 데 큰 도움이 될 것입니다. 그리고 교육받는 과정에서 다른 지방자치단체에서 근무하고 있는 지방공무원들과 담당업무들을 수행하는 과정을 비교한다거나 좋은 사례들이 있으면 이들을 벤치마킹하는 좋은 기회로 활용하면 좋을 것입니다. 현직에서 근무하는 관리자들이 현안이 되는 업무를 추진하는데 늘 시간이 부족하여 허덕이는 실정으로 업무와 관련되는 교육을 받을 시간을 내기가 어려운 것이 현실입니다.

이러한 어려움들을 슬기롭게 극복하고 주어진 교육을 이수하는 과정에 다른 지방공무원들과 친밀한 관계를 쌓게 된다면 지방공무원으로 근무하는 동안에 아주 유익한 자산으로 활용할 수 있으니 교육을 잘이용하여 지방공무원으로 생활하는 데 큰 도움이 되면 더욱 좋겠습니다. 이들은 지방공무원임과 동시에 동시대를 살아가고 있는 사회의 구성원들이므로 인생의 고민이 있다면 함께 공유하고 지방자치단체의 근무하는 환경과 업무행태를 비교하는 등 지방공무원으로서 다양한 정보교환의 장으로도 활용될 수 있을 것입니다.

퇴직을 앞에 둔 지방공무원들이 현직에서 근무하는 동안에 업무들을 수행하는 데 필요한 교육들이 있다면 이를 꼭 이수하시고 교육을 이수하는 과정에서 관련한 분야의 자격증을 취득할 기회가 있으면 자격증을 꼭 취득하라고 말씀을 드립니다. 현직에서 교육을 이수하면서 취득한 자격증은 퇴직한 이후에도 자신의 역량을 발휘할 때 아주 유용하게 사용이 된다는 사실을 꼭 이야기하고 싶습니다. 현직에서 근무하는 기간에 여러 가지 자격증을 취득하고 노후를 철저히 준비해 둔다면 아마도 퇴직한 이후에 자신이 원하는 분야에서 기회를 잡을 때 다른 사람들보다 유리한 위치를 선점할 수가 있을 것입니다. 자격증들을 취득하고 그 분야에서 지방공무원으로 근무한 경력들을 더한다면 이론과 더불어 실무적인 경험이 바탕이 되어 튼튼한 기초를 다지게 되므로 그 분야에서 최고의 대우를 받을 수가 있고 상대방에게 신뢰감을 주는 데 큰 역할을 할 수 있습니다. 지방공무원으로 근무한 경력과 더불어 그 분야의 자격증까지 보유하고 있다면 금상첨화라고 할 수 있을 것이고 이를 통하여 제2의 인생도 보람되고 활력이 넘치는 생활을 할 것으로 확신합니다.

이것은 단지 행정직만의 일이 아니라 기술직으로 근무하는 분들도 더 높은 자격증 예를 들면 기사 자격증을 소지하고 있다면 기술사 자격증을 취득한다든지 대학원에 진학하여 박사학위를 받는다면 아마도 퇴직 이후에 대한민국에서 최고의 대우를 받게 될 것으로 확신합니다.

퇴직을 앞둔 관리자들이 업무를 통하여 취득할 수 있는 자격증이 있다면 자격증을 모두 취득하고 이를 보유하고 있다면 모두가 두려워하고 걱정하는 퇴직 이후의 제2의 인생을 아주 풍요롭고 보람 있게 살아가는데 아주 소중한 자산이 될 것입니다. 현직에서 근무하면서 조금만 노력하여 취득할 수 있는 자격증들이 있다면 퇴직한 이후에 일반 학원에서 자격증을 취득할 때 드는 비용들도 절약할 수가 있을 것입니다. 관리자들이 업무를 수행하는 과정에서 자격증을 취득할 기회가 생긴다면 아무리 시간이 부족하더라도 시간을 쪼개어서라도 꼭 자격증을 취득할 것을 강력하게 당부드리고 싶습니다. 더 여력이 되시는 분들께서는 자격증과 연관되는 유사한 자격증을 취득할 때 면제되는 과목들이 의외로 많이 있으므로 꼭 확인하시고 유사한 자격증까지 취득하는데 도전해 보시기를 간곡히 부탁드립니다. 퇴직한 이후에 노후 준비는 꼭 금전적인 문제에 한정하여 말씀을 드리는 것이 아니라 현직에서 근무할 때 터득한 노하우들을 다른 사람들에게 봉사활동에 이용한다면 아마도 제2의 인생을 더욱 보람되고 윤택하게 보내게 될 것이라고 확신합니다.

9. 멋진 퇴장

    지방공무원 생활을 정리하는 단계에 접어든 공직자들이 후배 지방공무원과 업무적으로 건전한 관계를 정립하고 이를 기본으로 인간적인 선·후배 관계가 잘 유지되도록 노력하여야 할 것입니다. 지방자치단체는 지역사회를 위하여 맡은 업무를 계속 추진해야 하는 조직체이기 때문에 어떤 자리에 공석이 발생하면 그 자리를 누군가 채워지는 과정을 반복할 것입니다. 따라서 지방자치단체의 구성원들이 교체되는 과정을 반복하면서 지방자치단체가 맡은 업무들을 지속하여 이어 갈 수 있을 것입니다. 지방자치단체의 구성원들이 교체되는 과정에서 직위나 직급을 담당하는 지방공무원들이 바뀌면서 공식적인 관계들이 만들어지겠지만 일부 선배 지방공무원들은 공직을 그만둔 이후에도 이러한 관계를 유지하려고 하기에 후배들이 다소 부담스러워하는 경향들이 가끔 있는 것이 현실입니다. 그럼에도 불구하고 일부 지방공무원들은 퇴직 시기가 가까워지면 왠지 초조하고 후배들과 퇴직한 이후의 관계 설정에 많은 생각들을 집중하고 있는 것 같습니다.

    오래전에는 선·후배 지방공무원 사이에 업무적으로나 인간적으로 끈끈한 유대관계가 만들어져 있었기에 퇴직한 이후에도 이러한 관계들이 자연스럽게 지속될 수가 있었습니다. 지금은 시대가 많이 변화하여 지방공무원 사회에서도 개인주의 성향이 강하게 나타나고 있으므로 지방공무원 생활을 정리하는 시기에 도달한 공직자들은 지방공무원 초기에 선배 지방공무원들과 맺었던 유대관계를 생각하고 있다거나 지금 후배들도 자신과 같은 생각을 가질 것으로 생각하는 자체를 깨끗하게 지워 버리고 현실을 바르게 직시할 필요가 있겠습니다.

지방공무원이 원에 의해서 중도에 공직을 그만두는 경우를 제외하고는 특별한 사유가 없는 한 일정한 시기에 도달하게 되면 누구나 공직에서 물러나야 하는 퇴직의 시점에 도달할 것입니다. 일부 지방공무원들에게 특별한 경우도 가끔 있을 수 있겠지만 대부분 지방자치단체에서 일정한 직급이나 직위로 공직생활을 마감하는 경우가 대부분일 것입니다. 지방공무원은 주민들의 복지향상과 행복을 위하여 필요한 업무들을 추진하기 위한 단체이기 때문에 지방자치단체를 구성하는 구성원 중에 공석이 발생하면 곧바로 후임자를 선정 전임자들이 추진했던 업무를 계속 이어서 수행하게 합니다. 이러한 과정을 통하여 대민서비스를 중단 없이 제공하고 있기에 지방자치단체의 업무들을 지속할 수가 있을 것입니다. 후배 지방공무원들에게 퇴직하는 선배들의 숫자는 점차 늘어나게 되므로 직접 챙겨야 하는 인원들이 계속 증가하게 되므로 자연히 이들에 대한 예우가 소홀하게 되는 것이 너무도 당연한 현상입니다. 후배 지방공무원들은 담당업무들을 무리 없이 추진하느라 고생하고 현직에서 함께 근무하고 있는 관리자들과 원만한 관계를 유지해야 하는 부담을 갖고 생활하고 있을 것입니다. 이렇게 힘든 환경에서 근무하는 지방공무원들이 공직에서 물러난 선배 지방공무원들에게 만족할 만한 예우를 갖추기가 어려운 것이 현실입니다.

공직에서 물러난 일부 선배 지방공무원 중에는 자신이 어떤 직위에서 근무할 때 편의를 봐주었다거나 자상하게 업무지도를 해 주었는데 퇴직한 이후에 후배들이 아무런 연락도 없을 뿐만 아니라 자신에게 너무 무관심하다는 등의 이야기를 하면서 과거에 함께 근무했던 후배들에게 아주 섭섭한 감정들을 표출하기도 합니다. 선배 지방공무원은 별다른 뜻이 없이 자신의 심정을 솔직하게 이야기하는 것일 수도 있겠지만 후배들 역시 일정한 시간이 지나면 공직을 떠나서 제2의 인생을 준비해야 하는 사람으로서 단지 선배들과 시간적인 선·후가 있다는 사실뿐입니다. 공직을 정리하는 시기가 임박한 지방공무원들은 후배들과 관계 설정에 관심을 두기보다는 공직에서 물러나면 어떻게 제2의 인생을 맞이할 것인가 이에 관해서 진지하게 고민해야 하는 시기인 것 같습니다. 지금은 시대가 급격하게 변화하고 있으므로 지방자치단체에서도 개인주의 성향이 팽배하여 과거에 자신이 근무했던 시절에 끈끈했던 선·후배 사이와는 너무도 많이 차이점이 있다는 사실을 인정하고 후배 지방공무원들이 퇴직한 선배로 인하여 심적 부담감을 느끼지 않도록 배려하는 것이 선배가 해야 할 행동이 아닌가 생각합니다. 선배 지방공무원들은 후배들이 심적으로 부담을 느끼지 않도록 공직에서 물러나기 전에 이들과 관계들을 말끔하게 정리할 필요가 있고 퇴직한 이후에는 가능하다면 이들과의 관계를 최소한으로 유지할 수 있도록 처신하여야 할 것입니다.

　지방공무원으로 생활하는 동안에는 업무적으로나 인간적으로 좋은 관계를 유지한 선배 지방공무원들이 퇴직 이후에도 후배들에게 인생의 멘토로서 역할을 하거나 오히려 업무 외적으로 도움을 주는 경우들이 종종 있으므로 공직생활을 정리하는 지방공무원들은 후배들에게 마지막까지 좋은 이미지로 기억될 수 있도록 특별히 주의하면 좋겠습니다. 선배 지방공무원들은 공직생활을 마감하는 정리 기간을 자신에게도 아주 의미가 있고 유익한 시간으로 활용하여 비록 짧은 기간이지만 후배들과 함께 근무할 수 있는 순간마다 특별한 의미를 부여하고 가능하다면 아름다운 추억으로 기억될 수 있도록 노력한다면 지방공무원 생활을 마감한 이후에도 후배들이 가끔은 자신을 그리워할 수도 있을 것입니다. 만약에 후배 지방공무원들이 자신을 전혀 기억하지 못하더라도 섭섭한 감정을 가질 필요는 전혀 없겠습니다. 왜냐하면 그만큼 후배 지방공무원들이 지방자치단체와 지역사회를 위하여 열심히 근무하고 있다는 사실을 증명하고 있기 때문입니다.

　지방공무원으로 근무하는 도중에 지방자치단체에서 인연이 되어 함께 근무한 경험이 있거나 함께 근무한 경험이 없으나 업무를 수행하면서 인연을 맺었던 지방공무원들의 숫자는 생각보다 많을 것입니다. 지방자치단체라는 조직은 계속 운영되어야 하는 유기체이기 때문에 지방공무원 생활을 마감하는 시점이 되면 지방자치단체에서 업무와 관련하여 직접 관계하는 지방공무원들의 숫자는 아주 많아지겠지만 인간적으로 공감하는 지방공무원들의 숫자는 점차 적어질 것입니다. 왜냐하면 선배 지방공무원들이 퇴직한 빈자리를 신규 지방공무원들이 지방자치단체에 입직하여 채워 가고 있으므로 일정한 시점에서 도달하여 공직생활을 마무리하는 지방공무원들은 인간적으로 유대관계를 맺을 수 있는 직원들의 숫자는 점차 줄어드는 것이 너무도 당연한 현상입니다. 지방자치단체에서 근무를 마감하는 시점에 있는 지방공무원이 특별히 주의해야 할 것은 함께 근무한 경험도 없고 업무추진 시 유대관계가 없는 후배 지방공무원들과 진솔한 관계를 맺는 것이 쉽지는 않다는 사실을 깨끗하게 인정하고 이미 원만하게 관계를 유지하던 후배 지방공무원들도 어느 범위까지 관계를 지속할 것인지 정한 다음에 이를 꼭 준수하도록 노력하는 것이 좋겠습니다.

공직을 마감하는 지방공무원들은 함께 근무했던 경험이 있는 지방공무원이건 아니건 간에 지방자치단체라는 한 울타리에서 동고동락을 함께 한 지방공무원으로 생각하고 아름다운 퇴장을 준비하는 것이 좋겠습니다. 평소에 이에 대한 준비를 철저히 하여 공직을 마감하는 시점까지 주변 정리를 깨끗하게 하지 못하는 우를 범하지 않도록 주의하여야 하고 '노병은 죽지 않고 단지 사라질 뿐이다'라는 좋은 말은 누구나 쉽게 할 수 있겠지만 약 30여 년 경험을 한꺼번에 정리한다거나 모든 기억을 일시에 잊어버리는 것은 어렵고도 힘들 것입니다. 퇴직이라는 단어는 시간이 경과에 따라 따라오는 자연스러운 현상이라서 누구도 이를 거역하거나 거슬러 올라갈 수 없으므로 각자가 처한 사정을 충분히 고려한 다음 자신의 처지에 맞게 판단하고 정리하는 것이 선배 지방공무원들에게 정답이 아닐까 합니다. 퇴직이라는 시점이 인생에 있어서 중요한 변곡점이 되겠지만 지방공무원으로 약 30년 동안에 쌓은 추억이나 끈끈한 관계들이 언젠가는 정리가 되겠지만 일시에 모든 것을 깨끗하게 정리하는 데는 약간의 시간이 지나야만 자연스럽게 지워진다는 사실을 꼭 기억하면 좋겠습니다.

10. 여정기록

지방공무원으로 생활을 마감하는 시기가 임박하면 그동안 힘든 여정을 마감한다는 홀가분한 마음과 더불어 새로운 제2의 인생을 어떻게 준비하여야 하는지 고민이 많은 시기이기도 합니다. 이 시기에 도달한 지방공무원들은 자신이 그동안 근무를 했던 시간을 거슬러 지나간 여정들을 정리하는 의미에서 이를 자세하게 기록해 보는 시간을 가져 보는 것이 필요하다고 생각합니다. 지방공무원으로 퇴직한 선배들과 이야기를 해 보면 자신이 열정적으로 근무했던 경력들을 일목요연하게 정리한 자료들을 가지고 퇴직한 선배들이 의외로 소수라는 사실을 알고 아주 놀란 경험이 있습니다. 선배들은 퇴직한 이후에 시간이 있으니까 퇴직한 이후에 이들을 정리하면 되겠지라는 막연한 생각을 가지고 퇴직하거나 그 문제에 대하여 별다른 생각이 없이 퇴직한 경우가 대부분이어서 아주 안타까운 생각이 들었습니다.

지방공무원들과는 다른 분야에서 근무했던 퇴직공무원들을 만나 보면 그들은 자신들이 근무했던 여정들을 일목요연하게 정리한 자료들을 너무도 잘 관리하고 있습니다. 그리고 이를 아주 자랑스럽게 생각하고 주변의 지인들에게도 자신의 과거 경력에 대한 큰 자긍심을 갖고 생활하고 있는 사례들을 자주 볼 수가 있었습니다. 이들은 그동안 자신이 근무했던 기관의 시설이라든지 근무지에서 경험했던 특이한 일들을 아주 자세하게 기록하여 관리하고 있다는 사실을 알고 많이 부러웠던 경험이 있습니다. 이들은 현직으로 근무하는 동안에 경험했던 자료들을 잘 정리하여 소중하게 간직하고 있었으며 자신들이 제2의 인생을 살아가는데 필요한 자료들이 있을 때면 이를 아주 유용하게 잘 활용하고 있는 것을 보았습니다. 자신들의 경력들을 자세하게 정리하여 보관함으로써 공무원으로 근무하는 동안에 이룬 업무성과에 대한 보람과 긍지를 가질 수 있는 계기가 되는 것을 목격했으며 가문의 가보로 소중하게 보관하고 있는 것을 보고 아주 깊은 감명을 받은 바가 있습니다.

다른 기관에서 근무하다가 퇴직한 공무원들이 자신들의 여정들을 잘 정리하고 보관하는 것을 볼 때 지방공무원들과는 너무나 큰 차이가 있기에 어떻게 이러한 큰 차이점이 있는지 생각해 보는 계기가 있었습니다. 첫째 지방공무원들을 대부분 같은 지방자치단체에서 근무하기에 근무지를 이동하는 경우가 드물기 때문일 것입니다. 둘째로 지방공무원들은 아마도 일정한 근무지에서 계속 생활하는 관계로 가끔 매너리즘에 빠지거나 외부의 환경에 다소 무관심하여 이러한 현상이 발생하는 것은 아닐까 하는 극히 개인적인 생각을 해 봅니다.

지방공무원들이 대부분 같은 기관에서 근무하고 있지만 한 부서에서 약 2~3년 정도 근무한다고 가정하면 퇴직하는 시점까지는 대략 15개 부서에서 다양한 업무들을 경험하게 될 것입니다. 이러한 과정에서 경험하는 일들을 자세하게 기록한다면 지방공무원들에게도 아주 흥미롭고 유익한 결과물들이 탄생할 수 있을 것입니다. 지방공무원들은 대부분 특별한 일들이 없다면 같은 근무지에서 계속 근무하기 때문에 비교적 객관적인 관점에서 사물들을 바라볼 수 있어서 이를 정확하게 비교하여 평가해 볼 수 있는 좋은 환경에 놓여 있다고 감히 말씀을 드릴 수가 있습니다. 이러한 장점들을 최대한으로 활용한다면 기관의 특성과 업무들의 차이점들을 아주 객관적인 관점에서 자세하게 기술할 수 있을 것입니다. 또한 다양한 업무들을 추진하는 과정에서 경험했던 성공한 사례나 실패한 사례들을 자세하게 기록하고 이를 제대로 관리한다면 자신에게도 아주 소중한 기록물이 될 것이고 이러한 자료들이 모여서 체계적으로 관리된다면 아마도 후배 지방공무원들이 업무를 수행하는 데 아주 훌륭하고 유익한 참고자료가 될 것입니다.

지방공무원으로 근무하면서 업무적으로 경험했던 사항들도 많이 있겠지만 업무를 떠나서 직장인으로 살아가면서 경험했던 일들 역시 너무도 많이 있을 것입니다. 이들을 체계적으로 정리하여 기록해 놓는다면 자신의 보람된 추억들을 오래도록 간직할 수 있고 과거를 회상하는 데도 좋은 참고자료가 될 것입니다. 지방공무원으로 근무하는 동안 경험했던 많은 사례에서 높은 성과를 달성한 것도 있을 수 있겠지만 실패하여 큰 아픔을 겪은 것도 많이 있었을 것입니다. 이러한 자료들을 자세하게 정리하다가 보면 지방공무원으로 근무하는 동안 인생의 희로

애락과 인생의 부침을 동시에 느낄 수 있어서 후배들이 인생을 잘 살아 가는데 좋은 참고자료가 될 것입니다.

이러한 자료들을 퇴직한 이후에 한꺼번에 정리하려고 한다면 퇴직 한 이후에 급격하게 변화된 환경에 적응하느라 많은 시간이 필요하게 되므로 이를 체계적으로 정리하는 것이 힘들 수도 있을 것입니다. 그 러므로 현직에 근무하고 있을 때 시간이 날 때마다 조금씩 정리해 나간 다면 시간도 절약되고 근무경력에 관한 기록을 정확하게 기록할 수 있 는 장점이 많이 있을 것입니다. 지방공무원으로 퇴직한 선배들이 공직 생활에 관한 자료들을 체계적으로 정리하고 싶어도 퇴직 이후 삶에 적 응하느라 시간이 없거나 건강이 허락하지 않아서 이러한 자료들을 일 목요연하게 정리하지 못하고 있는 것이 현실입니다. 선배들은 각자가 처한 여러 사유로 소중한 자료들을 정리하지 못하고 방치하거나 차일 피일 미루다가 이를 포기하시는 분들이 의외로 많이 계십니다. 이렇게 되면 선배들의 공직생활의 귀중한 자료들과 인생의 경험들이 제대로 정리되지 못하고 소장되는 아주 안타까운 일이 발생하게 될 것입니다. 현직에 근무하고 계시는 관리자들에게 이러한 일이 발생하지 않도록 하기 위해서는 현직에서 재직하는 중에 자신의 귀중한 자료들을 체계 적으로 기록하고 정리하는 것이 바람직하다는 말씀을 드리겠습니다.

선배 지방공무원들이 경험했던 일들을 체계적으로 기록하고 잘 관 리가 된다면 아마도 후배 지방공무원들에게는 선배들이 경험했던 업무에 관한 것은 물론이고 직장인으로 경험했던 노하우들을 벤치마킹하여 후배 지방공무원들이 인생을 살아가는데 아주 귀중한 참고자료가 될 수도 있습니다. 또한 선배들이 근무하면서 실패했던 사례들도 함께 체계적으로 정리하여 이를 솔직하게 알린다면 후배 지방공무원들이 같은 실수를 반복하지 않을 수 있으므로 지방행정을 추진하는 과정에서 아까운 시간을 절약함과 동시에 불필요한 지방행정력이 낭비되는 사례가 발생하지 않음으로 주민들이 사랑하는 후배 지방공무원들이 될 수 있을 것입니다. 지방공무원으로 생활하는 동안의 기록을 체계적으로 정리하고 잘 관리한다면 소중한 아들과 딸들이 인생을 살아가는데 아주 귀중한 참고자료로 활용할 수도 있을 것입니다. 비록 자녀들이 지방공무원으로 근무하고 있지 않더라도 직장인으로서 인생의 경험들이 생생하게 기록되어 있기에 자녀들이 사업을 한다거나 직장인으로서 근무하더라도 이를 참고한다면 아주 훌륭한 인생의 지침서의 역할도 할 것입니다. 지방공무원으로서 긴 여정들을 자세하고 체계적으로 기록하여 이를 잘 관리한다면 자신에게는 소중한 인생의 기록물이 될 것이고 자녀들에게도 좋은 인생의 지침서로서 역할을 할 것이므로 자신의 소중한 경력들을 현직에 근무하고 있을 때 체계적으로 잘 정리하시기를 간곡히 부탁드립니다.

제4장

경제에 관심 갖기

제1절
재테크 필요성

지방자치단체에서 근무하고 있는 지방공무원은 지역주민들을 위해서 다양한 업무들을 추진하고 있는 공무원의 신분이지만 집안의 생계를 책임지고 있는 직장인의 한 사람이기도 합니다. 또한 시간이 흐를수록 높아지는 물가상승률에 비하여 화폐의 가치는 점차 하락하고 있으므로 매월 일정한 급여를 받아서 생활하는 지방공무원들이 경제에 관심을 가지는 것은 너무도 당연한 현상입니다. 그러므로 지방공무원들이 재테크 분야에 꾸준히 관심을 가지고 이에 관해서 열심히 공부하는 것이 꼭 필요 시대가 도래하였습니다.

퇴직한 이후에 연금을 받으니까 재테크에 관심을 가지지 않아도 된다는 일부 지방공무원들도 분명히 있을 것입니다. 지방공무원연금법을 개정하기 전에 퇴직하고 이미 연금을 수령하고 계시는 선배들은 각자 개인적인 편차는 있겠지만 연금소득이 노후생활을 하는데 든든한 버팀목이 되는 것이 사실입니다. 그러나 지금 현직에서 근무하는 지방공무원들은 공무원연금법의 개정으로 매달 내는 기여금은 올라가고 있지만 나중에 받을 수 있는 연금액은 과거 선배들이 받는 금액에 비해서 현저하게 적은 금액을 받게 될 것입니다.

물가는 올라가고 지방공무원들이 앞으로 받을 수 있는 연금액은 상대적으로 낮게 되면서 현직에 근무하는 지방공무원들은 퇴직한 이후의 노후를 대비하여 재테크에 관심을 가지고 이에 대한 철저한 준비가 요구되는 시대에 살고 있다고 하겠습니다. 본인의 형편이 넉넉하거나 부모로부터 유산상속 등으로 퇴직한 이후에도 돈에 대한 걱정이 없는 분들은 재테크에 관심을 가지지 않아도 될 것입니다. 그러나 현재에 돈에 여유가 없는 지방공무원들이라면 물가상승률에 비하여 화폐의 가치는 하락하고 있으므로 가능하면 자신이 관심이 있는 분야의 재테크를 일찍이 시작을 해 보는 것이 좋겠습니다. 지방공무원들이 매달 받은 월급의 실질적인 가치는 물가가 상승한 만큼 하락하기 때문에 재테크에 관심을 가지고 실질적인 소득이 감소하지 않도록 지속적인 관심을 가져야 하고 자신들의 실질적인 자산이 감소하지 않도록 관심이 있는 분야를 선정하여 그 분야에 관한 심도 있는 공부와 노력이 필요할 것입니다.

자본주의 사회에서 살아가고 있는 우리에게 재테크의 분야는 종류도 많고 범위가 너무나도 넓어서 재테크의 분야마다 이에 관한 전문가들도 넘쳐 나고 있으므로 자신이 재테크에 관심이 있는 분야를 공부하고자 노력한다면 이에 관한 책들과 정보들이 넘쳐 나고 있으므로 이를 잘 활용하여 공부한다면 누구나 그 분야의 전문가가 될 수가 있을 것입니다. 필자가 이미 출간한 책을 읽으신 후배 지방공무원 중에는 이미 재테크 분야에 특별한 관심을 가지고 계시거나 앞으로 관심을 가져 보고 싶다는 분들이 너무도 많이 있었습니다. 그러나 그 분야에 관한 전문가도 아닌 제가 지방공무원의 재테크에 관한 언급을 한다는 자체가 어불성설이라고 생각합니다. 수도권에 거주하고 있는 집이 없는 지방공무원이라서 아마도 집을 마련하려고 노력하고 있고 최근에는 금, 유류 등 실물자산 투자와 더불어 주식투자에 관해서도 많은 관심을 가지고 이미 실전적으로 투자하는 것으로 알고 있습니다. 필자가 집을 산 과정과 주식투자에서 경험한 사례들을 이야기하면 아마도 조금은 도움이 되지 않을까 하는 생각에 이번 장을 쓰게 되었습니다. 제가 경험한 사례들은 지방공무원들의 재테크에서 일반화할 수는 당연히 없을 것입니다. 왜냐하면 지방공무원들마다 처한 상황이 저와는 아주 다르기에 필자의 경험에서 참고할 내용이 있다면 자신의 재테크에서 이를 잘 활용한다면 조금은 도움이 되지 않을까 생각합니다.

지방공무원 중에는 이미 상당한 근무경력을 가지고 재테크를 열심히 하고 계시는 분들도 계시겠지만 지방공무원으로 근무한 경력이 비교적 짧은 후배 지방공무원들이 필자의 책을 업무하는 데 많이 참고하고 있다는 연락을 너무도 많이 해 주셨고 본인이 지금은 재테크 분야에 특별한 관심을 기울이고 있다는 이야기를 가장 많이 하여서 잘 알고 있습니다. 이런 후배 지방공무원들이 다른 지방공무원들보다 더 열심히 근무하여 지방자치단체에서 인정받는 지방공무원으로 성장하였으면 더욱 좋겠습니다. 재테크 분야에서도 다른 지방공무원들보다 더 일찍이 관심을 가지고 노력한다면 아마도 빨리 자립을 할 수 있는 경제환경이 조성될 것이고 아울러 돈에 대한 걱정이 없는 지방공무원으로 성장할 수 있을 것입니다. 지방공무원들 스스로 재테크에 관심을 가지고 꾸준히 투자활동을 하고 계시는 분들은 그 분야에서 전문가 소리를 들을 수 있을 만큼 더욱 열심히 공부하시고 재테크 분야에서도 높은 성공을 거둘 수가 있기를 간절히 기원합니다. 그리고 지방공무원으로 은퇴를 한 이후에도 돈 걱정하지 않고 편안한 노후를 만끽할 수 있는 경지에까지 도달할 수 있도록 자신에게 맞는 특별히 관심이 있는 분야를 선정하여 전문적인 자격을 취득한다든지 학위를 취득하여 대학의 강단에 서거나 자신만의 회사를 직접 경영하는 기회로 활용한다면 금상첨화일 것입니다. 아울러 퇴직한 이후에 지방공무원으로 근무하는 동안에 터득한 업무들에 관한 노하우들과 재테크의 분야에 지식을 종합하여 잘 활용한다면 가정의 행복에 큰 도움이 되고 지방공무원으로서도 아주 성공한 삶을 이어 갈 것이라고 확신합니다.

금융문맹 탈출

어떤 경제와 관련된 책에서는 우리나라 사람들의 금융문맹률이 아주 높아 금융에 대한 지식이 아주 부족하다고 이야기하고 있습니다. 백과사전에 금융문맹은 경제·금융에 대한 지식이 부족하여 돈을 제대로 관리하거나 활용하지 못하는 상태 또는 그런 사람이라고 기술되어 있습니다. 우리가 금융에 관한 지식이 부족한 것은 경제를 전공하지 않은 사람들로서 금융에 관해서 체계적으로 공부하거나 가르침을 받지 못해서 일어나는 현상이라고 생각이 됩니다. 금융에 관한 기본적인 지식을 갖는 것이 자본주의 사회에서 생활하는 사람으로서 당연히 가지고 있어야 하는 기본지식이 아닐까 생각해 봅니다. 그러므로 지방공무원들도 가능하다면 하루라도 빨리 금융에 관한 공부에 집중하여 금융에 해박한 지식을 가지고 생활하였으면 더욱 좋겠습니다. 우리가 금융문맹에서 벗어나기 위해서 조금만 노력한다면 이를 쉽게 해결할 수 있을 것입니다. 왜냐하면 요즈음 금융과 관련된 책들이 넘쳐 나고 있고 이에 관한 다양한 정보들이 각종 매체를 통하여 다양하게 제공하고 있으므로 금융에 관한 부족한 지식을 채워 나간다면 금융문맹의 문제는 쉽게 극복할 수 있을 것입니다.

우리가 자본이 주인인 자본주의에 살고 있지만 지방공무원은 취업이나 다른 직업을 가질 수가 없으므로 경제활동을 하는데 조금은 제약요인이 있는 것이 사실입니다. 따라서 지방공무원들은 간접적인 방법으로 자신이 가지고 있는 여유자금이 활용하여 자산을 불려 갈 수가 있으므로 자본이 일하게 하는 시스템을 활용하여 재테크를 할 수가 있을 것입니다. 우리가 이미 알고 있는 해외의 유명한 주식 투자자들의 책을 읽어 보면 '본인이 잠자는 시간에도 돈이 일하는 시스템을 구축하라.'라고 말하고 있습니다. 그러므로 지방공무원들도 합법적인 방법으로 여유자금이 있다면 잠자는 시간에도 돈이 자신을 위해서 일하게 하는 시스템을 구축하면 될 것입니다. 우리는 지방공무원이라는 직업에 종사하기 때문에 시간적인 제약은 물론 제도적 제한으로 인하여 투자 활동에 많은 제약조건이 있겠지만 슬기롭게 극복하기 위해서는 간접적인 방법을 통하여 돈이 일하게 하는 시스템을 구축해 보는 것도 좋을 것 같습니다.

부동산 가격의 급격한 상승으로 인하여 부동산에 접근하려면 일시에 많은 여유자금이 필요하므로 부동산을 통한 투자는 여유자금의 규모에 따라서 다르게 진행될 수 있을 것입니다. 그런데 요즈음 사람들이 소액으로도 투자를 할 수 있는 주식투자 공부를 많이 하고 있고 실질적으로 주식을 통한 투자를 많이 하는 것으로 알고 있습니다. 주식투자를 실행하는 나이도 점차로 낮아지고 있고 우리나라에서도 어릴 때부터 금융에 관한 지식을 습득하여 금융문맹에서 탈출할 수 있도록 다양한 매체에서 금융에 관한 지식을 제공하고 있습니다. 필자는 소액으로 투자를 할 수 있다는 사실만으로 무조건 주식투자에 관심을 가져야 한다고 말을 절대로 하지 않겠습니다. 사람들마다 투자성향도 다르고 여유자금의 규모도 다르므로 주식투자는 자신의 성향과 여유자금의 성격 등을 신중하게 고려한 다음에 심사숙고하여 투자를 결정해야 한다는 사실을 전제로 말씀을 드리고자 합니다. 지방공무원으로 근무하면서 근무 시간에 주식투자를 하는 것은 절대로 반대하고 근무 시간에 주식투자를 하면 절대로 안 된다고 생각합니다. 왜냐하면 지방공무원은 지역에 거주하고 계시는 주민들의 안정과 복리증진을 위해서 일하고 이에 상응하는 급여를 받는 지방공무원의 신분이므로 만약에 자신이 주식투자에 관심이 많이 있고 성향도 주식투자에 적합하다면 직업을 증권과 관련된 분야로 바꾸는 것이 올바른 길이라고 생각합니다. 필자가 주식투자를 이야기하는 것은 지방공무원이 근무하는 시간에 주식에 직접 투자를 하라는 것이 아니라 증권사에서 운영하는 펀드 등 간접상품에 투자하면 자신이 직접 주식투자를 하지 않더라도 간접적으로 주식투자를 할 수 있는 등 다양한 방법들이 있습니다. 그리고 해

지방공무원 지침서

외의 주식시장은 우리나라와 시차가 있으므로 퇴근한 이후에도 충분히 시간을 활용하여 주식투자 활동을 얼마든지 할 수가 있습니다.

　주식투자에 조금만 관심만 가지고 노력하면 다양한 방법들이 있으므로 지방공무원들이 직접 투자하는 활동을 하지 않더라도 여유자금을 잘 활용하는 시스템만 구축하면 될 것입니다. 이러한 시스템을 구축하기 위해서는 당연히 주식투자에 관한 지식이 필요하게 되고 자신의 여유자금으로 주식투자를 하고자 하시는 지방공무원들은 주식투자에 관한 공부를 열심히 하여 누구의 말에도 조금도 동요하지 않고 평정심을 찾을 수 있는 단계에 도달하면 그때 비로소 주식투자를 시작하시기 바랍니다. 주식투자는 자본주의가 망하지 않는 이상 언제라도 마음만 먹으면 할 수 있으므로 절대 성급하게 시작하는 것을 자제하여 주시기 바랍니다.

　주식투자를 하기 위하여 무리한 대출 등으로 자금을 마련한 다음 투자를 실행하고 전 재산을 잃거나 많은 자금을 잃고 어려움이 처한 지방공무원들을 가끔 보곤 하였습니다. 그러므로 주식투자를 시작하고자 하시는 지방공무원들은 이분들을 반면교사로 삼아 자신이 감당할 수 있는 한도에서 꼭 여유자금으로 시작하시기 바랍니다.

　주식을 산다는 것은 그 회사의 일부를 사는 것이므로 주식투자를 결정하기 전에 과연 내가 이 회사와 얼마나 오랫동안 동업을 할 수 있는

지 검토한 이후에 결정하여야 합니다. 우리가 누구와 어떤 사업을 위해서 동업한다고 가정하면 동업자의 인격, 자금, 성실성 등 요건들을 철저하게 검토하고 이것도 부족하여 동업자 주변에 있는 사람들에게 동업자에 대한 인성 등을 철저하게 분석한 다음에 결정할 것입니다. 그럼에도 불구하고 기업에 관한 공부도 전혀 없이 단순히 지인의 추천하거나 증권사의 권유로 쉽게 주식투자를 결정하고 난 이후에 큰 후회를 하는 경우를 너무도 많이 보아 왔습니다. 이는 주식투자를 결정할 때 자신의 기준도 없이 다른 사람들의 기준에 따라 결정하였기 때문에 어떤 상황이 발생하면 적절한 결정들도 내릴 수가 없어서 주변의 환경에 쉽게 흔들리게 되고 주가의 등락에 쉽게 동요되어 잘못된 결정들을 반복하게 됩니다. 주식투자를 하고자 시도하시는 지방공무원들은 주식투자를 하는 이유와 그 종목에 대한 확실한 기준을 확립한 다음에 투자를 결정하면 주변의 환경이나 주가의 등락에 영향을 받지 않을 것입니다. 따라서 본인이 기업에 관한 충분한 공부도 없이 지인의 추천에 따라 주식투자를 결정하는 것이 얼마나 잘못된 행동인지 말을 하지 않아도 누구나 알 수 있는 사실입니다.

한국 주식시장은 누구나 투자할 수 있고 이에 대한 정보도 너무 많이 있으므로 이에 관한 설명은 생략하고 해외주식에 관하여 이야기를 조금 하고자 합니다. 과거에는 미국의 주식투자를 하기 위해서는 증권사를 방문해야만 투자활동이 가능했는데 요즈음은 국내 주식시장에 투자하는 절차만큼 간단하여 누구나 마음만 먹으면 쉽게 투자를 할 수 있는 시스템이 잘 구축되어 있습니다. 미국의 주식을 시작하기 위해서 편의를 제공하는 증권사에서 계좌를 개설한 다음 국내의 주식과 거의 같은 방법으로 거래를 할 수가 있습니다. 그러나 미국의 주식에 직접 투자하기 위해서는 원화를 달러로 환전이라는 절차를 거쳐야 하는데 환전도 증권사에서 편의를 제공하기 때문에 전혀 문제가 없습니다. 다만 환율의 변동에 따라 주식의 매매 가격이 달라지므로 이를 고려하여 해외주식 투자를 결정하여야 하므로 환율의 변동에 관심을 가지고 투자를 하는 것이 필요합니다. 미국의 주식을 거래하면서 발생하는 세금 및 거래비용이 한국의 주식시장과 다르므로 미국의 주식을 거래할 때 발생하는 거래비용과 세금 등을 정확하게 공부한 연후에 투자활동을 하시기 바랍니다.

미국 주식시장도 한국의 주식시장과 같이 개별종목에 투자하는 방법도 있고 일정한 지수를 추종하는 ETF도 많이 있습니다. 미국 주식에 투자하기 위해서 영어 실력이 다소 부족하더라도 해외주식과 관련된 유튜브나 책을 통해서 개별종목에 관한 다양한 내용들도 쉽게 파악을 할 수 있으니 걱정은 하지 않아도 됩니다. 아울러 지방공무원들도 개별종목에 관한 분석이나 어려운 공부를 별도로 하지 않고 편하게 투자할 수 있는 다양한 ETF도 많이 있으니 참고하시기 바랍니다. 예를 들면 미국의 나스닥 100을 추종하는 QQQ, S&P500을 추종하는 SPY, VOO 등 많은 종류의 ETF가 있으므로 평소에 관심이 있는 분야가 있다면 그 산업에 쉽게 투자를 할 수가 있습니다. 요즈음 한국 증권사에서도 해외주식에 관한 다양한 상품들 개발하고 편리한 투자환경을 제공하고 있습니다. 지금은 해외주식에 투자할 수 있는 정보들이 넘쳐 나고 있어서 해외주식에 투자를 시작하고자 하는 지방공무원들은 투자를 시작하기 전에 해외주식에 관하여 공부를 한 다음 반드시 자신의 여유자금으로 시작하면 되고 이를 통하여 해외주식 투자에 대한 경험을 충분히 쌓은 다음에 자신이 원하는 종목과 금액을 늘려 가는 것이 좋겠습니다.

지방공무원들은 지금부터라도 자본주의의 기본원리를 충분히 이해하고 철저히 공부하여 가능한 빠른 시간에 금융문맹에서 탈출하였으면 좋겠습니다. 지방공무원들이 금융문맹에서 탈출할 수 있도록 지방공무원 교육원에서도 이와 관련된 강좌를 개설하고 금융에 관심이 있는 지방공무원들이 쉽게 학습을 할 수 있도록 다양한 금융교육 프로그램을 개설하는 것도 좋을 것 같습니다. 이를 통해서 지방공무원들도 여유롭고 행복한 투자활동을 통하여 자신들의 자산을 증가시키고 이를 통하여 화목하고 행복한 가정을 만들어 가면 더욱 좋겠습니다.

종잣돈 모으기

지방공무원으로 근무한 경력이 짧거나 아직도 재테크를 하지 않고 있는 지방공무원들은 맡은 분야에서 열심히 노력하여 지방자치단체의 관리자들이나 동료로부터 신뢰를 얻을 수 있도록 노력하고 그러한 연후에 재테크 분야에 집중하여도 늦지 않다고 생각합니다. 왜냐하면 투자자금이 넉넉하지 못한 지방공무원들은 먼저 재테크에 필요한 종잣돈을 마련하여야 하는데 지방공무원으로 근무하면 영리를 목적으로 하는 취업이나 다른 직업을 가질 수 없으므로 급여를 통하여 종잣돈을 마련하여야 할 것입니다. 지방공무원들이 종잣돈을 빠르게 마련하는 길은 절약을 하거나 급여가 인상됨에 따라 여유자금이 생기면 저축 등을 통하여 이를 빠르게 마련할 수가 있을 것입니다.

종잣돈을 마련하는 데 절약을 하는 것은 너무도 당연한 사실이므로 이것에 대해서는 별도로 언급하지는 않겠습니다. 종잣돈을 마련하는 방법으로는 근무하는 기간이 지남에 따라 호봉이 올라가 매달 받는 급여액이 증가하거나 승진을 통하여 급여액이 인상됨으로 이를 절약하여 여유자금을 마련하는 방법이 있을 것입니다. 지방공무원으로 근무하는 기간이 늘어남에 따라 호봉이 올라가서 급여액이 올라가는 것은 근무하는 동안에 특별한 하자가 없으면 누구에게나 일률적으로 적용하는 것이므로 별도로 언급할 필요성이 없을 것이므로 더 이상 언급하지 않겠습니다. 매달 받는 급여액을 올리는 방법으로 자신이 열심히 노력해서 다른 지방공무원보다 승진을 빠르게 하는 것으로 지방공무원이 승진하게 되면 급여액이 증가하게 되므로 다른 특별한 사정이 없다면 여유자금이 생기게 되므로 이를 통하여 수월하게 종잣돈을 마련할 수가 있을 것입니다.

지방공무원으로 근무하는 동안에 열심히 근무하면 관리자나 동료로부터 인정을 받게 되고 이에 대한 보상으로 승진하게 될 것입니다. 지방공무원으로 근무하는 기간이 늘어나고 다른 지방공무원보다 열심히 노력하여 승진하게 되면 이에 맞게 급여가 올라가게 되므로 당연히 연봉이 올라가게 될 것입니다. 이것이 지방공무원으로 근무하면서 제일 먼저 실행하여야 하는 첫 번째 재테크라고 말할 수가 있는데 아주 의아하게도 지방공무원들과 이야기하면서 자신들이 매달 받는 급여액의 인상에는 너무도 무관심하고 급여액 인상이 재테크와 아무런 관계가 없는 것으로 착각하고 있는 것을 보고 아주 놀란 경험들이 많이 있었습니다.

지방공무원들이 급여액의 인상 외의 분야에 특별히 관심을 가지고 투자하는 것만이 재테크라고 생각하는데 이는 아주 잘못된 판단이라는 생각이 듭니다. 지방공무원으로 근무하면서 승진을 하게 되면 급여가 올라가 자신이 매달 받는 급여액이 인상됨에 따라 연봉이 올라가므로 지방공무원으로 근무하는 동안 급여가 인상된 만큼의 생활에 여유가 생기므로 자신이 목표로 하는 종잣돈을 더 빨리 마련할 수 있다는 사실을 누구나 인정할 것입니다. 다른 지방공무원들보다 빠르게 승진하면 매달 받는 급여액이 인상됨에 따라 매달 불입하는 기여금이 늘어나게 되므로 퇴직 이후에 받을 수 있는 연금액에도 영향을 미치게 됩니다. 그러므로 승진을 통한 급여의 인상은 현직에서 근무할 때는 물론이고 퇴직한 이후에도 자신의 재테크에 큰 영향을 미치게 된다는 사실을 정확하게 알고 있어야 하겠습니다.

　현직으로 근무하는 동안에 맡은 분야에서 열심히 노력하고 다른 지방공무원들보다 빨리 승진하여 매달 받는 급여액을 인상 시키는 것이 지방공무원들에게는 무엇보다도 제일 중요한 재테크라고 생각되고 승진을 통하여 인상된 급여액을 저축하다가 보면 이미 모은 종잣돈에 이자가 붙어서 종잣돈이 눈덩이처럼 불어나는 것을 경험하게 될 것입니다. 지방공무원들은 신분이 비교적 안정되어 다른 직장보다는 안정적으로 저축을 할 수가 있는 환경이 조성되어 있으므로 종잣돈을 마련하는 동안에 복리가 적용되는 저축상품을 선택하여 이를 길게 끌고 나갈 수가 있을 것입니다. 우리가 이미 알고 있는 내용이지만 복리의 마법은 정말 엄청나고 좋은 재테크의 기술이므로 복리를 적절하게 활용한다면 종잣돈이 두 배로 불어나는 기간이 매우 단축되므로 이를 통해서 자신이 계획한 기간보다 목표한 금액을 빠르게 모을 수 있을 뿐만 아니라 자신도 놀랄 만한 큰 금액을 모으는 경험을 누리게 될 것입니다. 한 번만이라도 이러한 경험이 있는 지방공무원들은 누가 시키지 않아도 절약하게 되고 맡은 업무들도 더욱 열심히 하여 여유자금이 생기면 복리 상품을 적극적으로 활용하는 모습을 분명히 발견하게 될 것입니다.

종잣돈을 마련하는데 복리의 마법을 경험한 지방공무원과 이를 경험하지 못한 지방공무원과는 비교도 할 수 없을 만큼 아주 큰 차이가 있으므로 지방공무원들은 가능하다면 하루라도 빨리 복리의 마법을 직접 체험하는 경험을 하시길 부탁드립니다. 복리 마법의 효과는 이미 거부가 된 부자들이 직접 이야기하고 있고 수많은 책에서 이를 소개를 하고 있습니다. 복리의 마법을 직접 체험하기 위해서는 비교적 장기간의 인내가 필요하겠지만 필자가 경험을 해 보니까 그 효과가 정말로 대단하다는 것을 실감할 수 있었습니다. 이러한 체험을 한 지방공무원은 자연적으로 절약을 실행하게 되고 직장생활을 하는 태도에서도 많은 차이를 나타내고 있는 것들을 볼 수가 있으므로 후배 지방공무원들도 가능하면 빠른 시간에 이를 직접 체험해 보고 그 효과를 느껴 보시라고 강하게 이야기하겠습니다.

현직에서 근무하고 있는 지방공무원들은 많은 분야에서 누구보다도 최선의 노력을 다한다면 자연적으로 다른 지방공무원보다 빠르게 승진하게 될 것이고 승진을 하게 되면 매달 받는 급여액이 인상되므로 재테크에 필요한 종잣돈 마련이 한층 더 쉬워질 것입니다. 이렇게 모인 종잣돈이 복리의 마법을 일으킨다면 자신도 깜짝 놀랄만한 큰 금액이 모여서 원하는 재테크 자금으로 충분히 활용할 수가 있을 것입니다. 이러한 사실을 믿고 자신이 맡은 업무에 최선의 노력을 다한다면 다른 지방공무원보다 빠르게 승진도 할 수가 있고 자신이 원하는 종잣돈을 하루라도 더 빨리 마련할 수가 있을 것입니다.

제4절

내 집 마련

현재 집값 상승이 사회적으로 큰 문제가 되고 있는데 특히 수도권에서 거주하는 지방공무원들에게 당면한 문제라고 할 수 있겠습니다. 집을 마련하는 일은 지방공무원들뿐만 아니라 직장인들에게도 아주 절실하고도 직접적으로 피부로 느끼는 민감한 문제라고 할 수 있겠습니다. 집을 마련한다는 것은 재산을 형성하는 수단이 될 수도 있겠지만 내가 생각하기로는 재산형성의 수단보다는 집이 있다는 심리적인 안정감이 더욱 크지 않나 생각이 됩니다. 집이 있다는 사실은 지방공무원에게 심리적으로 안정감을 주고 가정의 행복에도 직접 영향을 미치고 있으므로 누구나 집에 특별한 관심을 기울이고 있는 것 같습니다. 집이 없어 전세나 월세를 살고 있다고 가정한다면 일정한 계약기간이 만료하고 집값이 오르게 되면 전세나 월세를 올려 주고 같은 집에서 살거나 그렇지 않으면 다른 곳으로 이사를 해야 하는 상황들이 발생하게 됩니다. 집이 없으면 일정한 기간마다 전세금을 올려서 주든가 아니면 다른 곳으로 이사를 옮겨야 하는데 그때마다 이사 비용 등으로 많은 돈을 지출하게 되므로 집이 없는 사람들은 이사하는 시기만 되면 경제적으로 많은 스트레스를 받는 것은 당연할 것입니다.

집이 없는 지방공무원들은 무엇보다도 우선하여 집을 마련하는 것이 필요하므로 지방공무원으로 동시에 임용이 되어 출발은 같이 시작하더라도 다른 동료들보다 먼저 집을 마련한 지방공무원이 재테크에서 크게 성공할 가능성이 있다고 할 수가 있겠습니다. 집을 장만하면 일정한 기간마다 전세금이나 이사 비용으로 지출되는 비용이 없으므로 자신이 매달 받는 급여를 활용하여 안정적이고 예측이 가능한 투자 활동을 할 수가 있으므로 재테크 분야에서는 아주 유리한 위치를 선점하고 있어서 재테크에서 성공할 확률이 아주 높다고 할 수 있을 것입니다. 만약에 집이 없는 지방공무원들이 있다면 먼저 주택청약종합저축에 가입할 것을 당부하고 싶습니다. 주택청약종합저축에 가입하고 매달 일정한 금액을 불입하면 나중에 아파트에 청약할 기회가 주어지게 되고 주택청약종합저축은 이자도 주고 있으므로 아파트에 당첨되었을 경우 계약금이나 중도금으로 활용할 수 있는 재원이 마련되므로 아주 좋은 재산형성 수단이 된다고 할 수 있습니다. 일정한 나이에 도달하고 소득이 있으면 정부에서는 아파트 청약할 수 있는 요건인 단독 세대주들을 구성하면 무주택인 사람들에게 아파트를 우선하여 공급하는 정책들을 시행하므로 지방공무원들은 일정한 소득이 있고 주택종합저축에 가입했다면 아파트에 청약할 수 있는 요건들을 쉽게 충족을 할 수가 있습니다. 주택청약종합저축은 하루라도 빨리 가입하는 것이 유리하고 주택청약종합저축에 가입했다면 일정한 나이에 도달하고 소득이 있다면 아파트를 청약할 수 있는 세대주들을 구성하면 될 것입니다.

일부 지방공무원들은 매월 받는 급여액이 아주 적다고 생각하고 집을 마련하는 것을 아예 포기하고 시도조차 하지 않는 사례들이 많이 있는데 이는 아주 잘못된 생각이라고 판단이 됩니다. 비록 매월 받는 급여액이 적다고 하더라고 지방공무원으로서 제도를 잘 이용한다면 집을 마련할 기회를 쉽게 포착할 수가 있을 것입니다. 물가가 상승함에 따라 화폐가치는 하락하므로 오로지 저축을 통해서만 집을 마련하겠다는 생각은 다소 잘못된 견해가 아닐까 하는 생각이 듭니다. 지방공무원으로 일정한 기간이 지나게 되면 공무원 임대 아파트에 입주할 수 있는 자격이 주어집니다. 공무원 임대 아파트에 거주하여도 아파트에 청약할 수가 있으므로 집이 없는 지방공무원들은 최대한 공무원 임대 아파트를 활용하는 것이 좋겠습니다. 공무원 임대 아파트의 주거환경이 다소 열악한 곳도 있겠지만 집을 마련하는 동안에 일시적으로 거주하는 것이므로 너무 크게 생각하지 않았으면 좋겠습니다. 공무원 임대 아파트에 거주하는 동안 최대한 저축을 많이 한다면 아파트 계약금과 중도금은 어렵지 않게 마련할 수가 있을 것입니다.

현재 분양하고 있는 아파트 청약 조건들을 살펴보면 계약금과 일정한 중도금만 내면 나머지 금액은 융자를 통해서 해결할 수가 있는 곳이 많이 있습니다. 중도금을 대출로 해결하고 나머지 잔금은 아파트가 완성된 이후에 전세를 놓아서 전세금으로 잔금을 해결하면 계약금과 일부 중도금만 있으면 집을 마련하는 꿈을 쉽게 이룰 수가 있습니다. 돈이 다소 부족한 지방공무원들은 공무원 임대 아파트를 최대한 활용하여 집을 마련하는 꿈을 조기에 달성하시기 바랍니다. 이러한 주택정책은 정부의 의지에 따라서 자주 변동하므로 집을 마련하고자 하는 지방공무원은 정부의 주택정책에 항상 관심을 기울이면 더욱 좋겠습니다. 돈이 넉넉하지 않은 지방공무원들에게는 대규모로 시행되는 택지개발지구에서 분양되는 아파트를 적극적으로 공략할 필요성이 있습니다. 택지개발지구에서 분양되는 아파트는 정부에서 정책적으로 아파트의 분양가를 제한하고 있으므로 다른 지역에서 분양되는 아파트보다 상대적으로 낮은 가격으로 분양하게 됩니다. 따라서 돈이 많지 않은 지방공무원들은 택지개발지구에서 분양되는 아파트를 적극적으로 공략하고 당첨이 될 수 있도록 하루라도 빨리 주택청약종합저축에 가입하고 그 지역에 거주하는 자에게 우선으로 배정하는 아파트에 청약을 할 수 있도록 거주요건도 충족할 수 있도록 관심을 가져야 하겠습니다. 택지개발지구에서 분양되는 아파트는 입주 초기에는 인프라가 완전히 갖추어져 있지 않기에 다소 불편한 점들이 있겠지만 일정한 시간이 지나면 도로 등 생활 기반 시설도 갖추어지고 주변 환경이 잘 정비되어 살기 좋은 곳으로 변모할 것입니다. 택지개발지구에서 분양하는 아파트에 입주하고 일정한 기간이 지나면 대부분 아파트 가격이 상승하므로 재산형성에도 아주 좋은 재테크가 될 수 있습니다.

지방공무원들이 근무하고 있는 지역에서 시행되고 있는 다양한 개발에 관한 정보를 다른 지역에 거주하고 있는 사람들보다 상세하고 정확하게 알 수가 있습니다. 그러므로 그 지역에서 개발되는 내용들을 검토한 이후에 이에 맞는 조건들을 미리미리 갖추고 대비를 한다면 이에 무관심한 동료들보다 먼저 집을 마련할 수 있을 것입니다. 그리고 지방공무원들은 근무하고 있는 지역의 사정을 누구보다도 정확하게 알 수가 있고 조금만 관심을 가진다면 이에 대한 다양한 정보를 먼저 알 수가 있으므로 그 지역에서 시행되고 있는 재개발, 재건축, 지역주택조합 등 여러 가지 유형들의 주택개발사업에 각별한 관심들을 가진다면 기회는 언제나 찾아올 것입니다.

지방공무원들이 수도권에서 집을 마련하는 일이 어려워서 집 마련을 다른 사람들의 일처럼 생각하고 이에 관해 아주 무관심하거나 냉소적으로 대하는 경향들이 많이 있습니다. 현재 지방공무원의 급여에 비하여 수도권의 주택 가격이 높은 것은 사실이지만 그렇다고 하더라도 수도권에서 집을 마련하겠다는 희망을 아예 포기하고 살아가는 것은 직장인으로서 바람직한 자세는 아니라고 생각합니다. 지방공무원들이 집에 조금만 관심을 가져 보면 다양한 형태의 주택들이 공급되고 있고 이에 대한 정부의 지원책도 연령별로 매우 다양하다는 사실을 금방 알게 될 것입니다. 옛 속담에 '천 리 길도 한 걸음부터'라는 말이 있듯이 어렵다고 미리 겁을 먹거나 포기하면 어떤 문제라도 해결하기 어려울 것입니다. 지방공무원들이 꼭 집을 마련하여야 성공한 삶이 되고 그렇게 하지 않으면 실패한 삶이 되는 것은 더욱 아니므로 지방공무원들마다 가치관에 맞게 살아가면 될 것입니다.

지방공무원이나 직장인들은 가능하다면 집을 마련하는 것이 집값 상승에 따른 심리적 안정감을 얻을 수가 있고 집이 없으면 일정한 기간마다 지불되는 이사 비용도 아낄 수가 있을 것입니다. 정부의 주택정책은 수시로 바뀌는 제도이므로 집이 없는 지방공무원이라면 정부의 주택정책에 늘 관심을 가진다면 의외로 집을 마련할 수 있는 길이 쉽게 열리는 경험을 꼭 하시기를 빌겠습니다.

지방공무원
지침서

ⓒ 김상영, 2024

초판 1쇄 발행 2024년 2월 13일

지은이   김상영
펴낸이   이기봉
편집   좋은땅 편집팀
펴낸곳   도서출판 좋은땅
주소   서울특별시 마포구 양화로12길 26 지월드빌딩 (서교동 395-7)
전화   02)374-8616~7
팩스   02)374-8614
이메일   gworldbook@naver.com
홈페이지 www.g-world.co.kr

ISBN   979-11-388-2761-4 (03190)